Diseño Funcional

Principios, patrones y prácticas

Robert C. Martin

Diseño Funcional

Principios, patrones y prácticas

Prólogo de **Janet A. Carr**, asesora independiente de Clojure

TÍTULO ESPECIAL

Título de la obra original: Functional Design

Traductor: Beatriz Pineda González

Revisión: Claudia Valdés-Miranda Cros

Maquetación: OkDesignforLife.com

Realización de cubierta: Celia Antón Santos

Responsable editorial: Eugenio Tuya Feijoó

Edición española:

© EDICIONES ANAYA MULTIMEDIA (GRUPO ANAYA, S. A.), 2024
   Valentín Beato, 21. 28037 Madrid
   Depósito legal: M-71-2024
   ISBN: 978-84-415-4901-2
   Impreso en España

PAPEL DE FIBRA
CERTIFICADA

DEDICATORIA

A mi familia, mi amor por ella explica todo lo que hago.

En primer lugar, a mi mujer desde hace 50 años, la preciosa joven de 16 años con ojos marrones chispeantes y pelo largo y suelto que me robó el corazón y lo mantiene cautivo desde hace más de medio siglo. Sigue siendo tan hermosa como el día en que la conocí.

Esos ojos marrones chispeantes y su cabello suelto me enamoran cada día. La madre de mis hijos. El ancla de mi vida. Mi único y verdadero amor.

A Angela, mi preciosa y fiel primogénita, cuya sonrisa contagiosa te derrite el corazón y te convence de que todo va bien en el mundo. Una vez le pregunté que quería ser. Su respuesta fue: «¡Divertida!». Ha conseguido, y superado con creces, ese objetivo. Su entusiasmo ilimitado por la vida contagia a todos los que la conocen. Está casada con Matt, un hombre maravilloso, trabajador y honesto (y divertido). Juntos, han convertido la diversión que comparten en un frenesí de trabajo remunerado sobre bicicletas de montaña. Viven en un bosque en lo alto de una colina y han criado a tres hijas guapas, inteligentes y talentosas a las que puedo mimar.

A Micah, mi segundo y apasionado hijo. Ha heredado los chispeantes ojos marrones de su madre. Una vez le pregunté que quería ser. Me dijo: «¡Rico!». Me enorgullece decir que lo ha hecho bastante bien. Dedicó casi una década a trabajar conmigo y, después, fundó su propia empresa de software, que vendió unos años después. Luego pasó un año construyendo una avioneta en su garaje. Ahora dirige otra empresa de software. Gran parte de su éxito se debe a Angelique, la hermosa, trabajadora e inteligentísima mujer con quien se casó. Han criado a dos jovencitos espectaculares.

A Gina, mi tercera hija, una caja de sorpresas. Si es posible que haya una mujer más hermosa que mi mujer, es Gina. Se convirtió en una consumada ingeniera científica y trabajó con sustancias tan agradables como el uranio, el flúor y el hidróxido de sodio concentrado. Se puso cascos de protección, subió por recipientes de reacción y ha dirigido equipos de operarios de plantas químicas. Está casada con Keith, un ingeniero mecánico maravilloso, trabajador y honesto. Los dos intercambian anécdotas de sus aventuras en plantas químicas grandes y complejas. Han traído al mundo a tres (2,9 en el momento de escribir esto) de mis nietos. Hace más de tres años, mientras se enfrentaba a las presiones de la conciliación entre la maternidad, el trabajo y la pandemia, Gina me preguntó si pensaba que un cambio de carrera hacia la ingeniería de software sería posible. ¡Y vaya si fue posible! ¡Está que se sale! Y, por cierto, su experiencia industrial es un factor importante.

A Justin, mi hijo menor, muy competente y seguro. Justin es una persona muy analítica para quien no hay problema que no pueda resolverse, ni reto que no pueda abordarse, ni fallo que no pueda enmendarse. Si le parece que eso suena un poco quijotesco, sepa que también es un pragmatista del más alto nivel. Elige bien sus batallas. Y muestra una tendencia muy molesta a... tener razón. Nos llamó a su madre y a mí en enero de 2020 y nos dijo que se acercaba una pandemia muy grave. Recomendó entrar en las criptomonedas y consiguió unos buenos ahorros con sus especulaciones. Es ingeniero de software por excelencia y, en la actualidad, dirige un equipo de software para una empresa en Austin. Está casado con Ela, una pelirroja pasional cuya inteligencia e integridad solo se ven superados por su valor. Tienen dos hijos preciosos, un niño y una niña, lo que hace que sean la primera de las familias de mis hijos que goza de este particular privilegio.

Qué afortunado es el hombre que tiene un montón de hijos y nietos.

AGRADECIMIENTOS

Gracias a los diligentes profesionales de Pearson por ayudarme a completar este libro: Julie Phifer, mi editora de toda la vida, siempre dispuesta a ayudarme y a apoyarme, y a sus compañeros, Menka Mehta, Julie Nahil, Audrey Doyle, Maureen Forys, Mark Taber y muchos más. Siempre ha sido un placer trabajar con vosotros y estoy deseando volver a hacerlo en el futuro.

Gracias a Jennifer Kohnke, que ha creado la mayoría de las bonitas ilustraciones de mis libros durante las últimas tres décadas. Allá por 1995, justo antes de la fecha límite de producción, Jennifer, Jim Newkirk y yo trabajamos toda una noche para conseguir que las ilustraciones de mi primer libro tuviesen el formato y la organización que yo quería.

Gracias a Michael Feathers, que me sugirió hace 20 años que investigase la programación funcional. Él estaba aprendiendo Haskell en aquel momento y le entusiasmaban sus posibilidades. Ese entusiasmo me pareció contagioso.

Gracias a Mark Seemann (@ploeh) por sus trabajos siempre perspicaces, sus comentarios agudos y racionales de mis trabajos y también su coraje moral.

Gracias a Stuart Halloway, que escribió el primer libro que leí sobre Clojure. Hace más de una década y media que empecé esta aventura y nunca he mirado atrás. Stuart fue muy amable y me guio en mis primeros experimentos con la programación funcional. También le ofrezco una disculpa por haber hablado una vez, hace tiempo, sin que me tocase.

Gracias a Rich Hickey, que debatió conmigo a principios de los 90 respecto a C++ y el diseño orientado a objetos y después creó y guio de manera magistral el desarrollo de Clojure. Las perspectivas de Rich acerca del software todavía me asombran.

Aunque nunca los he conocido, debo un agradecimiento a Harold Abelson, Gerald Jay Sussman y Julie Sussman por el libro que me inspiró de verdad para dedicarme a la programación funcional. Ese libro, *The Structure and Interpretation of Computer Programs (SICP)*, es quizá el más relevante de todos los libros sobre software que he leído. Está disponible en línea de forma gratuita. Solo hay que buscar «SICP».

Gracias a Janet Carr por el prólogo. Me topé con su trabajo mientras leía Twitter con detenimiento y descubrí que había llegado a muchas de las mismas conclusiones que yo respecto a la programación funcional y Clojure.

Y, por escribir el epílogo, gracias a Gina Martiny, mi encantadora hija: una química e ingeniera de software consumada. Hablo más sobre ella en la dedicatoria.

Sobre el autor

Robert C. Martin (Uncle Bob) es programador desde 1970. Es fundador de Uncle Bob Consulting, LLC, y cofundador, junto a su hijo Micah Martin, de The Clean Coders, LLC. Martin ha publicado docenas de artículos en varias revistas profesionales y es orador habitual en conferencias y ferias internacionales. Ha escrito y editado muchos libros, incluyendo *Designing Object-Oriented C++ Applications Using the Booch Method*, *Pattern Languages of Program Design 3*, *More C++ Gems*, *Extreme Programming in Practice*, *Agile Software Development: Principles, Patterns, and Practices*, *UML para programadores Java*, *Código limpio*, *El limpiador de código*, *Arquitectura limpia*, *La artesanía del código limpio* y *Desarrollo ágil esencial*.

Líder en la industria del desarrollo de software, Martin trabajó como editor jefe de C++ Report durante tres años y fue el primer presidente de la Alianza Ágil.

ÍNDICE DE CONTENIDOS

.

PRÓLOGO

Uncle Bob necesita pocas presentaciones. Figura prominente en la industria del desarrollo de software, ha escrito muchos libros sobre diseño y entrega de software. Algunos de sus trabajos se enseñan en las clases de informática de todo el mundo.

Yo estaba en la universidad cuando empecé con la programación funcional. No asistí a un programa de informática de élite en el que se enseñara Scheme y C, pero me apasionaba todo lo relacionado con la computación. En aquel entonces, nadie hablaba de la programación funcional. Vi una ola de programación entrando en el futuro; un futuro en el que los desarrolladores dedicaban más tiempo a pensar en el problema que estaban resolviendo que en cómo gestionarlo. Después de leer *Diseño funcional*, pienso que ojalá hubiese tenido este libro entonces y ahora, en cada fase de mi carrera, desde estudiante a profesional.

Diseño funcional tiene madera de clásico inmediato. Da la impresión de ser un libro escrito exactamente para el desarrollador de software profesional. Bob aborda los fundamentos de la ingeniería de software y los amplía, explicando en pocas palabras las cosas que he experimentado años. Abre el telón con elegancia para revelar cómo los elementos de la programación funcional hacen que el diseño de software sea simple, pero pragmático. Lo hace sin alienar a los programadores orientados a objetos experimentados que vienen de lenguajes como C#, C++ o Java.

Al introducir un análisis comparativo con Java, *Diseño funcional* presenta el diseño de sistemas funcionales con Clojure, un dialecto de Lisp. Clojure no es tan puro como Haskell, donde hay que utilizar conceptos de programación funcional pura. En su lugar, Clojure lo recomienda encarecidamente, haciendo que sea una gran primera opción como lenguaje funcional. *Diseño funcional* señala los obstáculos a los que se enfrentan los desarrolladores de Clojure de vez en cuando. Como asesora de Clojure, doy fe de ello. Este libro enseña a mantener un lenguaje (y al desarrollador) apartado del camino, en vez de buscar algo que se salga del camino.

Los críticos de Clojure dirán que este lenguaje es inadecuado para cualquier base de código bastante grande. Como aprenderá en los próximos capítulos, los principios y patrones de diseño se aplican a Clojure igual que a Java, C# o C++. Los principios de diseño de SOLID le ayudarán a crear un software mejor con la programación funcional. Los programadores funcionales se burlan de los patrones de diseño desde hace mucho tiempo, pero *Diseño funcional* desmonta estas críticas y muestra exactamente por qué los desarrolladores los necesitan y cómo pueden implementarlos en los suyos.

He escrito mucho en línea acerca de los patrones de diseño clásicos en Clojure, así que me encantó descubrir que este libro trata sobre el uso de patrones de diseño con diagramas razonados antes de mostrar código al lector. Para cuando llegue a esos capítulos, ya será capaz de imaginar el código de Clojure solo a partir de los diagramas. Después, seguirá el código. Por último, *Diseño funcional* lo une todo al hacer un recorrido por una aplicación «de empresa» en Clojure usando los patrones y principios de diseño.

—Janet A. Carr, asesora de Clojure independiente

PREFACIO

Este es un libro para programadores en las trincheras que quieren aprender a utilizar lenguajes de programación funcional para hacer cosas reales. Por tanto, no voy a dedicar un tiempo notable a los aspectos más teóricos de la programación funcional, como mónadas, monoides, funtores, categorías y demás, no porque estas ideas no sean válidas, valiosas o relevantes, sino porque no suelen tener impacto en el mundo cotidiano del programador. Esto se debe a que ya se han incorporado a los lenguajes, bibliotecas y *frameworks* comunes. Si le interesa la teoría funcional, recomiendo los trabajos de Mark Seemann.

Este libro trata sobre cómo (y por qué) utilizar la programación funcional en nuestro trabajo diario para crear sistemas reales para clientes reales. En las páginas que siguen, vamos a comparar y contrastar estructuras de elaboración de código comunes en lenguajes orientados a objetos como Java con aquellas comunes en lenguajes funcionales como Clojure.

He elegido estos dos lenguajes en particular porque Java es muy conocido y utilizado, y Clojure es extraordinariamente fácil de aprender.

BREVE HISTORIA DE LA PROGRAMACIÓN FUNCIONAL Y POR PROCEDIMIENTOS

En 1936, dos matemáticos, Alan Turing y Alonzo Church, resolvieron de forma independiente uno de los famosos retos de David Hilbert: el problema de decisión. Describir este problema con detalle queda fuera del ámbito de esta introducción, salvo para decir que tenía que ver con encontrar una solución general para fórmulas de enteros.[1] Esto es relevante para nosotros porque cualquier programa en un ordenador digital es una fórmula de enteros.

Los dos probaron, de modo independiente, que no existe tal solución general al demostrar que hay enteros que nunca podrían calcularse mediante una fórmula de enteros menor que el entero en sí.

Dicho de otro modo, hay números que ningún programa informático puede calcular. Y, de hecho, ese fue el enfoque que adoptó Alan Turing. En su famoso artículo de 1936,[2] Turing inventó un ordenador digital y después demostró que había números que no podían calcularse, incluso aunque se dispusiera de tiempo y espacio infinitos.[3]

Church, por su parte, llegó a la misma conclusión a través de su invención del cálculo lambda, un formalismo matemático para manipular funciones. Mediante manipulaciones en la lógica de su formalismo, fue capaz de demostrar que había problemas lógicos que no podían resolverse.

La invención de Turing fue el antepasado de todos los ordenadores digitales modernos. Cualquier ordenador digital es, a todos los efectos, una máquina de Turing (finita). Cualquier programa que se haya ejecutado en un ordenador digital es, a todos los efectos, un programa de la máquina de Turing.

Más adelante, Church y Turing colaboraron para demostrar que sus enfoques eran equivalentes, que cualquier programa en una máquina de Turing puede representarse en cálculo lambda y viceversa.

La programación funcional es, a todos los efectos, programación en cálculo lambda.

Así pues, estos dos estilos de programación son equivalentes en un sentido matemático. Cualquier programa puede escribirse mediante el estilo por procedimientos (Turing) o el estilo funcional (Church). Lo que vamos a examinar en este libro no es esa equivalencia, sino las formas en que el uso del enfoque

---

1. Ecuaciones diofánticas.
2. Turing, A.M. (1936). «On Computable Numbers, with an Application to the Entscheidungsproblem».
3. Si se dispone de tiempo y espacio infinitos, un ordenador podría calcular π o ϵ o cualquier otro número irracional o trascendental para el que exista una fórmula. Lo que demostraron Turing y Church es que hay números para los que no puede existir tal fórmula. Esos números son «incomputables».

funcional afecta a la estructura y al diseño de nuestros programas. Intentaremos determinar si estas estructuras y estos diseños diferentes son, en algún sentido, superiores o inferiores a las que surgen del uso del enfoque de Turing.

SOBRE CLOJURE

He elegido Clojure para este libro porque aprender un lenguaje y un paradigma nuevos es una tarea doblemente difícil. Por tanto, he intentado simplificar esa tarea eligiendo un lenguaje lo bastante simple para que no entorpezca el aprendizaje de la programación funcional y el diseño funcional.

Clojure es rico a nivel semántico, pero trivial a nivel sintáctico. Eso significa que el lenguaje en sí tiene una sintaxis muy simple que requiere muy poco esfuerzo para entenderse. Toda la curva de aprendizaje de Clojure está en la parte semántica. Las bibliotecas y modismos requieren un esfuerzo significativo para internalizarse, pero el lenguaje en sí casi no requiere esfuerzo. Tengo la esperanza de que este libro le proporcione una manera de aprender y apreciar la programación funcional sin que se vea distraído por la sintaxis de un lenguaje nuevo.

Dicho esto, este libro no es un tutorial acerca de Clojure.[4] Explicaré algunos conceptos básicos en los primeros capítulos y utilizaré notas al pie explicativas a lo largo del texto, pero también confiaré en que usted, amable lector, haga los deberes y busque las cosas. Hay muchos sitios web que pueden ayudar. Uno de mis favoritos es `https://clojure.org/api/cheatsheet`.

El *framework* de pruebas que he utilizado en este libro es speclj.[5] A medida que avancen los capítulos, veremos cada vez más al respecto. Es muy similar a otros *frameworks* de pruebas, así que, al pasar las páginas, no debería resultarle difícil familiarizarse con sus características.

SOBRE ARQUITECTURA Y DISEÑO

Un punto de interés importante de este libro es describir los principios de diseño y arquitectura para sistemas construidos con un estilo funcional. Hacia el final, emplearé diagramas UML (lenguaje unificado de modelado) y haré

---

4. Para cuando lleguemos al final, creerá que soy un mentiroso.

5. `https://github.com/slagyr/speclj`.

referencia a los principios SOLID[6] de diseño de software, los patrones de diseño,[7] y los conceptos de la arquitectura limpia. No se asuste, explicaré las cosas a medida que avancemos y citaré muchas referencias externas por si necesita buscar algo.

SOBRE LA ORIENTACIÓN A OBJETOS

Muchas personas han expresado la opinión de que la programación orientada a objetos y la programación funcional son incompatibles. Estas páginas deberían demostrar lo contrario. Los programas, diseños y arquitecturas que verá aquí serán una mezcla de conceptos tanto funcionales como orientados a objetos. Según mi experiencia, y en mi firme opinión, los dos estilos son compatibles y los buenos programadores pueden, y deberían, aplicarlos juntos.

SOBRE «FUNCIONAL»

En este texto, utilizaré el término «funcional». Lo definiré y hablaré sobre él largo y tendido. A medida que avancen los capítulos, también me tomaré algunas licencias con él. Habrá ejemplos que, aunque estén escritos en un leguaje funcional y en un estilo funcional, no serán puramente funcionales. En la mayoría de esos casos, pondré entre comillas la palabra «funcional» y usaré notas al pie para indicar la licencia que me estoy tomando.

¿Por qué tomarme esa licencia? Porque este libro trata sobre la práctica, no la teoría. Me interesa más extraer los beneficios del estilo funcional que la adherencia estricta a un ideal. Por ejemplo, como veremos en el primer capítulo, las «funciones» que toman la entrada del usuario no son puramente funcionales. Sin embargo, haré uso de esas «funciones» como sea apropiado.

El código fuente para todos los ejemplos de todos los capítulos está en un único repositorio de GitHub llamado `https://github.com/unclebob/FunctionalDesign`.

---

6.   Martin, R.C. (2018). *Arquitectura limpia.* Anaya Multimedia (p. 67).
7.   Gamma, E., Helm, R., Johnson, R. y Vlissides, J. (2002). *Patrones de diseño: Elementos de software orientado a objetos reutilizables.* Addison-Wesley.

PARTE I

CONCEPTOS FUNCIONALES BÁSICOS

1

INMUTABILIDAD

¿Qué es la programación funcional?

Si preguntásemos al programador medio qué es la programación funcional, recibiríamos una de las siguientes respuestas.

- Programar con funciones.

- Las funciones son elementos de «primera clase».

- Programar con transparencia referencial.

- Un estilo de programación basado en el cálculo lambda.

Aunque puede que estas afirmaciones sean ciertas, no resultan demasiado útiles. Creo que la mejor respuesta es: programar sin sentencias de asignación.

Quizá esa definición no le parezca mucho mejor. Quizá incluso le asuste. Al fin y al cabo, ¿qué tienen que ver las sentencias de asignación con las funciones y cómo es posible programar sin ellas?

Buenas preguntas. Esas son las preguntas a las que pienso responder en este capítulo.

Pensemos en el siguiente programa en C simple:

```c
int main(int ac, char** av) {
    while(!done())
        doSomething();
}
```

Este programa es el bucle central de casi cualquier programa que se haya escrito jamás. De forma literal, dice más o menos: «haz algo hasta que acabes». Es más, este programa no tiene sentencias de asignación visibles. ¿Es funcional? Y, si es así, ¿significa eso que cualquier programa que se haya escrito jamás es funcional?

Vamos a hacer que esta función haga algo de verdad. Hagamos que calcule la suma de los cuadrados de los primeros diez enteros [1..10]:

```c
int n=1;
int sum=0;
int done() {
    return n>10;
}
```

```
void doSomething() {
    sum+=n*n;
    ++n;
}

void sumFirstTenSquares() {
    while(!done())
        doSomething();
}
```

Este programa no es funcional porque usa dos sentencias de asignación en la función doSomething. Además, es muy feo con esas dos variables globales. Vamos a mejorarlo:

```
int sumFirstTenSquares() {
    int sum=0;
    int i=1;
loop:
    if (i>10)
        return sum;
    sum+=i*i;
    i++;
    goto loop;
}
```

Eso está mejor; las dos variables globales se han convertido en locales. Pero sigue sin ser funcional. Quizá le preocupe ese goto. Tenga paciencia mientras analiza esta pequeña modificación que usa una función *worker* para convertir las variables locales en argumentos de funciones:

```
int sumFirstTenSquaresHelper(int sum, int i) {
loop:
    if (i>10)
        return sum;
    sum+=i*i;
    i++;
    goto loop;
}

int sumFirstTenSquares() {
    return sumFirstTenSquaresHelper(0, 1);
}
```

Este programa sigue sin ser funcional, aunque es un hito importante del que hablaremos en un momento. Pero, ahora, con este último cambio, sucede algo mágico:

```
int sumFirstTenSquaresHelper(int sum, int i) {
    if (i>10)
        return sum;
    return sumFirstTenSquaresHelper(sum+i*i, i+1);
}

int sumFirstTenSquares() {
    return sumFirstTenSquaresHelper(0, 1);
}
```

Todas las sentencias de asignación han desaparecido y, ahora, este programa es funcional. También es recursivo. No hay accidentes. Si queremos deshacernos de sentencias de asignación, tenemos que usar la recursividad, que nos permitirá sustituir la asignación de variables locales por la inicialización de argumentos de funciones.

También ocupa mucho espacio en la pila. Sin embargo, hay un pequeño truco que podemos usar para arreglar ese problema.

Fíjese en que la última llamada a sumFirstTenSquaresHelper también es el último uso de sum e i en esa función. Mantener esas dos variables en la pila después de inicializar los dos argumentos de la llamada recursiva no tiene sentido; nunca se utilizarán. ¿Qué pasaría si, en vez de crear un nuevo marco de pila para la llamada recursiva, reutilizásemos sin más el marco de pila actual saltando de vuelta a la parte superior de la función con goto, como hemos hecho en el programa hito?

Este truquito tan mono se llama optimización de llamadas de cola (*tail call optimization*, TCO) y todos los lenguajes funcionales lo utilizan.[1]

Observe que TCO convierte de forma efectiva ese último programa en el programa hito. Las tres últimas líneas de sumFirstTenSquaresHelper en el programa hito son, en efecto, la llamada a la función recursiva. ¿Significa eso que el programa hito también es funcional? No, solo se comporta de manera idéntica.

---

1.   De un modo u otro. La máquina virtual de Java virtual machine complica un poco la TCO. C, por supuesto, no hace TCO, así que todos mis ejemplos recursivos en C harán crecer la pila.

A nivel de código fuente, ese programa no es funcional porque tiene sentencias de asignación. Pero si damos un paso atrás e ignoramos el hecho de que las variables locales han cambiado en vez de reinstanciarse en un nuevo marco de pila, entonces el programa se comporta como un programa funcional.

Como descubriremos en la siguiente sección, no se trata de una distinción sin diferencia. Mientras tanto, recuerde que cuando usamos la recursividad para eliminar sentencias de asignación, no estamos necesariamente malgastando un montón de espacio en la pila. El lenguaje empleado está utilizando, casi con total seguridad, TCO.

EL PROBLEMA CON LA ASIGNACIÓN

Primero, vamos a definir a qué nos referimos con «asignación». Asignar un valor a una variable cambia el valor original de la misma por el valor recién asignado. Es el cambio lo que hace que sea una asignación.

En C inicializamos una variable de este modo:

```
int x=0;
```

Pero asignamos una variable de este modo:

```
x=1;
```

En el primer caso, la variable x se origina con el valor 0; antes de la inicialización, no había variable x. En el segundo caso, el valor de x se cambia a 1. Puede que no parezca significativo, pero las implicaciones son profundas. En el primer caso, no sabemos si x es en realidad una variable. Podría ser una constante. En el segundo caso, no hay duda. Estamos variando x al asignarle un nuevo valor. Así pues, podemos decir que la programación funcional es programar sin variables. Los valores en los programas funcionales no varían.

¿Por qué es esto deseable? Consideremos lo siguiente:

```
.
//Block A
.
x=1;
.
//Block B
.
```

El estado del sistema durante la ejecución de Block A es diferente al estado del sistema en Block B. Eso significa que Block A debe ejecutarse antes de Block B. Si se intercambiase la posición de ambos bloques, es probable que el sistema no se ejecutase de forma correcta.

Esto se denomina acoplamiento secuencial o temporal, un acoplamiento en el tiempo; es algo con lo que es probable que esté bastante familiarizado. Hay que llamar a open antes que a close, a new antes que a delete, a malloc antes que a free. La lista de pares[2] así es infinita. Y, en muchos casos, son una pesadilla para nosotros.

¿Cuántas veces ha olvidado cerrar un archivo, liberar un bloque de memoria, cerrar un contexto gráfico o liberar un semáforo? ¿Cuántas veces ha depurado un problema pernicioso solo para descubrir que puede arreglarlo intercambiando la posición de dos llamadas a funciones?

Y después está la recolección de basura.

La recolección de basura es un truco horrible[3] que hemos aceptado en nuestros lenguajes porque se nos da muy mal gestionar acoplamientos temporales. Si fuésemos más hábiles para hacer un seguimiento de la memoria asignada, no dependeríamos de un desagradable proceso en segundo plano para limpiar nuestra porquería, pero la triste realidad es que somos tan terribles a la hora de gestionar los acoplamientos temporales que celebramos las muletas en las que nos apoyamos para protegernos de ellos.

Y eso no tiene en cuenta múltiples hilos. Cuando dos o más hilos están compitiendo por el procesador, mantener los acoplamientos temporales en el orden correcto se convierte en un desafío mucho más significativo. Esos hilos pueden conseguir el orden correcto un 99,99 % del tiempo, pero, muy de vez en cuando, pueden ejecutarse en el orden equivocado y causar todo tipo de problemas. Llamamos a esas situaciones «condiciones de carrera».

Los acoplamientos temporales y condiciones de carrera son la consecuencia natural de programar con variables, de usar la asignación. Sin asignación, no hay acoplamientos temporales ni condiciones de carrera.[4] No podemos tener

---

2.   Son como los Sith; siempre dos hay.

3.   Y no, el conteo de referencias no es mejor.

4.   Más adelante veremos que esto no es del todo correcto. Como le gusta decir a Spock: "Siempre hay posibilidades".

un problema de actualizaciones concurrentes si nunca actualizamos nada. No podemos tener un problema con el orden dentro de una función si el estado del sistema nunca cambia dentro de esa función. Pero quizá es hora de ver un ejemplo simple. Aquí tenemos de nuevo nuestro algoritmo no funcional, esta vez con goto:

```
1: int sumFirstTenSquaresHelper(int sum, int i) {
2:     while (i<=10) {
3:         sum+=i*i;
4:         i++;
5:     }
6:     return sum;
7: }
```

Ahora, supongamos que nos gustaría registrar el progreso del algoritmo con una sentencia como:

```
log("i=%d, sum=%d", i, sum);
```

¿Dónde pondría esa línea? Hay tres posibilidades. Si añade la sentencia log después de la línea 2 o 4, los datos registrados serán correctos y la diferencia solo será si está registrando antes o después del cálculo. Si inserta la sentencia log después de la línea 3, los datos registrados serán incorrectos. Eso es un acoplamiento temporal, un problema de orden.

Ahora pensemos en nuestra solución funcional, con un cambio cosmético interesante:

```
int sumFirstTenSquaresHelper(int sum, int i) {
    return (i>10) ? sum : sumFirstTenSquaresHelper(sum+i*i, i+1);
}
```

Solo hay un lugar donde podemos poner nuestra sentencia log, y registrará los datos correctos.

ENTONCES, ¿POR QUÉ SE LLAMA FUNCIONAL?

Una función es un objeto matemático que asigna entradas a salidas. Dado $y = f(x)$, hay un valor de y para cada valor de x. A f no le importa nada más. Si damos x a f, obtendremos y todas las veces. El estado del sistema en el que se ejecuta f es irrelevante para f.

O, dicho de otro modo, no hay acoplamientos temporales con f. No hay un orden especial en el que deba invocarse f. Si llamamos a f con x, obtendremos y sin importar qué más haya cambiado.

Los programas funcionales son auténticas funciones en su sentido matemático. Si descomponemos un programa funcional en muchas funciones más pequeñas, cada una de ellas será también una auténtica función en el mismo sentido matemático. Esto se denomina «transparencia referencial».

Una función es transparente a nivel referencial si siempre podemos reemplazar la llamada a la función por su valor. Vamos a probar eso con nuestro algoritmo funcional para calcular la suma de los cuadrados de los diez primeros enteros:

```
int sumFirstTenSquaresHelper(int sum, int i) {
    return (i>10) ? sum : sumFirstTenSquaresHelper(sum+i*i, i+1);
}

int sumFirstTenSquares() {
    return sumFirstTenSquaresHelper(0, 1);
}
```

Cuando sustituimos la primera llamada a sumFirstTenSquaresHelper por su implementación, se convierte en:

```
int sumFirstTenSquares() {
    return (1>10) ? 0 : sumFirstTenSquaresHelper(0+1*1, 1+1);
}
```

Cuando sustituimos la siguiente llamada a la función, se convierte en:

```
int sumFirstTenSquares() {
    return
        (1>10) ? 0 :
            (2>10) ? 0+1*1
                : sumFirstTenSquaresHelper((0+1*1)+2*2,
                    (1+1)+1);
}
```

Creo que ya puede ver hacia dónde va esto. Cada llamada a sumFirstTenSquaresHelper se reemplaza sin más por su implementación con los argumentos sustituidos de forma apropiada.

Observe que esta simple sustitución no puede hacerse con la versión no funcional del programa. Sí, puede desenrollar un bucle si quiere, pero no es lo mismo que reemplazar sin más cada llamada a funciones por su implementación.

Así pues, los programas funcionales están compuestos de auténticas funciones matemáticas transparentes a nivel referencial. Por eso esto se denomina programación funcional.

¿SIN CAMBIO DE ESTADO?

Si no hay variables en los programas funcionales, entonces los programas funcionales no pueden cambiar de estado. ¿Cómo podemos esperar que un programa sea útil si no puede cambiar de estado?

La respuesta es que los programas funcionales calculan un estado nuevo a partir de un estado antiguo, sin cambiar el estado antiguo. Si esto resulta confuso, el siguiente ejemplo debería aclararlo:

```
State system(State s) {
   return isFinal(s) ? s : system(s);
}
```

Podemos iniciar system (sistema) en un state (estado) inicial, que moverá system de forma sucesiva de state a state hasta alcanzar el state final. system no cambia una variable de estado, sino que, en cada iteración, se crea un state nuevo a partir del state antiguo.

Si desactivamos TCO y permitimos que la pila crezca con cada llamada recursiva, la pila contendrá todos los estados anteriores, sin cambios. Además, system funciona como una verdadera función en el sentido matemático. Si llamamos a system con state1, devolverá state2 todas las veces.

Si se fija bien en nuestra versión funcional de sumFirstTenSquares, verá que utiliza precisamente este enfoque para el cambio de estado. No hay variables ni hay estado inicial, sino que el algoritmo se mueve del estado inicial al estado final, un cambio de estado cada vez.

Por supuesto, nuestra función `system` no parece ser capaz de responder a ninguna entrada. Simplemente empieza en un `state` inicial y después se ejecuta hasta la compleción. Pero, con una simple compleción, podemos crear un programa «funcional» que responda de manera bastante agradable a los eventos de entrada:

```
State system(State state, Event event) {
    return done(state) ? state : system(state, getEvent());
}
```

Ahora, el siguiente `state` calculado del `system` es una función del `state` actual y un `event` (evento) entrante. ¡Y listo! Hemos creado una máquina de estados finitos muy tradicional que puede reaccionar a eventos en tiempo real.

Fíjese en las comillas que he puesto en funcional antes. Se deben a que `getEvent` no es referencialmente transparente. Cada vez que la llamemos obtendremos un resultado diferente. Por tanto, no podemos sustituir la llamada con su valor de retorno. ¿Significa eso que nuestro programa no es funcional en realidad?

Hablando en sentido estricto, ningún programa que tome una entrada de esta manera puede ser puramente funcional. Pero este libro no trata sobre programas puramente funcionales, sino sobre programación funcional. El estilo del programa anterior es «funcional», incluso si la entrada no es pura; ese es el estilo que nos interesa aquí.

Así pues, para que se entretenga, aquí tiene una pequeña máquina de estados finitos en tiempo real que está escrita en C y es «funcional». Es el ejemplo de larga tradición del torniquete del metro. ¡Que se divierta!

```
#include <stdio.h>

typedef enum {locked, unlocked, done} State;
typedef enum {coin, pass, quit} Event;

void lock() {
    printf("Locking.\n");
}

void unlock() {
    printf("Unlocking.\n");
}
```

```
void thankyou() {
   printf("Thanking.\n");
}

void alarm() {
   printf("Alarming.\n");
}

Event getEvent() {
   while (1) {
      int c = getchar();
      switch (c) {
         case 'c': return coin;
         case 'p': return pass;
         case 'q': return quit;
      }
   }
}

State turnstileFSM(State s, Event e) {
   switch (s) {
      case locked:
      switch (e) {
         case coin:
         unlock();
         return unlocked;

         case pass:
         alarm();
         return locked;

         case quit:
         return done;
      }

      case unlocked:
      switch (e) {
         case coin:
         thankyou();
         return unlocked;

         case pass:
         lock();
```

```
        return locked;

        case quit:
        return done;
    }
    case done:
    return done;
  }
}

State turnstileSystem(State s) {
    return (s==done)? 0 : turnstileSystem(turnstileFSM(s, getEvent()));
}

int main(int ac, char** av) {
    turnstileSystem(locked);
    return 0;
}
```

Tenga en cuenta que C no usa TCO, así que la pila crecerá hasta que se agote, aunque, en este caso, puede que eso requiera unas cuantas operaciones.

INMUTABILIDAD

Todo esto significa que los programas funcionales no contienen variables. No hay nada en un programa funcional que cambie el estado. Los cambios de estado se pasan desde una invocación de una función recursiva a la siguiente, sin alterar ninguno de los estados anteriores. Si esos estados anteriores no se necesitan, la TCO puede optimizarlos para dejarlos fuera; pero todavía existen en espíritu, inalterados en un marco de pila anterior.

Si no hay variables en un programa funcional, entonces todos los valores que nombramos son constantes. Una vez inicializadas, esas constantes nunca desaparecen y nunca cambian. En esencia, el historial completo de cada una de esas constantes permanece intacto, inalterado e inmutable.

2

Datos persistentes

Hasta ahora, esto ha parecido relativamente simple. Los programas escritos en estilo «funcional» son programas que no tienen variables, sin más. En vez de reasignar valores a variables, usamos la recursividad para inicializar nuevos argumentos de función con valores nuevos. Simple.

Pero los elementos de datos rara vez son tan simples como hemos imaginado hasta ahora, así que vamos a echar un vistazo a un problema un poco más complicado, la criba de Eratóstenes:

```java
package sieve;

import java.util.ArrayList;
import java.util.Arrays;
import java.util.List;

public class Sieve {
   boolean[] isComposite;

   static List<Integer> primesUpTo(int upTo) {
      return (new Sieve(upTo).getPrimes());
   }

   private Sieve(int upTo) {
      if (upTo<1)
         upTo=1;
      isComposite = new boolean[upTo+1];
      Arrays.fill(isComposite, false);
      isComposite[0]=isComposite[1] = true;
      for (int i=0; i<isComposite.length; i++)
         if (!isComposite[i])
            for (int c=i+i; c<isComposite.length; c+=i)
               isComposite[c] = true;
   }

   public List<Integer> getPrimes() {
      ArrayList<Integer> primes = new ArrayList<>();
      for (int i=0; i<isComposite.length; i++)
         if (!isComposite[i])
         primes.add(i);
      return primes;
   }
}
```

Este programita de Java tan mono calcula los números primos hasta un límite. Fíjese en todas las sentencias de asignación. Hay variables por todas partes, así que este programa no debe ser funcional.

Pero, una vez más, eche un vistazo a la función estática de la parte superior. `Sieve.primesUpTo` es una verdadera función matemática. Cada vez que la llamemos con `n`, devolverá los números primos hasta `n`. Así pues, podemos hacer trampa y decir que, pese a que el algoritmo subyacente utiliza variables, el resultado de ese algoritmo es funcional.

Sobre la trampa

Nuestros ordenadores son, en cierto modo, máquinas de Turing finitas; no se basan en el cálculo lambda. La tesis Church-Turing nos dice que las máquinas de Turing y el cálculo lambda son formas equivalentes, pero eso no significa que podamos traducir de una a otra con facilidad. Un programa funcional es un programa que parece cálculo lambda, pero se implementa en una máquina de Turing finita. Y esa implementación requiere que hagamos trampa.

La primera trampa que hemos visto ha sido la TCO. La hemos desestimado con un argumento sobre la pragmática. Al fin y al cabo, ya que nunca íbamos a necesitar esos marcos de pila pasados, ¿por qué deberíamos mantenerlos? Pero sigue siendo trampa.

Entre bastidores, nuestra implementación estaba cambiando los valores de variables existentes. Desde el punto de vista de la máquina de Turing, todas nuestras supuestas constantes eran, en realidad, variables.

Podríamos seguir empujando esa trampa hacia arriba. Este adorable algoritmo `Sieve` se ejecuta por completo en el constructor, ¡así que es todo inicialización! Y, como hemos visto, la inicialización no es asignación. Así pues, el hecho de que este programa tenga variables entre bastidores no es diferente de la TCO. Al final, el resultado sigue siendo funcional.

¡Esto es divertido! Podemos seguir llevando esa trampa hacia arriba. Podemos empujarla hasta que esté fuera de nuestra máquina de Turing finita de un ordenador. Y, después, podemos decirnos a nosotros mismos: «Cada programa que se ejecuta en este ordenador es funcional porque siempre producirá las mismas salidas cuando se le den las mismas entradas. Da igual que las entradas y las salidas incluyan todos y cada uno de los bits de memoria del ordenador. Eso no importa. Sí, eso es lo correcto».

Por supuesto, si adoptamos esa perspectiva, no tiene mucho sentido estudiar programación funcional, ¿no? Así que vamos a volver a esa trampa del más alto nivel y a seguir empujando las trampas otra vez hacia abajo hasta que prácticamente no podamos escapar de ellas.

No hay escapatoria razonable de la TCO. No tenemos una pila infinita. No queremos que nuestros programas funcionales consuman de forma inútil gigabytes de espacio en la pila hasta que fallen. Por tanto, la TCO es una trampa inevitable en la práctica.

HACER COPIAS

Así pues, ¿qué pasa con el algoritmo Sieve?: ¿Podemos empujar la trampa más abajo que eso? ¿Podemos escribir ese algoritmo de manera que no utilice ninguna sentencia de asignación?

El problema, por supuesto, son todos esos bucles for. Necesitamos convertirlos en funciones recursivas para deshacernos de las sentencias de asignación. También necesitamos hacer algo con las dos matrices. No podemos estar cambiando elementos en matrices existentes, ¿verdad? Eso convertiría esas matrices en variables. Por tanto, tendremos que hacer copias de ellas cada vez que necesitemos cambiar un elemento:

```java
package sieve;

import java.util.ArrayList;
import java.util.Arrays;
import java.util.List;

public class Sieve {
  static List<Integer> primesUpTo(int upTo) {
    return getPrimes(
      computeSieve(
        makeSieve(Math.max(upTo, 1)),
        0),
      new ArrayList<>(), 0);
  }
```

```java
  private static boolean[] makeSieve(int upTo) {
    boolean[] sieve = new boolean[upTo + 1];
    Arrays.fill(sieve, false);
    sieve[0] = sieve[1] = true;
    return sieve;
  }

  private static boolean[] computeSieve(boolean[] sieve, int n) {
    if (n >= sieve.length)
      return sieve;
    else if (!sieve[n])
      return computeSieve(markMultiples(sieve, n, 2), n + 1);
    else return computeSieve(sieve, n + 1);
  }

  private static boolean[] markMultiples(boolean[] sieve,
                                         int prime,
                                         int m) {
    int multiple = prime * m;
    if (multiple >= sieve.length)
      return sieve;
    else {
      var markedSieve = Arrays.copyOf(sieve, sieve.length);
      markedSieve[multiple] = true;
      return markMultiples(markedSieve, prime, m + 1);
    }
  }

  public static List<Integer> getPrimes(boolean[] sieve,
                                         List<Integer> primes,
                                         int n) {
    if (n >= sieve.length)
      return primes;
    else if (!sieve[n]) {
      var newPrimes = new ArrayList<>(primes);
      newPrimes.add(n);
      return getPrimes(sieve, newPrimes, n + 1);
    } else {
      return getPrimes(sieve, primes, n + 1);
    }
  }
}
```

No es muy bonito, ¿verdad? Sin embargo, es bastante funcional. Podría quejarse de las asignaciones en makeSieve y estoy de acuerdo en que es una pequeña trampa, pero se parece lo suficiente a una inicialización para satisfacerme.

Así que, sí, todas las operaciones de asignación significativas se han eliminado. Todas las entidades con nombre son constantes y la pila (si no la elimina la TCO) contiene el historial de cada invocación de cada función recursiva.

Pero ¿a qué precio? Cada vez que se modifica cualquiera de las dos matrices se crea una nueva para evitar que se modifique la anterior. La cantidad de memoria utilizada por este algoritmo podría ser enorme. Imagine encontrar todos los números primos hasta 100 000. ¿Cuántas matrices sieve se crearían? ¿Cuántas matrices primes?

¿Y qué hay del tiempo de ejecución? Copiar todas esas matrices una y otra vez debe consumir una cantidad aterradora de ciclos.

Entonces, ¿es ese el coste de la programación funcional? ¿Debemos vivir con ese despilfarro enorme de memoria y tiempo?

COMPARTICIÓN ESTRUCTURAL

Por suerte, no. Resulta que hay estructuras de datos que se comportan de forma muy similar a las matrices, pero también mantienen de manera eficiente el historial de sus estados anteriores. Estas estructuras de datos son árboles *n-arios*. Cuanto mayor es la *n*, más eficientes son, pero, por cuestiones de simplicidad, voy a elegir una *n* de 2 (árboles binarios) para los siguientes ejemplos.

Digamos que queremos representar una matriz simple de enteros de 1 a 8. El árbol binario que consigue eso se muestra en la figura 2.1.

Si se fija en las hojas e ignora las ramas, verá que las hojas forman una matriz. Las ramas solo proporcionan una manera de recorrer cada hoja de un modo ordenado. ¡Ese orden es el índice de la matriz!

Para obtener el elemento en el índice 0 de la matriz, solo hay que tomar la rama del extremo izquierdo de cada nodo. Para obtener el elemento en el índice 1, hay que ir hacia la izquierda en cada nodo, pero a la derecha en el último nodo.

No voy a insistir en este punto, porque estoy seguro de que entiende los árboles binarios.

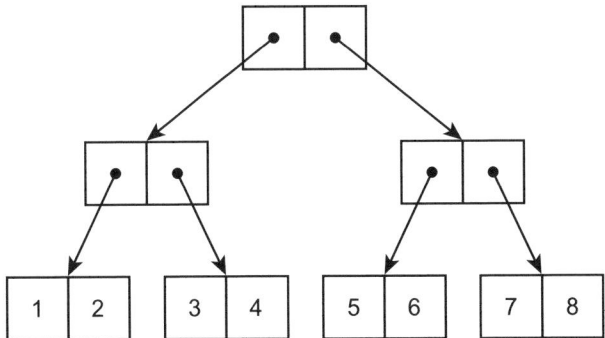

Figura 2.1. Árbol binario que representa una matriz de enteros [1..8].

Ahora, digamos que queremos agregar un 42 al final de esta matriz, al tiempo que preservamos la existencia de la matriz anterior. El árbol binario que consigue esto se muestra en la figura 2.2.

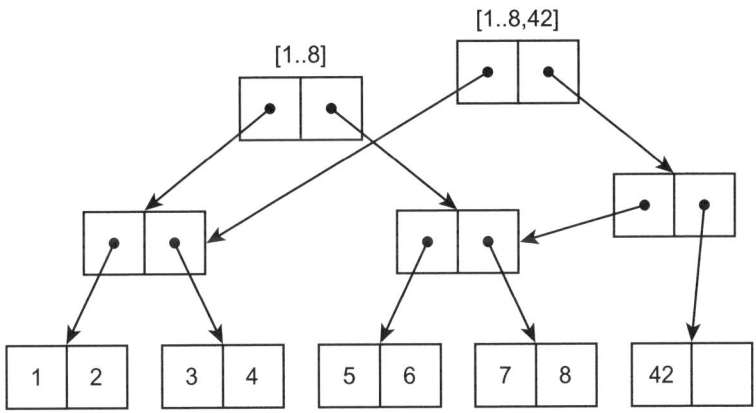

Figura 2.2. Árbol binario que representa [1..8, 42], pero también preserva la matriz [1..8] original.

Ahora, el árbol tiene dos raíces. La raíz en la parte superior izquierda sigue representando la matriz de 1..8. La raíz en la parte superior derecha representa la nueva matriz con un 42 agregado después del 8.

Ahora, vamos a pensar detenidamente en esto. Debería estar claro que representar matrices lineales como árboles, de la manera que se muestra, nos permitirá representar adiciones, inserciones y eliminaciones al tiempo que se preservan todas las organizaciones anteriores, sin realizar una copia masiva de la matriz.

Bueno, sí que hay algo de copia. Puede que tengamos que copiar un nodo hoja, o algunos nodos rama, dependiendo de la operación que estemos realizando. Pero la cantidad de memoria y el número de ciclos son mucho menores que mantener copias de todas las versiones anteriores de la matriz. Al final, cada versión anterior de la matriz se representará mediante un nodo raíz conectado a una cantidad pequeña de nodos rama adicionales, permitiendo que la mayoría de los elementos de la matriz se compartan entre todas las versiones.

Ahora, veamos qué pasa si utilizamos árboles *32-arios* en vez de árboles binarios. Para matrices de un millón de elementos, la profundidad del árbol es del orden de cuatro o cinco ramas. Copiar cinco nodos de 32 elementos cada uno es mucho más rápido y requiere mucha menos memoria que copiar un millón de elementos. De hecho, el coste, aunque no sea cero, es tan pequeño que resulta intrascendente para la mayoría de las aplicaciones.

Así pues, ahora tenemos una manera de representar una matriz lineal que puede indexarse y versionarse con el tiempo mientras se preservan todas las versiones anteriores. Esto se denomina «persistencia».[1] Una estructura de datos persistente tiene la capacidad de someterse a cambios, al tiempo que recuerda todas las versiones anteriores de sí misma.

Pero ¿qué pasa con estructuras de datos de nivel superior, como tablas *hash*, conjuntos, pilas y colas? ¿Cómo hacemos que todas sean tan persistentes como nuestra matriz lineal indexada? Por supuesto, todas estas estructuras de datos pueden implementarse con matrices indexadas. En realidad, puesto que la memoria del ordenador no es más que una gran matriz lineal indexada, cualquier estructura de datos que podamos representar dentro de un ordenador puede representarse también en una matriz persistente.

Por tanto, el problema al que nos enfrentábamos al principio de este capítulo, el problema de la creación de copias, puede dejarse de lado. El coste de la programación funcional, en memoria y ciclos, no tiene que disuadirnos de estudiarla en mayor profundidad e intentar aprovechar sus beneficios.

Y, con ese problema resuelto, todos los ejemplos futuros se escribirán en Clojure, un lenguaje que soporta de forma intrínseca estructuras de datos persistentes.

---

1. No debe confundirse con el término sobrecargado empleado para describir datos almacenados sin conexión.

3

RECURSIVIDAD E ITERACIÓN

En el capítulo 1, Inmutabilidad, he afirmado que la programación funcional utiliza la recursividad para eliminar asignación. En este capítulo, echaremos un vistazo a las diferentes variedades de recursividad; a una la denominaremos iteración y la otra mantendrá el nombre original: recursividad.

Iteración

La TCO es el remedio para la profundidad infinita de la pila que implican los bucles recursivos infinitos. Sin embargo, la TCO solo es aplicable si la llamada recursiva es lo último que va a ejecutarse dentro de la función. A menudo, esas funciones se denominan funciones de llamada en cola.

Aquí tenemos una implementación muy tradicional de una función para crear una lista de números de Fibonacci:

```
(defn fibs-work [n i fs]
  (if (= i n)
    fs
    (fibs-work n (inc i) (conj fs (apply + (take-last 2 fs))))))

(defn fibs [n]
  (cond
    (< n 1) []
    (= n 1) [1]
    :else (fibs-work n 2 [1 1])))
```

Este programa está escrito en Clojure, que es una variante de Lisp. Podemos llamar a esta función así:

```
(fibs 15)
```

Y devuelve una matriz de los primeros 15 números de Fibonacci:

```
[1 1 2 3 5 8 13 21 34 55 89 144 233 377 610]
```

Muchos programadores experimentan dolores de cabeza por fatiga visual las primeras veces que leen Lisp, sobre todo porque los paréntesis no parecen tener sentido, así que vamos a ver un breve tutorial acerca de esos paréntesis.

Tutorial muy breve de Clojure

1. Esta es una llamada de función típica en C, C++, C# y Java: f(x);.

2. Esta es la misma función en Lisp: (f x).

3. Ahora ya sabes Lisp. Fin del tutorial.

No estoy exagerando mucho. Es cierto que la sintaxis de Lisp es así de simple. La sintaxis de Clojure es un poco más complicada, así que vamos a descomponer el programa anterior sentencia por sentencia.

Primero, está defn, al que parece llamar como una función. Vamos a centrarnos en eso por ahora. La verdad es casi totalmente compatible con esa visión. Así pues, la «función» defn define una nueva función a partir de sus argumentos. Las funciones que están definiéndose se llaman fibs-work y fibs. Los corchetes después del nombre de la función encierran los nombres de los argumentos de la función.[1]

Así, la función fibs toma un único argumento llamado n, mientras que la función fibs-work toma tres argumentos llamados n, i y fs.

Siguiendo la lista de argumentos está el cuerpo de la función. El cuerpo de la función fibs es una llamada a la función cond. Piense en cond como una sentencia *switch* que devuelve un valor. La función fibs devuelve el valor devuelto por cond.

Los argumentos para cond son un conjunto de pares. El primer elemento de cada par es un predicado y el segundo es el valor que cond devolverá si ese predicado es true. La función cond recorre la lista de pares hasta que ve un predicado true y, entonces, devuelve el valor correspondiente.

Los predicados son solo llamadas a funciones. El predicado (< n 1) simplemente llama a la función < con n y 1. Devuelve true si n es menor que 1. El predicado (= n 1) llama a la función =, que devuelve true si los argumentos son iguales. El predicado :else se considera true.

---

1. En realidad, los corchetes son sintaxis de Clojure para un «vecto» (una matriz). En este caso, ese vector contiene los símbolos que representan los argumentos.

El valor devuelto por cond para el predicado (< n 1) es [], un vector vacío. Si (= n 1), entonces cond devuelve un vector que contiene 1. De lo contrario, cond devuelve el valor producido por la función fibs-work.

Así pues, la función fibs devuelve [] si n es menor que 1, [1] si n es igual a 1 y (fibs-work n 2 [1 1]) en todos los demás casos.

¿Lo tiene? Asegúrese de que sí. Vuelva a repasarlo hasta que lo tenga claro. Los)) al final de la función fibs son solo paréntesis de cierre de las llamadas a funciones defn, cond y fibs-work. Podría haber escrito fibs así:

```
(defn fibs [n]
  (cond
    (< n 1) []
    (= n 1) [1]
    :else (fibs-work n 2 [1 1])
  )
)
```

Quizá esto le haga sentir mejor. A lo mejor alivia el dolor de cabeza que está empezando a sentir por la fatiga visual. Y, en realidad, muchos programadores de Lisp novatos emplean esta técnica para reducir la ansiedad inducida por los paréntesis. Desde luego, yo lo hice durante una década y media cuando empecé a aprender Clojure.

Sin embargo, después de unos años, resulta evidente que no hay razón para poner cada paréntesis en su propia línea y la técnica acaba convirtiéndose en una molestia, sin más. Ya lo verá, créame.

En fin, esto nos lleva al meollo de la cuestión, la función fibs-work. Si ya se siente a gusto con la función fibs, es probable que ya haya entendido la mayoría de los detalles de la función fibs-work. Pero vamos a ir avanzando paso a paso para estar seguros.

En primer lugar, los argumentos: [n i fs]. El argumento n nos indica cuántos números de Fibonacci hay que devolver. El argumento i es el índice del siguiente número de Fibonacci que hay que calcular. El argumento fs es la lista actual de números de Fibonacci.

La función `if` es muy similar a la función `cond`. Piense en (`if p a b`) como (`cond p a :else b`). La función `if` toma tres argumentos. Evalúa el primero como un predicado. Si el predicado es verdadero, devuelve el segundo argumento; de lo contrario, devuelve el tercero.

Así pues, si (`= i n`), devolvemos `fs`. En caso contrario... Bueno, vamos a verlo con más detenimiento.

```
(fibs-work n (inc i) (conj fs (apply + (take-last 2 fs))))
```

Se trata de una llamada recursiva a `fibs-work`, donde `n` pasa sin cambios, `i` se incrementa en uno y se añade un nuevo número de Fibonacci a `fs`.

Es la función `conj` la que realiza la adición. Toma dos argumentos: un vector y el valor para agregar a ese vector. Los vectores son un tipo de lista. Hablaremos de ellos más adelante.

La función `take-last` toma dos argumentos: un número `n` y una lista. Devuelve una lista que contiene los últimos `n` elementos del argumento de la lista.

La función `apply` toma dos argumentos: una función y una lista. Llama a la función con la lista como sus argumentos. Por tanto, (`apply + [3 4]`) es equivalente a (`+ 3 4`).

Vale, ahora debería tener una buena comprensión práctica de Clojure. Este lenguaje tiene más aspectos que iremos encontrando a medida que avancemos, pero, por ahora, vamos a volver al tema de la iteración y la recursividad.

ITERACIÓN

Observe que la llamada recursiva a `fibs-work` es una llamada de cola. Lo último que hace la función `fibs-work` es llamarse a sí misma. Por tanto, el lenguaje puede emplear TCO para eliminar marcos de pila anteriores y convertir la llamada recursiva en una `goto`, lo que convierte de manera efectiva la recursividad en iteración pura.

Así pues, las funciones que emplean llamadas de cola son, a todos los efectos, iterativas.

TCO, CLOJURE Y LA JVM

La máquina virtual de Java (JVM) no facilita el uso de la TCO por parte de los lenguajes. De hecho, el código que acabamos de ver no usa TCO y, por tanto, hace crecer la pila a través de la iteración. Así, en Clojure, invocamos de forma explícita la TCO utilizando la función recur de la siguiente manera:

```
(defn fibs-work [n i fs]
  (if (= i n)
    fs
    (recur n (inc i) (conj fs (apply + (take-last 2 fs))))))
```

A la función recur solo la podemos llamar desde una posición de cola y vuelve a invocar de manera efectiva a la función que la encierra sin hacer crecer la pila.

RECURSIVIDAD

Hay una manera mucho más natural y elegante de escribir el algoritmo de Fibonacci mediante una verdadera recursividad:

```
(defn fib [n]
  (cond
    (< n 1) nil
    (<= n 2) 1
    :else (+ (fib (dec n)) (fib (- n 2)))))

(defn fibs [n]
  (map fib (range 1 (inc n))))
```

La función fib debería ser evidente a estas alturas. Después de todo, *fib(n)* es solo *fib(n−1)* + *fib(n−2)*. Sin embargo, fíjese en que las llamadas a fib no están en la cola de la función. Lo último que ha ejecutado la cláusula :else es la función +. Eso significa que no podemos utilizar la función recur y que la TCO no es posible. También quiere decir que la pila crecerá a medida que continúe el algoritmo.

La función range toma dos argumentos, *a* y *b*, y devuelve una lista de todos los enteros desde *a* hasta *b-1*. La función map toma dos argumentos, *f* y *l*. El argumento *f* debe ser una función y el argumento *l* debe ser una lista. Llama a *f* con cada miembro de *l* y devuelve una lista que contiene los resultados.

Esta versión de fib es extremadamente ineficiente. Fíjese en este perfil de ejecución:

```
fib 20 = 6765
"Elapsed time: 1.459277 msecs"
fib 25 = 75025
"Elapsed time: 11.735279 msecs"
fib 30 = 832040
"Elapsed time: 106.490355 msecs"
fib 34 = 5702887
"Elapsed time: 735.689834 msecs"
```

No me he molestado en analizar el algoritmo, pero un ajuste de curva rápido sugiere que el algoritmo es $O(n^3)$. Así pues, por muy elegante que parezca la implementación, no será suficiente.

Podemos mejorar mucho el rendimiento si usamos la iteración de la siguiente manera:

```
(defn ifib
  ([n a b]
   (if (= 0 n)
     b
     (recur (dec n) b (+ a b))))

  ([n]
   (cond
     (< n 1) nil
     (<= n 2) 1
     :else (ifib (- n 2) 1 1)))
  )
```

La función ifib tiene dos sobrecargas: [n a b] y [n]. Puesto que es iterativa, no hace crecer la pila y es mucho más rápida que la versión recursiva anterior. De hecho, creo que la impresión ha tardado más que la auténtica computación.

```
ifib 20 = 6765
"Elapsed time: 0.185508 msecs"
ifib 25 = 75025
"Elapsed time: 0.177111 msecs"
ifib 30 = 832040
"Elapsed time: 0.14596 msecs"
ifib 34 = 5702887
"Elapsed time: 0.148221 msecs"
```

Por supuesto, hemos perdido gran parte del poder expresivo del algoritmo recursivo. Podemos recuperarlo recordando la transparencia referencial: en un lenguaje funcional, las funciones siempre devuelven los mismos valores al darles las mismas entradas. Así, nunca es necesario reevaluar una función. Una vez que hemos calculado el valor de (fib 20), podemos recordarlo en vez de recalcularlo.

Para ello, usamos la función memoize de la siguiente manera:

```
(declare fib)

(defn fib-w [n]
  (cond
    (< n 1) nil
    (<= n 2) 1
    :else (+ (fib (dec n)) (fib (- n 2))))))

(def fib (memoize fib-w))
```

La función declare crea un símbolo no vinculado que pueden utilizar otras funciones siempre y cuando se vincule antes de su uso. En este caso, he usado declare porque la definición de fib viene después de fib-w y Clojure quiere que todos los nombres se declaren o definan antes de usarse.

La función memoize toma un argumento *f*, que debe ser una función, y devuelve una nueva función *g*. Las llamadas a *g* con argumento *x* llamarán a *f* con *x* si, y solo si, nunca se ha llamado a *g* con *x* antes. Después, recuerda esos argumentos y el valor de retorno. Cualquier llamada subsiguiente a *g* con *x* devolverá el valor recordado.

Esta versión del algoritmo es tan rápida como la versión iterativa porque hemos cortocircuitado la gran mayoría de la recursividad sin sacrificar la elegancia del algoritmo. Pagamos por ello con un poco de memoria adicional, pero parece un precio pequeño.

```
fib 20 = 6765
"Elapsed time: 0.168678 msecs"
fib 25 = 75025
"Elapsed time: 0.16232 msecs"
fib 30 = 832040
"Elapsed time: 0.151619 msecs"
fib 34 = 5702887
"Elapsed time: 0.15134 msecs"
```

Lo que hemos aprendido aquí es que la iteración y la recursividad son enfoques muy diferentes. Las funciones diferentes deben utilizar llamadas de cola para dirigir la iteración y deberían utilizar TCO para evitar el crecimiento de la pila. Las funciones recursivas no emplean llamadas de cola y, por tanto, harán crecer la pila. Las funciones recursivas de verdad pueden ser bastante elegantes y la memorialización puede usarse para evitar que esa elegancia afecte de manera significativa al rendimiento.

Aunque en este capítulo se ha empleado Clojure como lenguaje, los conceptos son los mismos en casi cualquier otro lenguaje funcional e incluso podrían implementarse en lenguajes no funcionales, aunque con una pérdida sustancial de elegancia. ;-)

4

PEREZA

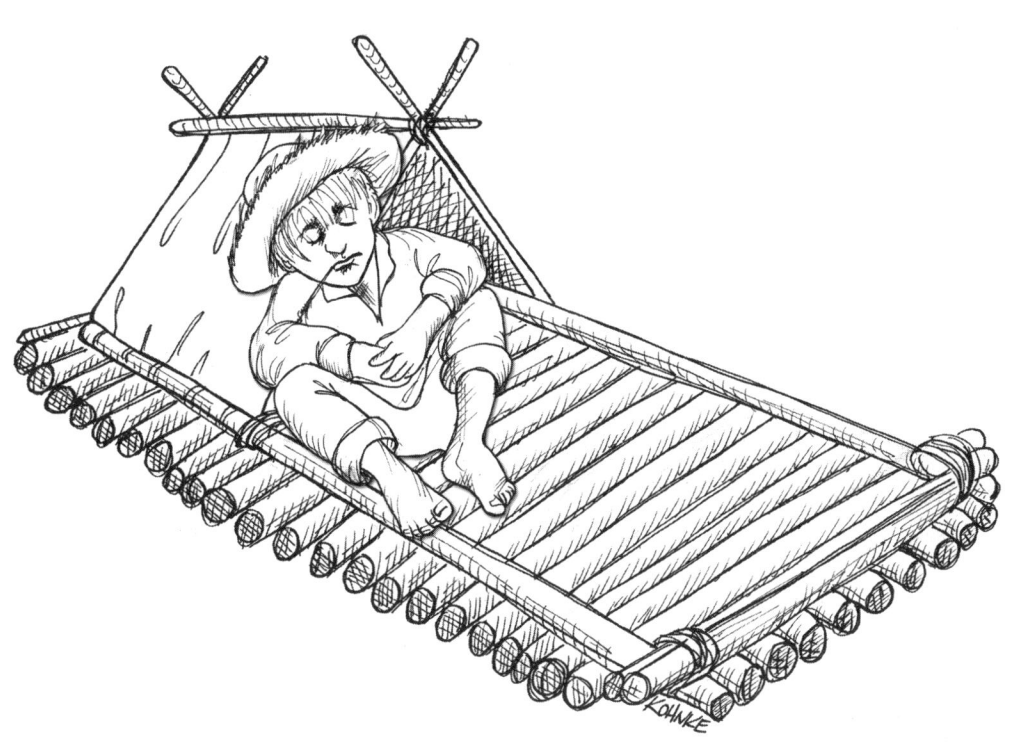

Fíjese en el siguiente cambio, en negrita en nuestro programa, para calcular una lista de números de Fibonacci:

```
(declare fib)

(defn fib-w [n]
  (cond
    (< n 1) nil
    (<= n 2) 1
    :else (+ (fib (dec n)) (fib (- n 2)))))))

(def fib (memoize fib-w))


(defn lazy-fibs []
  (map fib (rest (range)))
  )
```

La función `lazy-fibs` puede parecerle un poco extraña. Vamos a analizarla. Ya entiende la función `map`. La función `rest` toma una lista y devuelve esa lista sin el primer elemento. Y eso nos lleva a la función `range`.

La función `range`, tal y como se llama aquí, devuelve una lista de enteros empezando por cero. Se preguntará que cuántos enteros. Tantos como necesite. La función `range` es perezosa o, más bien, la función `range` devuelve una lista perezosa.

¿Qué es una lista perezosa? Es un objeto que sabe cómo calcular su siguiente valor. En Java, C++ y C#, llamamos a los objetos así «iteradores». Una lista perezosa es un iterador que se hace pasar por una lista. Clojure es amigo de las listas perezosas. La mayoría de las funciones de biblioteca devuelven listas perezosas si es posible. Así pues, en el programa anterior, tanto `rest` como `map` devuelven una lista perezosa, y eso significa que `lazy-fibs` también devuelve una biblioteca perezosa. ¿Cómo utilizaríamos `lazy-fibs`? Así:

```
(take 10 (lazy-fibs))
returns: (1 1 2 3 5 8 13 21 34 55)
```

La función `take` toma dos argumentos: un número n y una lista. Devuelve una lista que contiene los n primeros elementos de la lista del argumento. En realidad, no es así del todo, pero volveremos sobre ello luego.

Ahora, vamos a volver a fijarnos en lazy-fibs. La función range devuelve una lista perezosa de enteros que empieza en cero. La función rest toma esa lista, deja fuera el primer elemento y devuelve una lista perezosa de los enteros restantes, que, en esta instancia, son enteros que empiezan por uno. La función map aplica cada uno de esos enteros a la función fib devolviendo una lista perezosa de números Fibonacci empezando en (fib 1).

Podemos tener tantos números de Fibonacci como queramos, siempre y cuando no haya desbordamientos u otras limitaciones de la máquina. Así, por ejemplo:

```
(nth (lazy-fibs) 50)
returns: 20365011074
```

La función nth toma una lista y un entero n y devuelve el n.º elemento de la lista. Por tanto, esto devuelve el 50.º número de Fibonacci.

Ahora pensemos en esto:

```
(def list-of-fibs (lazy-fibs))
```

La función def (en realidad no es una función, pero finjamos que sí) crea un nuevo símbolo y lo asocia a un valor. Así pues, el símbolo list-of-fibs se refiere a una lista perezosa de números de Fibonacci, como podemos ver en lo siguiente:

```
(take 5 list-of-fibs)
returns: (1 1 2 3 5)
```

Ahora fíjese: cuando hemos ejecutado def que ha creado list-of-fibs, no se ha calculado ningún número de Fibonacci ni se ha asignado nada de memoria para números de Fibonacci. Los cálculos solo se realizan y la memoria solo se asigna, cuando se accede a los elementos de la lista. Recuerde que, entre bambalinas, las listas perezosas son en realidad iteradores que saben cómo calcular su siguiente elemento. Una vez que se realiza ese cálculo, se asigna la memoria y se coloca el valor en una lista real.[1]

Resulta tentador imaginar que las listas perezosas son infinitas. Por supuesto, no lo son. Simplemente no están vinculadas. Podemos pasar por tantos elementos como queramos, pero ese número siempre será finito.

---

1. Esta es una forma conveniente de pensar en ello por el momento. En realidad, como veremos enseguida, la memoria solo se asigna y la lista solo crece si el programa necesita albergar esos valores.

Acumulación perezosa

Debería estar claro que, si seguimos pasando listas perezosas por funciones como `map`, `rest` y `take` (sí, en realidad `take` devuelve una lista perezosa), acumularemos una larga cadena de iteradores entre bastidores. Cada uno de esos iteradores debe mantener la función que calcula su siguiente valor. También debe mantener todos los datos necesarios para ese cálculo.

He escrito aplicaciones que tienen listas con miles de elementos, cada uno de los cuales mantiene otras listas con miles de elementos: todas estas listas son perezosas. Ahora, recuerde que estamos posponiendo los cálculos. Ninguno de los cálculos se realiza hasta que se accede a los resultados finales, así que puede encadenarse un atraso enorme de iteradores pospuestos a través de esas listas.

Esto funciona bien hasta que nos quedamos sin memoria asignada para albergar todos esos iteradores pospuestos. Por tanto, de vez en cuando, sería recomendable convertir las listas perezosas en listas reales. En Clojure, lo hacemos con la función `doall`:

```
(def real-list-of-fibs (doall (take 50 (lazy-fibs))))
```

La función `doall` convierte `real-list-of-fibs` en una lista real que ocupa memoria y no contiene iteradores pospuestos. Se han hecho todos los cálculos.

Vale, pero ¿por qué?

¡Buena pregunta! La pereza no es gratis. Requiere memoria y ciclos para posponer los cálculos. Y, después, está el problema de la acumulación que puede llevar al agotamiento de la memoria.

Aun así, pese a esos costes, la pereza es una característica común, por no decir universal, de los lenguajes funcionales. Algunos lenguajes, como Haskell, son, de forma intrínseca, perezosos. Clojure no es intrínsecamente perezoso, pero hay tantas de las funciones de biblioteca que son perezosas que no puede evitarse la pereza con facilidad. F# y Scala permiten la pereza, pero debemos ser explícitos al respecto.

¿Por qué? ¿Por qué todos estos lenguajes aceptan los costes de la pereza?

Porque la pereza separa lo qué necesitamos hacer de cuánto necesitamos hacer. Podemos escribir un programa que cree una secuencia perezosa sin saber qué tamaño de secuencia van a querer los usuarios. Los usuarios pueden determinar cuánta parte de la secuencia necesitan.

Así, por ejemplo:

```
(nth (lazy-fibs) 500)
```

devuelve 22559151616193633087251269503607207204601132491375819058863
➡88664184746277386868834050159870527969684986261N

Puesto que lazy-fibs no limita la cantidad de números de Fibonacci que crea, podemos pedir tantos como queramos.

Pensemos también en este ejemplo. Podríamos crear una lista de 51 enteros así:

```
(range 51)
```

O así:

```
(take 51 (range))
```

Observe que, en el primer ejemplo, el 51 está mucho más acoplado que en el segundo. En el primero, tengo que hacer llegar ese 51 a la función range de algún modo. Quizá podría pasarlo como un argumento, pero eso es un acoplamiento bastante fuerte. En el segundo ejemplo, a la función range no le importa. Ese 51 podría estar más afuera en otra parte del código, muy separado de la llamada a range.

Por cierto, puede que le interese saber que en el ejemplo de lazy-fibs anterior, es probable que a (fib 1) a través de (fib 499) se le haya aplicado la recolección de basura. Puesto que no estoy manteniendo la lista en sí, el sistema en tiempo de ejecución es libre de deshacerse de los elementos calculados con anterioridad. Así, sería posible crear y recorrer una lista perezosa con billones de elementos y, aun así, no mantener más de uno[2] de ellos en la memoria en cada momento.

---

2. O, al menos, algún n, donde n es pequeño y es el tamaño de «porción» del motor perezoso.

CONCLUSIÓN

Hay mucho que aprender sobre la pereza. Mi objetivo aquí ha sido hacer que tome conciencia de su existencia porque es muy común en los lenguajes funcionales. Aparecerá mucho más en las páginas siguientes, pero será casi siempre en segundo plano.

5

PROGRAMAS CON ESTADO

Al final, cualquier programa que se haya escrito jamás es una forma de $y = f(x)$, donde x es toda la entrada que damos al programa e y es toda la salida que genera en respuesta.

Esta definición es suficiente para todas las tareas por lotes. Por ejemplo, en un sistema de nóminas, la entrada x son todos los registros de empleados y tarjetas para fichar, y la salida y son todos los salarios e informes.

Pero quizá esta definición de lotes es demasiado simplista. Al fin y al cabo, en las aplicaciones interactivas, la entrada que damos al programa se basa, a menudo, en la salida que nos acaba de dar. Así pues, deberíamos pensar en los sistemas de software interactivos como:

```
void p(Input x) {
  while (x != DONE)
    x = (getInput(f(x))
}
```

Dicho de otro modo, nuestro programa es un bucle que calcula $y = f(x)$ y, después, entrega y a una fuente de entrada que vuelve a pasarse a f hasta que f devuelva, por fin, DONE.

En un sentido muy real, el estado de este programa durante cada iteración es x. Si estuviésemos depurando errores, querríamos saber el valor de x y es probable que la denominásemos: estado del sistema.

Y, de hecho, en el programa anterior hay una variable llamada x que alberga el estado del sistema y se actualiza en cada iteración.

Sin embargo, podemos eliminar esa variable escribiendo el programa de forma «funcional» de la siguiente manera:

```
void p(Input x) {
  if (x!=DONE)
    p(getInput(f(x)));
}
```

Ahora este programa no tiene una variable que se actualice para albergar el estado del sistema, sino que el estado se pasa como un argumento desde una invocación de p a la siguiente.

Hace unos años, escribí un programa funcional en Clojure que se parecía mucho a esto. Era una versión del antiguo videojuego Spacewar!. Puede ver el programa (y jugar con él) en https://github.com/unclebob/spacewar. El juego es visual e interactivo y está escrito en el estilo «funcional».

El estado interno del programa spacewar es muy complejo. Consta de la nave *Enterprise*, docenas de Klingons, cientos de estrellas, muchas docenas de torpedos, pistolas fáser, proyectiles cinéticos, bases, transportes y una plétora de entidades y atributos. Toda esa complejidad se mantiene dentro de un solo objeto al que llamé world. Y el flujo de spacewar es, a todos los efectos:

```
(defn spacewar [world]
  (when (:done? world)
    (System/exit 0))
  (recur (update-world world (get-input world))))
```

Dicho de otro modo, el programa spacewar es un bucle que existe si el atributo :done?[1] de world es true, y, de lo contrario, presenta world al usuario y recibe una entrada que utiliza para actualizar world. Esta es la verdadera función update-world tal y como existe en la actualidad dentro de spacewar:

```
(defn update-world [ms world]
  ;{:pre [(valid-world? world)]
  ; :post [(valid-world? %)]}
  (->> world
       (game-won ms)
       (game-over ms)
       (ship/update-ship ms)
       (shots/update-shots ms)
       (explosions/update-explosions ms)
       (clouds/update-clouds ms)
       (klingons/update-klingons ms)
       (bases/update-bases ms)
       (romulans/update-romulans ms)
       (view-frame/update-messages ms)
       (add-messages)
       ))
```

---

1. Las palabras clave en Clojure van precedidas de dos puntos, así que :done? es una palabra clave, que es una constante que puede usarse como un identificador. A menudo, se emplean como claves para tablas *hash*. Cuando se usa como una función, una palabra clave se comporta como un método accesor para una tabla *hash*. Así, (:done? world) simplemente devuelve elemento :done? de la tabla *hash* world.

La *threading macro* (->>) pasa el argumento world en game-won, y la salida de esto se pasa a game-over, cuya salida se pasa a ship/update-ship, y así sucesivamente. Cada una de esas funciones devuelve una versión actualizada de world.

Fíjese en el argumento ms. Contiene el número de milisegundos desde la última actualización y es la entrada principal al juego en su conjunto. Puesto que se mueve un objeto por la pantalla, su posición se actualiza en base a su vector de velocidad y el número de milisegundos que han pasado desde que su posición se ha actualizado por última vez.

Le enseño esto para mostrar la complejidad que gestiona este programa. Tenga en cuenta que world no es una variable mutable. Cada una de esas funciones enhebradas en las que está pasándose world está devolviendo una versión nueva de world y pasándola a la siguiente. No está albergada en una variable y mutándose.

Vamos a echar otro vistazo a la complejidad:

```
(s/def ::ship (s/keys :req-un
                      [::x ::y ::warp ::warp-charge
                       ::impulse ::heading ::velocity
                       ::selected-view ::selected-weapon
                       ::selected-engine ::target-bearing
                       ::engine-power-setting
                       ::weapon-number-setting
                       ::weapon-spread-setting
                       ::heading-setting
                       ::antimatter ::core-temp
                       ::dilithium ::shields
                       ::kinetics ::torpedos

                       ::life-support-damage ::hull-damage
                       ::sensor-damage ::impulse-damage
                       ::warp-damage ::weapons-damage
                       ::strat-scale
                       ::destroyed
                       ::corbomite-device-installed]))
```

Lo que está viendo es una pequeña porción de la especificación de tipos de la *Enterprise*, la nave del jugador. Clojure ofrece un mecanismo llamado clojure. spec que nos da la capacidad de diseñar de manera muy específica nuestras estructuras de datos con mayor precisión y control que la mayoría de lenguajes tipados de forma estática.

Toda esta complejidad de estado se gestiona dentro del programa spacewar al pasar world de función a función a función y, después, volver a pasarla de manera recursiva a spacewar. El objeto world nunca está albergado en una variable.

Y el juego funciona en una pantalla grande a 30 fotogramas por segundo.

Aquí la cuestión es que no hay nivel de complejidad que exija que abandonemos la inmutabilidad y nos desviemos del estilo funcional. Por otra parte, hay otros factores que, de vez en cuando, tienen esa exigencia.

Cuándo **DEBEMOS** mutar

El programa spacewar utiliza un *framework* de interfaz gráfica de usuario (GUI) llamado Quil.[2] Este *framework* hace que los programas que lo usan se escriban con un estilo «funcional». Puede que en realidad no sea funcional en su interior, pero visto desde el exterior, no es necesario que haya ningún estado mutable visible. Por otra parte, en la actualidad estoy escribiendo una aplicación Clojure llamada more-speech[3] que usa el *framework* Swing de Java. Swing no es funcional. El estado mutable se desprende de cada apéndice del *framework*. Es un *framework* de objetos mutables por definición.

Esto hace que sea complicado usarlo con Clojure y mantener el estilo «funcional». Para empeorar las cosas, Swing usa un enfoque de modelo-vista, y los modelos están definidos y controlados por Swing. Así pues, crear un modelo inmutable es prácticamente imposible.

Swing no es el único *framework* que nos obliga a entrar en el mundo mutable. Hay muchos otros, así que, incluso aunque esté decidido a utilizar el estilo «funcional», debe ser capaz de lidiar con el hecho de que existe una panoplia de *frameworks* de software que le obligarán a salir de este estilo.

Lo que es peor, muchos de esos *frameworks* también te obligan a entrar en el mundo del multihilo. Swing, por ejemplo, se ejecuta en su propio hilo especial. Los programadores no deberían usar ese hilo para el procesamiento regular, sino que deben entrar de manera específica en ese hilo cuando se mutan estructuras

---

2. Eche un vistazo a www.quil.info. Quil usa Processing entre bastidores. Processing es un *framework* de Java que, desde luego, no es funcional. Quil finge ser funcional ocultando las variables mutables o, al menos, no obligándonos a mutar esas variables.

3. https://github.com/unclebob/more-speech.

de datos de Swing. Esto pone a los usuarios de esos *frameworks* en peligro de mutar el estado desde dentro de múltiples hilos. Por supuesto, el temido resultado de eso son las condiciones de carrera y las anomalías por actualizaciones concurrentes.

Por suerte, hay lenguajes funcionales que ofrecen opciones que reducen los problemas de mutación y permiten que el estilo funcional interactúe de manera aceptable con el estilo multihilo no funcional.

Memoria transaccional de software (STM)

STM es un conjunto de mecanismos que tratan la memoria interna como si fuese una base de datos transaccional con funcionalidad confirmar-deshacer. Las transacciones son funciones protegidas de la actualización concurrente mediante un protocolo comparar-e-intercambiar.

Si esto le parece mucha palabrería, quizá un ejemplo sea más clarificador.

Digamos que tenemos un objeto o y una función f que muta o. Así, $o_f = f(o)$ donde o_f es el o original mutado por f.

El problema es que f tarda un tiempo en hacer su trabajo, y es posible que algún otro hilo interrumpa f y aplique su propia operación g a o: $o_g = g(o)$. Cuando f se completa por fin, ¿cuál es estado de o? ¿Es o_f o es o_g? ¿O se han aplicado ambas mutaciones, lo que nos da o_{fg}?

El problema de actualizaciones concurrentes típico generaría a menudo o_f, haciendo que la operación de g se perdiese. A menudo, los programadores resuelven este tipo de problema bloqueando o, de forma que g no pueda interrumpir f, y viceversa. El bloqueo obliga al hilo que crea la interrupción a esperar hasta que o esté desbloqueado. Sin embargo, el problema es que eso puede llevar al temido bloqueo mutuo.[4]

Imaginemos que tenemos dos objetos o y p y dos funciones $f(o, p)$ y $g(p, o)$. Estas funciones bloquean sus argumentos antes de operar con ellos. Supongamos que f y g están ejecutándose en diferentes hilos y g interrumpe f justo después de que f bloquee o. Ahora, g bloquea p, pero no puede bloquear o porque o

---

4. También conocido como abrazo mortal o *deadlock*.

está bloqueado por *f*, así que *g* espera. Entonces, *f* despierta e intenta bloquear *p*, pero no puede porque *p* está bloqueado por *g*, y nada puede continuar. Las funciones *f* y *g* están en un bloqueo mutuo.

El problema del bloqueo mutuo puede evitarse si bloqueamos todo en el mismo orden cada vez. Si *f* y *g* se ponen de acuerdo en bloquear primero *o* y, después, *p*, el bloqueo mutuo no puede producirse. Sin embargo, estos acuerdos son difíciles de implementar y, a medida que los sistemas se vuelven más complicados, puede ser muy difícil adivinar el orden de bloqueo correcto.

Para resolver este problema, la STM no bloquea, sino que utiliza una técnica de conformar-deshacer. Vamos a llamar a esta técnica *swap* (intercambio). Podemos representarla con *swap(o, f)*, que albergará el valor actual de *o* en o_h, calculará $o_f = f(o)$, después, en una operación atómica,[5] comparará el valor actual de *o* con o_h y, si son iguales, intercambiará *o* por o_f. Si la comparación falla, entonces se repite la operación desde el principio y seguirá repitiéndose hasta que la comparación tenga éxito.

Hay muchas maneras de utilizar STM en Clojure, pero la más simple es el atom. Un atom es un valor atómico que puede alterarse usando la función swap!. Veamos un ejemplo:

```clojure
(def counter (atom 0))

(defn add-one [x]
  (let [y (inc x)]
    (print (str "(" x ")"))
    y))

(defn increment [n id]
  (dotimes [_ n]
    (print id)
    (swap! counter add-one)))

(defn -main []
  (let [ta (future (increment 10 "a"))
        tx (future (increment 10 "x"))
        _ @ta
        _ @tx]
    (println "\nCounter is: " @counter)))
```

---

5. Las operaciones atómicas no pueden interrumpirse.

La primera letra crea el atom llamado counter. El programa -main empieza dos hilos, usando future, que llaman a la función increment. Las expresiones @ta y @ tx esperan a que se completen los respectivos hilos.

La función add-one suma uno a su argumento, pero esa función print permite que se una otro hilo, y eso es justo lo que pasa. Veamos un ejemplo de la salida:

```
a(0)a(1)a(2)a(3)a(4)xa(5)x(5)(6)(6)x(7)(7)a(8)(8)
x(9)(9)a(10)(10)x(11)a(11)(12)(12)a(13)x(13)(14)(14)
x(15)(15)(16)x(17)x(18)x(19)
Counter is:  20
```

Al principio, el hilo a se ejecuta sin interrupción durante un tiempo, pero en el quinto incremento, se une el hilo x y los dos se pelean. Fíjese en los valores repetidos cuando swap! detecta las colisiones y repite. Por último, el hilo a termina y el hilo x no experimenta más interrupciones. La cuenta final de 20 es correcta.

LA VIDA ES DURA, EL SOFTWARE AÚN MÁS

Estaría bien vivir a tiempo completo en un mundo funcional. En un mundo funcional, por lo general la presencia de múltiples hilos no generaría condiciones de carrera.[6] Al fin y al cabo, si nunca actualizamos, no podemos tener problemas con actualizaciones concurrentes. Pero, con demasiada frecuencia, nos vemos obligados a volver al mundo funcional de los multihilos debido a los *frameworks* o al código heredado. Y cuando eso ocurre, los mecanismos de STM pueden ayudarnos a evitar lo peor de una situación que, por lo demás, es horrible.

---

6.   Consulte el capítulo 15, Concurrencia, para cuando lo hacen.

Parte II

Análisis comparativo

A continuación, veremos un análisis comparativo de una serie de ejercicios escritos en estilo orientado a objetos (OO) tradicional y en estilo «funcional». Puede que los dos primeros ejercicios le resulten familiares; las porciones relativas a OO vienen de ejemplos que publiqué en *La artesanía del código limpio*.[1]

Ambas versiones de cada uno de los ejemplos se crearon mediante el desarrollo guiado por pruebas (TDD). Las pruebas se muestran con el código de manera gradual. Verá cómo se pasa la primera prueba, luego la segunda, después la tercera, y así sucesivamente.

El propósito de esta parte del libro es explorar y examinar las diferencias entre las implementaciones OO y las funcionales.

La complejidad de los ejercicios va en aumento. Factores primos es bastante simple. Partida de bolos es un poco más complicado y Conductores de autobús cotillas es aún más complicado. El último ejercicio, Nóminas, es el más complejo de los ejemplos. Lo exploré con gran detalle en la sección 3 de *Agile Software Development: Principles, Patterns, and Practices*.[2] Por tanto, para ahorrar espacio, he incluido solo la versión funcional.

---

1. Martin, R.C. (2022). *La artesanía del código limpio*. Anaya Multimedia.
2. Martin, R.C. (2002). *Agile Software Development: Principles, Patterns, and Practices*. Pearson.

A medida que aumenta la complejidad, las diferencias entre los enfoques se vuelven más evidentes. Esto debería resultarle educativo. Pero debería prepararse para algunas sorpresas; puede que la cosa no acabe como cree que debería.

6

FACTORES PRIMOS

¿Es mejor la programación funcional que programar con variables mutables? Vamos a hacer un análisis comparativo de algunos ejercicios familiares. Aquí, por ejemplo, se muestra la derivación Java tradicional de la kata Factores primos utilizando TDD, más o menos como se presentaba en el capítulo 2 de *La artesanía del código limpio*.[3] También hay disponible un vídeo relacionado con el tema en inglés, *Prime Factors*. Puede acceder al vídeo registrándose en `https://informit.com/functionaldesign`.

VERSIÓN EN JAVA

Empezamos por una prueba simple:

```
public class PrimeFactorsTest {
  @Test
  public void factors() throws Exception {
    assertThat(factorsOf(1), is(empty()));
  }
}
```

Y hacemos que se pase de esta manera simple:

```
private List<Integer> factorsOf(int n) {
  return new ArrayList<>();
}
```

Por supuesto, pasa, así que la siguiente prueba más degenerada es 2:

```
assertThat(factorsOf(2), contains(2));
```

Hacemos que pase con algo de código trivial y obvio:

```
private List<Integer> factorsOf(int n) {
  ArrayList<Integer> factors = new ArrayList<>();
  if (n>1)
    factors.add(2);
  return factors;
}
```

---

3.   Martin, R.C. (2022). *La artesanía del código limpio*. Anaya Multimedia, p. 68.

Después, viene el 3,

```
assertThat(factorsOf(3), contains(3));
```

que hacemos que pase siendo un poco ingeniosos y sustituyendo el 2 por n:

```
private List<Integer> factorsOf(int n) {
  ArrayList<Integer> factors = new ArrayList<>();
  if (n>1)
    factors.add(n);
  return factors;
}
```

Luego viene el 4, que es la primera vez que nuestra lista va a tener más de un factor:

```
assertThat(factorsOf(4), contains(2, 2));
```

Y hacemos que pase con lo que parece ser un truco bastante horrible:

```
private List<Integer> factorsOf(int n) {
  ArrayList<Integer> factors = new ArrayList<>();
  if (n>1) {
    if (n % 2 == 0) {
        factors.add(2);
      n /= 2;
    }
  }
  if (n>1)
    factors.add(n);
  return factors;
}
```

Las tres siguientes pruebas se pasan sin ningún cambio:

```
assertThat(factorsOf(5), contains(5));
assertThat(factorsOf(6), contains(2,3));
assertThat(factorsOf(7), contains(7));
```

El caso 8 es la primera vez que hemos visto más de dos elementos en la lista de factores:

```
assertThat(factorsOf(8), contains(2, 2, 2));
```

Y pasamos con la elegante transformación de una de las sentencias if en una while:

```
private List<Integer> factorsOf(int n) {
  ArrayList<Integer> factors = new ArrayList<>();
  if (n>1) {
    while (n % 2 == 0) {
      factors.add(2);
      n /= 2;
    }
  }
  if (n>1)
    factors.add(n);
  return factors;
}
```

La siguiente prueba, 9, también debe fallar porque nada en nuestra solución factoriza el 3:

```
assertThat(factorsOf(9), contains(3, 3));
```

Para solucionarlo, necesitamos factorizar los 3. Podríamos hacerlo de la siguiente forma:

```
private List<Integer> factorsOf(int n) {
  ArrayList<Integer> factors = new ArrayList<>();
  if (n>1) {
    while (n % 2 == 0) {
      factors.add(2);
      n /= 2;
    }
    while (n % 3 == 0) {
      factors.add(3);
      n /= 3;
    }
  }
  if (n>1)
    factors.add(n);
  return factors;
}
```

Pero esto es horrible, porque implica una duplicación infinita. Podemos solucionarlo cambiando otra sentencia if por una while:

```
private List<Integer> factorsOf(int n) {
  ArrayList<Integer> factors = new ArrayList<>();
  int divisor = 2;
  while (n>1) {
    while (n % divisor == 0) {
      factors.add(divisor);
      n /= divisor;
    }
    divisor++;
  }
  if (n>1)
    factors.add(n);
  return factors;
}
```

Con solo un poco de refactorización, obtenemos esto:

```
private List<Integer> factorsOf(int n) {
  ArrayList<Integer> factors = new ArrayList<>();

  for (int divisor = 2; n > 1; divisor++)
    for (; n % divisor == 0; n /= divisor)
      factors.add(divisor);
  return factors;
}
```

Y ese algoritmo es suficiente para calcular los factores primos de cualquier[4] entero.

VERSIÓN EN CLOJURE

Vale, entonces, ¿qué aspecto tiene esto en Clojure?

Como antes, empezamos con una prueba degenerada simple:[5]

```
(should= [] (prime-factors-of 1))
```

Y hacemos que se pase como cabría esperar, devolviendo una lista vacía:

```
(defn prime-factors-of [n] [])
```

---

4. Si se le dan el tiempo y el espacio suficientes.
5. Utilizando el *framework* de pruebas speclj.

La siguiente prueba se parece bastante a la versión en Java:

```
(should= [2] (prime-factors-of 2))
```

Y la solución también:

```
(defn prime-factors-of [n]
  (if (> n 1) [2] []))
```

Y la solución de la tercera prueba emplea la misma sustitución ingeniosa de 2 por n:

```
(should= [3] (prime-factors-of 3))
```

```
(defn prime-factors-of [n]
  (if (> n 1) [n] []))
```

Pero con la prueba para el 4, las soluciones de Clojure y Java empiezan a divergir:

```
(should= [2 2] (prime-factors-of 4))
```

```
(defn prime-factors-of [n]
  (if (> n 1)
    (if (zero? (rem n 2))
      (cons 2 (prime-factors-of (quot n 2)))
      [n])
    []))
```

La solución es recursiva. La función cons añade un 2 al comienzo de la lista devuelta por prime-factors-of. ¡Convénzase de que entiende por qué! Las funciones rem y quot son solo las operaciones de resto y cociente de enteros, respectivamente.

En este punto en el programa en Java, no había iteración. Los dos segmentos if(n>1) eran una insinuación tentadora de la iteración que estaba por venir, pero la solución seguía siendo lógica lineal directa.

En la versión funcional, sin embargo, vemos recursividad en toda regla. Ni siquiera utiliza una llamada de cola.

Las siguientes cuatro pruebas se pasan por completo, incluso la prueba para el 8:

```
(should= [5] (prime-factors-of 5))
(should= [2 3] (prime-factors-of 6))
(should= [7] (prime-factors-of 7))
(should= [2 2 2] (prime-factors-of 8))
```

En cierto sentido, es una pena, ya que ha sido la prueba para el 8 la que nos ha hecho transformar una sentencia if en una while en la solución de Java. En la solución de Clojure no se produce una transformación tan elegante; aunque tengo que decir que la recursividad es la mejor solución (hasta ahora).

A continuación, viene la prueba para el 9, y aquí es donde las versiones de Java y Clojure se enfrentan a un dilema similar de código duplicado:

```
(should= [3 3] (prime-factors-of 9))

(defn prime-factors-of [n]
  (if (> n 1)
    (if (zero? (rem n 2))
      (cons 2 (prime-factors-of (quot n 2)))
      (if (zero? (rem n 3))
        (cons 3 (prime-factors-of (quot n 3)))
        [n]))
    []))
```

Esta solución no es sostenible. Nos obligaría a añadir los casos del 5, 7, 11, 13... hasta llegar al primo máximo que nuestro lenguaje pudiese albergar. Pero esta solución implica una solución iterativa/recursiva interesante:

```
(defn prime-factors-of [n]
  (loop [n n
         divisor 2
         factors []]
    (if (> n 1)
      (if (zero? (rem n divisor))
        (recur (quot n divisor) divisor (conj factors divisor))
        (recur n (inc divisor) factors))
      factors)))
```

La función `loop` crea una nueva función anónima *in situ*. La función `recur`, cuando está anidada dentro de una expresión loop, hace que la función in situ vuelva a invocarse con TCO. Los argumentos de la función *in situ* son `n`, `divisor` y `factors`. Cada uno va seguido de su inicializador. Así pues, la `n` dentro del bucle se inicializa al valor de `n` fuera del bucle (los dos identificadores de `n` son distintos), `divisor` se inicializa a 2 y `factors` se inicializa a [].

La recursividad en esta solución es iterativa porque las llamadas recursivas están en la cola. Observe que `cons` ha cambiado a `conj` porque el orden de la construcción de la lista ha cambiado. La función `conj` se añade[6] a `factors`. ¡Convénzase de que entiende por qué ha cambiado el orden!

CONCLUSIÓN

Hay varias cosas que señalar en este ejemplo. En primer lugar, la secuencia de pruebas es la misma entre las versiones de Java y Clojure. Esto es significativo porque implica que el cambio a la programación funcional influye muy poco o nada en la manera en que expresamos nuestras pruebas. Las pruebas son, en cierto modo, más básicas, abstractas o esenciales que el estilo de programación.

En segundo lugar, la estrategia de solución entre las dos se ha desviado incluso antes de que se requiriese cualquier iteración. En Java, la prueba para el 4 no ha requerido iteración, pero, en Clojure, ha hecho que usemos la recursividad. Eso implica que esa recursión es, en cierto modo, más esencial a nivel semántico que el uso de bucles estándar con sentencias `while`.

En tercer lugar, la derivación en Java ha sido relativamente directa; había pocas sorpresas, por no decir ninguna, de una prueba a la siguiente. Pero la derivación en Clojure ha dado un giro de 180° una vez que hemos llegado a la prueba para el 9. Esto se debe a que hemos elegido utilizar recursividad sin cola en vez de la construcción `loop` iterativa para solucionar la prueba para el 4. Eso implica que, cuando tengamos opción, deberíamos preferir las construcciones recursivas con cola a la recursividad sin cola.

---

6. En este caso, porque `factors` es un vector.

El resultado final es un algoritmo que es similar a la solución en Java, pero tiene al menos una diferencia sorprendente: no es un bucle doblemente anidado. La solución en Java tiene un bucle que incrementa el divisor y otro que agrega repetidamente el divisor actual como un factor. La solución en Clojure sustituye ese bucle doblemente por dos recursividades independientes.

¿Qué solución es mejor? La solución en Java es mucho más rápida, porque Java es mucho más rápido que Clojure, pero, por lo demás, no veo ningún beneficio en particular en ninguna de las dos. Para quienes conocen bien ambos lenguajes, ninguno es más fácil de leer o entender que el otro. Tampoco ninguno es más arriesgado o está mejor estructurado que el otro. Desde mi punto de vista, están empatados. Aparte de la velocidad intrínseca de Java, no hay ventajas en ninguno de los dos estilos que lo hagan superar al otro.

Sin embargo, este es el último ejemplo en el que los resultados serán ambiguos. A medida que pasemos de un ejemplo a otro, las diferencias irán haciéndose cada vez más significativas.

7

PARTIDA DE BOLOS

Vamos a echar un vistazo a otro ejercicio tradicional del TDD: la kata de la Partida de bolos. A continuación, vamos a ver una versión abreviada de la kata que aparecía en *La artesanía del código limpio*.[1] También hay disponible un vídeo relacionado con este tema en inglés, *Bowling Game*. Puede acceder al vídeo registrándose en `https://informit.com/functionaldesign`.

Versión en Java

Empezamos, como siempre, por una prueba que no hace nada; solo demuestra que podemos compilar y ejecutar:

```
public class BowlingTest {
  @Test
  public void nothing() throws Exception {
  }
}
```

Después, afirmamos que podemos crear una instancia de la clase `Game`:

```
@Test
public void canCreateGame() throws Exception {
  Game g = new Game();
}
```

Y, después, hacemos que se compile y pase dirigiendo el entorno de desarrollo integrado (IDE) para crear la clase que falta:

```
public class Game {
}
```

A continuación, vemos si podemos lanzar una bola:

```
@Test
public void canRoll() throws Exception {
  Game g = new Game();
  g.roll(0);
}
```

Después, hacemos que se compile y pase dirigiendo el IDE para crear la función `roll` y ponemos al argumento un nombre razonable:

---

1.   Martin, R.C. (2022). *La artesanía del código limpio*. Anaya Multimedia.

```
public class Game {
  public void roll(int pins) {
  }
}
```

Ya hay cierta duplicación en las pruebas. Deberíamos deshacernos de ella, así que excluimos la creación de la partida dentro de la función setup:

```
public class BowlingTest {
  private Game g;

  @Before
  public void setUp() throws Exception {
    g = new Game();
  }
}
```

Esto hace que la primera prueba se quede vacía por completo, así que la eliminamos. La segunda prueba también es bastante inútil porque no afirma nada, por lo que la borramos también. Ahora, queremos afirmar que podemos obtener la puntuación de una partida, pero, para hacerlo, necesitamos hacer las tiradas de una partida completa:

```
@Test
public void gutterGame() throws Exception {
  for (int i=0; i<20; i++)
    g.roll(0);
  assertEquals(0, g.score());
}

public int score() {
  return 0;
}
```

Ahora vamos con todo unos:

```
@Test
public void allOnes() throws Exception {
  for (int i=0; i<20; i++)
    g.roll(1);
  assertEquals(20, g.score());
}
```

```
public class Game {
  private int score;

  public void roll(int pins) {
    score += pins;
  }

  public int score() {
    return score;
  }
}
```

La duplicación en las pruebas puede eliminarse al extraer una función llamada rollMany:

```
public class BowlingTest {
  private Game g;

  @Before
  public void setUp() throws Exception {
    g = new Game();
  }

  private void rollMany(int n, int pins) {
    for (int i=0; i<n; i++) {
      g.roll(pins);
    }
  }

  @Test
  public void gutterGame() throws Exception {
    rollMany(20, 0);
    assertEquals(0, g.score());
  }

  @Test
  public void allOnes() throws Exception {
    rollMany(20, 1);
    assertEquals(20, g.score());
  }
}
```

Vale, siguiente prueba. Un semipleno, con una bola extra y todas las demás bolas se van por el canal:

```
@Test
public void oneSpare() throws Exception {
  rollMany(2, 5);
  g.roll(7);
  rollMany(17, 0);
  assertEquals(24, g.score());
}
```

Por supuesto, esta prueba falla. Tenemos que refactorizar el algoritmo para conseguir que pase. Vamos a sacar el cálculo de la puntuación del método roll, a colocarlo en el método score y vamos a pasar por la matriz rolls de dos en dos bolas (un cuadro):

```
public int score() {
  int score = 0;
  int frameIndex = 0;
  for (int frame = 0; frame < 10; frame++) {
    if (isSpare(frameIndex)) {
      score += 10 + rolls[frameIndex + 2];
      frameIndex += 2;
    } else {
      score += rolls[frameIndex] + rolls[frameIndex + 1];
      frameIndex += 2;
    }
  }
  return score;
}

private boolean isSpare(int frameIndex) {
  return rolls[frameIndex] + rolls[frameIndex + 1] == 10;
}
```

Lo siguiente es un pleno:

```
@Test
public void oneStrike() throws Exception {
  g.roll(10);
  g.roll(2);
  g.roll(3);
```

```
  rollMany(16, 0);
  assertEquals(20, g.score());
}
```

Pasarla es solo cuestión de añadir la condición de pleno y, después, refactorizamos un poco:

```
public int score() {
  int score = 0;
  int frameIndex = 0;
  for (int frame = 0; frame < 10; frame++) {
    if (isStrike(frameIndex)) {
      score += 10 + strikeBonus(frameIndex);
      frameIndex++;
    } else if (isSpare(frameIndex)) {
      score += 10 + spareBonus(frameIndex);
      frameIndex += 2;
    } else {
      score += twoBallsInFrame(frameIndex);
      frameIndex += 2;
    }
  }
  return score;
}
```

Por último, probamos una partida perfecta:

```
@Test
public void perfectGame() throws Exception {
  rollMany(12, 10);
  assertEquals(300, g.score());
}
```

Y eso pasa sin cambios.

VERSIÓN EN CLOJURE

Las cosas empiezan de forma bastante diferente en Clojure. No tenemos clases para crear, y no se necesita un método roll. Así pues, nuestra primera prueba es la partida que se va por el canal:

```
(should= 0 (score (repeat² 20 0)))
```

```
(defn score [rolls] 0)
```

Seguida al momento por todo unos:

```
(should= 20 (score (repeat 20 1)))
```

```
(defn score [rolls]
  (reduce + rolls))
```

Aquí no hay sorpresas. La función reduce³ solo aplica la función + por toda la lista. Así, nuestra siguiente prueba es un semipleno:

```
(should= 24 (score (concat [5 5 7] (repeat 17 0)))))
```

Para hacer que esto pase, deberíamos recorrer varios pasos. El primero es descomponer la matriz rolls en cuadros y sumar los cuadros. Al principio, asumimos que los cuadros solo tienen dos tiradas:

```
(defn to-frames [rolls]
  (partition⁴ 2 rolls))
```

```
(defn add-frame [score frame]
  (+ score (reduce + frame)))
```

```
(defn score [rolls]
  (reduce add-frame 0 (to-frames rolls)))
```

Ahora, la función reduce actúa con éxito. Pasa en ciclos por los pares de tiradas, acumulándolos para obtener una puntuación.

Este cambio hace que se pasen todas las pruebas anteriores, pero sigue fallando la del semipleno. Para pasarla, tenemos que añadir procesamiento especial a las funciones to-frames y add-frame. Nuestro objetivo es poner todas las tiradas necesarias para calcular un cuadro dentro de los datos del cuadro.

---

2. La función repeat devuelve una secuencia de valores que se repiten. En este caso, es una secuencia de 20 ceros.
3. Le conviene buscar esta función. Hace mucho más que lo que sugiere este párrafo; lo descubrirá enseguida.
4. La función partition descompone la lista rolls en una lista de parejas. Así pues, [1 2 3 4 5 6] se convierte en [[1 2][3 4][5 6]].

```
(defn to-frames [rolls]
  (let [frames (partition 2 rolls)
        possible-bonuses (map #(take 1 %)⁵ (rest frames))
        possible-bonuses⁶ (concat⁷ possible-bonuses [[0]])]
    (map concat frames possible-bonuses)))

(defn add-frame [score frame-and-bonus]
  (let [frame (take 2 frame-and-bonus)]
    (if (= 10 (reduce + frame))
      (+ score (reduce + frame-and-bonus))
      (+ score (reduce + frame)))))

(defn score [rolls]
  (reduce add-frame 0 (to-frames rolls)))
```

Fíjese bien en este código. Tiene un montón de truquitos y rodeos. ¿Por qué? Porque Clojure está lleno de pequeñas herramientas adorables y tentadoras que podemos usar para obtener datos en casi la forma que deseemos y, después, utilizar truquitos para manipular los datos en la forma exacta que deseemos. Si no tenemos cuidado, esos trucos pueden empezar a dominar el código. Así, por ejemplo, mire si puede averiguar por qué estoy pasando [[0]] a la función concat en to-frames.⁸ Como otro ejemplo, pregúntese por qué he utilizado #(take 1 %) en vez de solo first.⁹

Este código es un poco complicado, así que no se preocupe demasiado si le cuesta entenderlo. A mi también me costó cuando volví a verlo. Así que...

Cuando proliferan estos trucos, es hora de replantearse la solución. Por tanto, he refactorizado la solución para crear un bucle loop simple:

```
(defn to-frames [rolls]
  (loop [remaining-rolls rolls
         frames []]
```

5. La forma #(...) crea una función anónima. El símbolo % es el argumento para esa función. También podemos usar %n, donde n es un entero que representa el n.º argumento. Así, #(take 1 %) es una función que devuelve una lista que contiene el primer elemento de su argumento.

6. Esto no es una reasignación, ni siquiera una reinicialización. El segundo valor possible-bonuses es distinto del primero. Piense en ello como una variable local en Java que oculta un argumento de función o una variable miembro con el mismo nombre.

7. La función concat concatena listas. Así pues, (concat [1 2] [3 4]) devuelve [1 2 3 4].

8. Puesto que los puntos adicionales se basan en el siguiente cuadro, possible-bonuses tenía demasiados pocos elementos. Eso habría terminado la llamada final a map un elemento antes de tiempo.

9. (take 1 x) devuelve una lista que contiene el primer elemento en x. first devuelve el primer elemento.

```
  (cond
    (empty? remaining-rolls)
    frames

    (= 10 (reduce + (take 2 remaining-rolls)))
    (recur (drop 2 remaining-rolls)
           (conj frames (take 3 remaining-rolls)))
    :else
    (recur (drop 2 remaining-rolls)
           (conj frames (take 2 remaining-rolls)))))))

(defn add-frames [score frame]
  (+ score (reduce + frame)))

(defn score [rolls]
  (reduce add-frames 0 (to-frames rolls)))
```

Esto tiene mucho mejor aspecto. Además, está empezando a parecerse un poco a la solución en Java. La siguiente prueba es un pleno:

```
(should= 20 (score (concat [10 2 3] (repeat 16 0)))))
```

Y hacemos que pase añadiendo un caso más a cond:

```
(defn to-frames [rolls]
  (loop [remaining-rolls rolls
         frames []]
    (cond
      (empty? remaining-rolls)
      frames

      (= 10 (first remaining-rolls))
      (recur (rest remaining-rolls)
             (conj frames (take 3 remaining-rolls)))

      (= 10 (reduce + (take 2 remaining-rolls)))
      (recur (drop 2 remaining-rolls)
             (conj frames (take 3 remaining-rolls)))
      :else
      (recur (drop 2 remaining-rolls)
             (conj frames (take 2 remaining-rolls)))))))
```

```
(defn add-frames [score frame]
  (+ score (reduce + frame)))

(defn score [rolls]
  (reduce add-frames 0 (to-frames rolls)))
```

Trivial, ¿verdad? Así que lo único que falta es la partida perfecta. Y, si esto va como la versión en Java, esta prueba debería pasarse sin modificaciones:

```
(should= 300 (score (repeat 12 10))))
```

¡Pero no lo hace! ¿Ve el porqué? Quizá este arreglo se lo aclare:

```
(defn score [rolls]
  (reduce add-frames 0 (take 10 (to-frames rolls))))
```

La función `to-frames` crea alegremente más de diez cuadros. Se ejecuta hasta el final de la lista `rolls` creando tantos cuadros como puede. Pero una partida de bolos solo tiene diez cuadros.

Conclusión

Hay varias diferencias interesantes de este problema entre las versiones en Java y Clojure. En primer lugar, la versión en Clojure no tiene clase Game, así que todas las maquinaciones que hemos usado para crear esa clase en la versión en Java no se producen en la versión en Clojure.

Tal vez le parezca que la pérdida de la clase Game es una debilidad de la versión en Clojure. Al fin y al cabo, resulta conveniente poder crear Game, echar un puñado de tiradas y obtener la puntuación. Sin embargo, la versión en Clojure ha desacoplado la acumulación de las tiradas del cálculo de la puntuación. Esos conceptos no están ligados en la versión en Clojure y eso me lleva a pensar que la versión en Java tiene una sutil violación del Principio de responsabilidad única.[10]

En segundo lugar, al intentar resolver el caso de un semipleno, hemos visto cómo la versión en Clojure se ha contaminado con todos esos truquitos horribles. Se trata de un problema real con los programas de Clojure (o quizá los programadores de Clojure). Es demasiado fácil añadir un truquito horrible más para conseguir que las cosas funcionen.

---

10. Consulte Martin, R.C. (2017). *Arquitectura limpia*. Anaya Multimedia.

En tercer lugar, la solución en Clojure es diferente, de forma significativa, de la de Java. Bueno, sí, hay algunas similitudes. Esa estructura cond de la versión en Clojure recuerda mucho a la estructura if/else de la versión en Java. Sin embargo, esas dos estructuras similares han producido resultados muy diferentes. La versión en Java produce la puntuación. La versión en Clojure produce un cuadro que incluye las bolas adicionales para semiplenos y plenos.

Se trata de una separación interesante de las preocupaciones. Es un hecho que calcular la puntuación obliga a ambas versiones a identificar todas las tiradas que afectan a cada cuadro. Sin embargo, la versión en Java lo hace *in situ*, mientras que la versión en Clojure separa de manera agradable esas dos cuestiones.

¿Qué versión es mejor? La versión en Java ha acabado siendo un poco más simple que en Clojure, pero también está un poco más acoplada. La separación de preocupaciones en la versión en Clojure me convence de que sería la más flexible y útil de las dos.

Pero, por supuesto, estamos hablando de solo una docena de líneas de código.

8

CONDUCTORES
DE AUTOBÚS COTILLAS

Hasta ahora, en este análisis comparativo no hemos visto ninguna razón de peso para preferir la programación funcional a la programación orientada a objetos, así que vamos a examinar un problema un poco más interesante.

La orientación a objetos surgió en 1966 cuando Ole-Johan Dahl y Kristen Nygaard añadieron algunas modificaciones al lenguaje ALGOL-60 para hacerlo más abierto a la simulación de eventos discretos.[1] El nuevo lenguaje se llamó SIMULA-67 y se considera el primer lenguaje de programación orientada a objetos real.

Así pues, vamos a hacer un análisis comparativo de un simulador de eventos discretos simple. Eso debería mantener el problema dentro del ámbito de la orientación a objetos. Un buen problema para elegir es la kata de los Conductores de autobús cotillas.[2]

Si nos dan n conductores, cada uno con su propia ruta circular, tenemos que determinar cuántos pasos se requieren hasta que todos los cotilleos que conoce cada conductor de autobús pasen a ser conocidos por todos. Los conductores solo cotillean si llegan a la vez a la misma parada.

Así, supongamos que Bob conoce el rumor X y hace la ruta [p,q,r]. Jim conoce el rumor Y y hace la ruta [s,t,u,p]. ¿Cuándo podrán Bob y Jim compartir sus cotilleos? Si empiezan en tiempo 0, entonces en el tiempo 3 ambos estarán en la parada p; recuerde que las rutas son circulares.

El proceso se limita a 480 pasos.

Este problema se vuelve más interesante cuando hay más de dos conductores y rutas más complejas.

SOLUCIÓN EN JAVA

Escribí una solución para este problema en Java. Empecé con un tipo muy tradicional de análisis y diseño OO (véase la figura 8.1). El Simulador alberga muchos Conductores. Cada Conductor tiene una Ruta y cada Ruta consta de muchas Paradas. Cada Parada tiene muchos Conductores y cada Conductor tiene muchos Rumores.

---

1. Cuenta la leyenda que estaban simulando barcos en el mar de Noruega.
2. `https://kata-log.rocks/gossiping-bus-drivers-kata`.

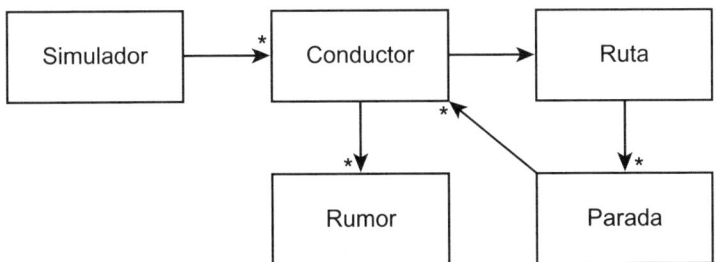

Figura 8.1. Modelo de objetos simple para la versión en Java.

Se trata de un modelo de objetos bastante simple. Ni siquiera hay herencia ni polimorfismo implicados, así que debería ser una implementación bastante directa.

Escribí el código en Java con TDD, por supuesto. Aquí están las pruebas. Como ve, es bastante verboso, pero, al menos, cabe todo en una sola clase de prueba:[3]

```
package gossipingBusDrivers;

import org.junit.Before;
import org.junit.Test;

import static org.hamcrest.MatcherAssert.assertThat;
import static org.hamcrest.collection.IsEmptyCollection.empty;

import static org.hamcrest.collection.
  IsIterableContainingInAnyOrder.containsInAnyOrder;
import static org.junit.Assert.assertEquals;

public class GossipTest {
  private Stop stop1;
  private Stop stop2;
  private Stop stop3;
  private Route route1;
  private Route route2;
  private Rumor rumor1;
  private Rumor rumor2;
  private Rumor rumor3;
  private Driver driver1;
```

---

3. Si ha leído mi libro *La artesanía del código limpio* (Anaya Multimedia, 2022), entenderá por qué eso es bueno.

```java
private Driver driver2;

@Before
public void setUp() {
  stop1 = new Stop("stop1");
  stop2 = new Stop("stop2");
  stop3 = new Stop("stop3");
  route1 = new Route(stop1, stop2);
  route2 = new Route(stop1, stop2, stop3);
  rumor1 = new Rumor("Rumor1");
  rumor2 = new Rumor("Rumor2");
  rumor3 = new Rumor("Rumor3");
  driver1 = new Driver("Driver1", route1, rumor1);
  driver2 = new Driver("Driver2", route2, rumor2, rumor3);
}

@Test
public void driverStartsAtFirstStopInRoute() throws Exception {
  assertEquals(stop1, driver1.getStop());
}

@Test
public void driverDrivesToNextStop() throws Exception {
  driver1.drive();
  assertEquals(stop2, driver1.getStop());
}

@Test
public void driverReturnsToStartAfterLastStop()
throws Exception {
  driver1.drive();
  driver1.drive();
  assertEquals(stop1, driver1.getStop());
}

@Test
public void firstStopHasDriversAtStart() throws Exception {
  assertThat(stop1.getDrivers(), containsInAnyOrder(driver1,
                                                    driver2));
  assertThat(stop2.getDrivers(), empty());
}

@Test
```

```java
public void multipleDriversEnterAndLeaveStops()
throws Exception {
  assertThat(stop1.getDrivers(), containsInAnyOrder(driver1,
                                                    driver2));
  assertThat(stop2.getDrivers(), empty());
  assertThat(stop3.getDrivers(), empty());
  driver1.drive();
  driver2.drive();
  assertThat(stop1.getDrivers(), empty());
  assertThat(stop2.getDrivers(), containsInAnyOrder(driver1,
                                                    driver2));
  assertThat(stop3.getDrivers(), empty());
  driver1.drive();
  driver2.drive();
  assertThat(stop1.getDrivers(), containsInAnyOrder(driver1));
  assertThat(stop2.getDrivers(), empty());
  assertThat(stop3.getDrivers(), containsInAnyOrder(driver2));
  driver1.drive();
  driver2.drive();
  assertThat(stop1.getDrivers(), containsInAnyOrder(driver2));
  assertThat(stop2.getDrivers(), containsInAnyOrder(driver1));
  assertThat(stop3.getDrivers(), empty());
}

@Test
public void driversHaveRumorsAtStart() throws Exception {
  assertThat(driver1.getRumors(), containsInAnyOrder(rumor1));
  assertThat(driver2.getRumors(), containsInAnyOrder(rumor2,
                                                     rumor3));
}

@Test
public void noDriversGossipAtEmptyStop() throws Exception {
  stop2.gossip();
  assertThat(driver1.getRumors(), containsInAnyOrder(rumor1));
  assertThat(driver2.getRumors(), containsInAnyOrder(rumor2,
                                                     rumor3));
}

@Test
public void driversGossipAtStop() throws Exception {
  stop1.gossip();
  assertThat(driver1.getRumors(), containsInAnyOrder(rumor1,
```

```
                                              rumor2,
                                              rumor3));

    assertThat(driver2.getRumors(), containsInAnyOrder(rumor1,
                                              rumor2,
                                              rumor3));
}

@Test
public void gossipIsNotDuplicated() throws Exception {
    stop1.gossip();
    stop1.gossip();
    assertThat(driver1.getRumors(), containsInAnyOrder(rumor1,
                                              rumor2,
                                              rumor3));

    assertThat(driver2.getRumors(), containsInAnyOrder(rumor1,
                                              rumor2,
                                              rumor3));
}

@Test
public void driveTillEqualTest() throws Exception {
    assertEquals(1, Simulation.driveTillEqual(driver1,
                                              driver2));
}

@Test
public void acceptanceTest1() throws Exception {
    Stop s1 = new Stop("s1");
    Stop s2 = new Stop("s2");
    Stop s3 = new Stop("s3");
    Stop s4 = new Stop("s4");
    Stop s5 = new Stop("s5");
    Route r1 = new Route(s3, s1, s2, s3);
    Route r2 = new Route(s3, s2, s3, s1);
    Route r3 = new Route(s4, s2, s3, s4, s5);
    Driver d1 = new Driver("d1", r1, new Rumor("1"));
    Driver d2 = new Driver("d2", r2, new Rumor("2"));
    Driver d3 = new Driver("d3", r3, new Rumor("3"));
    assertEquals(6, Simulation.driveTillEqual(d1, d2, d3));
}
```

```
@Test
public void acceptanceTest2() throws Exception {
  Stop s1 = new Stop("s1");
  Stop s2 = new Stop("s2");
  Stop s5 = new Stop("s5");
  Stop s8 = new Stop("s8");
  Route r1 = new Route(s2, s1, s2);
  Route r2 = new Route(s5, s2, s8);
  Driver d1 = new Driver("d1", r1, new Rumor("1"));
  Driver d2 = new Driver("d2", r2, new Rumor("2"));
  assertEquals(480, Simulation.driveTillEqual(d1, d2));
  }
}
```

El código de la solución se descompone en varios archivos pequeños.

CONDUCTOR

```
package gossipingBusDrivers;

import java.util.Arrays;
import java.util.HashSet;
import java.util.Set;

public class Driver {
  private String name;
  private Route route;
  private int stopNumber = 0;
  private Set<Rumor> rumors;

  public Driver(String name, Route theRoute,
                 Rumor... theRumors) {
    this.name = name;
    route = theRoute;
    rumors = new HashSet<>(Arrays.asList(theRumors));
    route.stopAt(this, stopNumber);
  }

  public Stop getStop() {
    return route.get(stopNumber);
  }
```

```java
  public void drive() {
    route.leave(this, stopNumber);
    stopNumber = route.getNextStop(stopNumber);
    route.stopAt(this, stopNumber);
  }

  public Set<Rumor> getRumors() {
    return rumors;
  }

  public void addRumors(Set<Rumor> newRumors) {
    rumors.addAll(newRumors);
  }
}
```

Ruta

```java
package gossipingBusDrivers;

public class Route {
  private Stop[] stops;

  public Route(Stop... stops) {
    this.stops = stops;
  }

  public Stop get(int stopNumber) {
    return stops[stopNumber];
  }

  public int getNextStop(int stopNumber) {
    return (stopNumber + 1) % stops.length;
  }

  public void stopAt(Driver driver, int stopNumber) {
    stops[stopNumber].addDriver(driver);
  }

  public void leave(Driver driver, int stopNumber) {
    stops[stopNumber].removeDriver(driver);
  }
}
```

PARADA

```
package gossipingBusDrivers;

import java.util.ArrayList;
import java.util.HashSet;
import java.util.List;
import java.util.Set;

public class Stop {
  private String name;
  private List<Driver> drivers = new ArrayList<>();

  public Stop(String name) {
    this.name = name;
  }

  public String toString() {
    return name;
  }

  public List<Driver> getDrivers() {
    return drivers;
  }

  public void addDriver(Driver driver) {
    drivers.add(driver);
  }

  public void removeDriver(Driver driver) {
    drivers.remove(driver);
  }

  public void gossip() {
    Set<Rumor> rumorsAtStop = new HashSet<>();
    for (Driver d : drivers)
      rumorsAtStop.addAll(d.getRumors());
    for (Driver d : drivers)
      d.addRumors(rumorsAtStop);
  }
}
```

Rumor

```
package gossipingBusDrivers;

public class Rumor {
  private String name;
  public Rumor(String name) {
    this.name = name;
  }

  public String toString() {
    return name;
  }
}
```

Simulación

```
package gossipingBusDrivers;

import java.util.HashSet;
import java.util.Set;

public class Simulation {
  public static int driveTillEqual(Driver... drivers) {
    int time;
    for (time = 0; notAllRumors(drivers) && time < 480; time++)
      driveAndGossip(drivers);
    return time;
  }

  private static void driveAndGossip(Driver[] drivers) {
    Set<Stop> stops = new HashSet<>();
    for (Driver d : drivers) {
      d.drive();
      stops.add(d.getStop());
    }
    for (Stop stop : stops)
      stop.gossip();
  }

  private static boolean notAllRumors(Driver[] drivers) {
    Set<Rumor> rumors = new HashSet<>();
    for (Driver d : drivers)
```

```
      rumors.addAll(d.getRumors());
    for (Driver d : drivers) {
      if (!d.getRumors().equals(rumors))
        return true;
    }
    return false;
  }
}
```

Una inspección rápida de este código le convencerá de que está escrito en un estilo orientado a objetos muy tradicional y de que los objetos pueden encapsular su propio estado relativamente bien.

CLOJURE

Al escribir la versión en Clojure, no empecé con un boceto del diseño, sino que me serví de mis pruebas de TDD para que me ayudasen con el diseño. Las pruebas son las siguientes:

```
(ns gossiping-bus-drivers-clojure.core-spec
  (:require [speclj.core :refer :all]
            [gossiping-bus-drivers-clojure.core :refer :all]))

(describe "gossiping bus drivers"
  (it "drives one bus at one stop"
    (let [driver (make-driver "d1" [:s1] #{:r1}⁴)
          world [driver]
          new-world (drive world)]
      (should= 1 (count new-world))
      (should= :s1 (-> new-world first :route first))))

  (it "drives one bus at two stops"
    (let [driver (make-driver "d1" [:s1 :s2] #{:r1})
          world [driver]
          new-world (drive world)]
      (should= 1 (count new-world))
      (should= :s2 (-> new-world first :route first))))

  (it "drives two buses at some stops"
    (let [d1 (make-driver "d1" [:s1 :s2] #{:r1})
```

---

4.   #{...} representa un conjunto en Clojure. Un conjunto es una lista de elementos que no tiene duplicados.

```
              d2 (make-driver "d2" [:s1 :s3 :s2] #{:r2})
              world [d1 d2]
              new-1 (drive world)
              new-2 (drive new-1)]
        (should= 2 (count new-1))
        (should= :s2 (-> new-1 first :route first))
        (should= :s3 (-> new-1 second :route first))
        (should= 2 (count new-2))
        (should= :s1 (-> new-2 first :route first))
        (should= :s2 (-> new-2 second :route first))))

  (it "gets stops"
    (let [drivers #{{:name "d1" :route [:s1]}
                    {:name "d2" :route [:s1]}
                    {:name "d3" :route [:s2]}}]
      (should= {:s1 [{:name "d1" :route [:s1]}
                     {:name "d2" :route [:s1]}]
                :s2 [{:name "d3", :route [:s2]}]}
               (get-stops drivers)))
    )

  (it "merges rumors"
    (should= [{:name "d1" :rumors #{:r2 :r1}}
              {:name "d2" :rumors #{:r2 :r1}}]
             (merge-rumors [{:name "d1" :rumors #{:r1}}
                            {:name "d2" :rumors #{:r2}}])))


  (it "shares gossip when drivers are at same stop"
    (let [d1 (make-driver "d1" [:s1 :s2] #{:r1})
          d2 (make-driver "d2" [:s1 :s2] #{:r2})
          world [d1 d2]
          new-world (drive world)]
      (should= 2 (count new-world))
      (should= #{:r1 :r2} (-> new-world first :rumors))
      (should= #{:r1 :r2} (-> new-world second :rumors))))

  (it "passes acceptance test 1"
    (let [world [(make-driver "d1" [3 1 2 3] #{1})
                 (make-driver "d2" [3 2 3 1] #{2})
                 (make-driver "d3" [4 2 3 4 5] #{3})]]
      (should= 6 (drive-till-all-rumors-spread world))))
```

```
(it "passes acceptance test 2"
  (let [world [(make-driver "d1" [2 1 2] #{1})
               (make-driver "d2" [5 2 8] #{2})]]
        (should= :never (drive-till-all-rumors-spread world))))
)
```

Hay algunas similitudes interesantes entre las pruebas en Java y en Clojure. Las dos son bastante verbosas; aunque las pruebas en Clojure tienen la mitad de las líneas. La versión de Java tiene 12 pruebas, mientras que la de Clojure tiene solo 8. Esta diferencia tiene mucho que ver con la manera en que se han dividido las dos soluciones. Las pruebas de Clojure también juegan con los datos de forma bastante rápida y suelta.

Piense, por ejemplo, en la prueba "merges rumors". La función `merge-rumors` espera una lista de conductores; sin embargo, la prueba no crea conductores completamente formados, sino estructuras abreviadas que parecen conductores por lo que respecta a la función `merge-rumors`.

La solución completa se contiene en un único archivo muy corto:

```
(ns gossiping-bus-drivers-clojure.core
  (:require [clojure.set :as set]))

(defn make-driver [name route rumors]
  (assoc⁵ {} :name name :route (cycle⁶ route) :rumors rumors))

(defn move-driver [driver]
  (update⁷ driver :route rest))

(defn move-drivers [world]
  (map move-driver world))

(defn get-stops [world]
  (loop [world world
         stops {}]
    (if (empty? world)
      stops
```

---

5. assoc añade elementos a un mapa. (assoc {} :a 1) devuelve {:a 1}.

6. cycle devuelve una lista perezosa (e «infinita») que simplemente repite la lista de entrada indefinidamente. Así, (cycle [1 2 3]) devuelve [1 2 3 1 2 3 1 2 3 ...].

7. La función update devuelve un mapa nuevo con un elemento cambiado. (update m k f a) cambia el elemento k de m aplicando la función (f e a), donde e es el valor antiguo del elemento k. Así, (update {:x 1} :x inc) devuelve {:x 2}.

```
    (let [driver (first world)
          stop (first (:route driver))
          stops (update stops stop conj driver)]
      (recur (rest world) stops)))))

(defn merge-rumors [drivers]
  (let [rumors (map :rumors drivers)
        all-rumors (apply set/union⁸ rumors)]
    (map #(assoc % :rumors all-rumors) drivers)))

(defn spread-rumors [world]
  (let [stops-with-drivers (get-stops world)
        drivers-by-stop (vals⁹ stops-with-drivers)]
    (flatten¹⁰ (map merge-rumors drivers-by-stop))))

(defn drive [world]
  (-> world move-drivers spread-rumors))

(defn drive-till-all-rumors-spread [world]
  (loop [world (drive world)
         time 1]
    (cond
      (> time 480) :never
      (apply = (map :rumors world)) time
      :else (recur (drive world) (inc time)))))
```

Esta solución tiene 42 líneas, mientras que la solución en Java tiene 145 líneas repartidas en cinco archivos.

Ambas soluciones tienen el concepto de un Conductor, pero no he intentado encapsular los conceptos de Ruta, Parada y Rumor en objetos independientes, sino que todos viven felizmente dentro del Conductor.

Lo que es peor, el «objeto» Conductor no es un objeto en el sentido tradicional de la orientación a objetos. No tiene métodos. Hay un método en el sistema, move-driver, que opera en un solo Conductor, pero es solo una pequeña función auxiliar para la función move-drivers, que es más interesante.

---

8. La función union es del espacio de nombres set. Observe que ns en la parte superior asigna al espacio de nombres clojure.set el alias set.

9. vals devuelve una lista de todos los valores en un mapa. keys devuelve una lista de todas las claves en un mapa.

10. La función flatten convierte una lista de listas en una lista de todos los elementos, así que (flatten [[1 2][3 4]]) devuelve [1 2 3 4].

Seis de las ocho funciones solo toman world como argumento. Así, podría decirse que el único objeto verdadero en este sistema es world y tiene cinco métodos. Pero incluso eso es una exageración.

Incluso si decidimos que Conductor es un tipo de objeto, no es mutable. El world simulado no es más que una lista de Conductores inmutables. La función drive acepta el world y produce un nuevo world en el que todos los Conductores se han movido un paso y Rumores se han extendido en cualquier parada a la que ha llegado más de un Conductor.

La función drive es un ejemplo de concepto importante. Observe cómo world pasa por una *pipeline* de funciones. En este caso, solo hay dos: move-drivers y spread-rumors, pero, en sistemas más grandes, la *pipeline* puede ser bastante larga. En cada etapa a lo largo de esa *pipeline*, world se modifica un poco para tener una nueva forma.

Esto nos indica que la división de este sistema no trata de objetos, sino de funciones. Estos datos relativamente no divididos pasan de una función independiente a la siguiente.

Podría argumentar que el código en Java es relativamente claro, mientras que el código en Clojure es demasiado denso y oscuro. Créame cuando le digo que no se tarda mucho en sentirse cómodo con esa densidad y que la oscuridad percibida es una ilusión basada en la falta de familiaridad.

¿Es un problema la ausencia de división en la versión en Clojure? No con su tamaño actual; pero, si este programa fuese a crecer del modo en que crece la mayoría de los sistemas, ese problema se reafirmaría con ganas. La partición en los programas OO es un poco más natural que en los programas funcionales porque las líneas de división son mucho más evidentes y pronunciadas.

Por otra parte, no está garantizado que las líneas de división que elegimos para la versión en Java lleven a una partición efectiva. La advertencia está en la función drive del programa en Clojure. Parece probable que una partición mejor de este sistema pudiera darse a lo largo de diferentes operaciones que manipulan el mundo, más que en cosas como Rutas, Paradas y Rumores.

Conclusión

Hemos visto algunas diferencias en las katas de Factores primos y Partida de bolos, pero eran relativamente pequeñas. Las diferencias en la kata de Conductores de autobús cotillas son mucho más pronunciadas. Es probable que se deba a que la última kata era un poco más grande que las otras dos (diría que el doble de tamaño) y también a que era una auténtica máquina de estados finitos.

Una máquina de estados finitos pasa de estado a estado, mientras realiza acciones que dependen de los eventos entrantes y el estado actual. Cuando estos sistemas se escriben en un estilo OO, el estado tiende a almacenarse en objetos mutables que tienen métodos dedicados, pero, en un estilo funcional, el estado permanece externalizado en estructuras de datos inmutables que pasan a través de *pipelines* de funciones.

Quizá a partir de esto podamos concluir que los programas que realizan cálculos simples, como Factores primos, se ven poco afectados por el estilo OO o funcional. Al fin y al cabo, son funciones simples sin ningún cambio de estado. Los programas en los que el cambio de estado está restringido a cuestiones menores, como la indexación de matrices, solo se ven un poco afectados por la diferencia en los estilos. Pero los que están dirigidos por los cambios de estado de un momento al siguiente, como el programa de los Conductores de autobús cotillas, verán diferencias profundas entre los dos estilos.

El estilo OO lleva a una partición muy relacionada con la cohesión de los datos, mientras que el estilo funcional lo hace con una muy relacionada con la cohesión en el comportamiento. Cuál de los dos es mejor es una pregunta que dejaré para los siguientes capítulos.

9

PROGRAMACIÓN ORIENTADA A OBJETOS

En el capítulo anterior, hemos visto que el estilo de programación OO está muy relacionado con los tipos de datos y la cohesión de esos datos. Pero la orientación a objetos es más que eso. De hecho, la cohesión en los datos puede ser secundaria respecto a otro atributo de la orientación a objeto: el polimorfismo.

En *Arquitectura limpia*,[1] expliqué que el estilo OO tiene tres atributos: encapsulación, herencia y polimorfismo. Después, expuse el razonamiento de que, de los tres, el polimorfismo es el más beneficioso. Los otros dos son, como mucho, secundarios.

Los ejemplos de los capítulos anteriores no se prestaban al polimorfismo. Vamos a corregir eso examinando cómo podríamos resolver el problema Nómina (Payroll) de la sección 3 de *Agile Software Development: Principles, Patterns, and Practices*.[2] Los requisitos son los siguientes:

- Hay una base de datos de registros de empleados.

- El programa de la nómina se ejecuta a diario, generando pagos para aquellos empleados a los que se debería pagar ese día.

- A los empleados asalariados se les paga el último día hábil del mes. Su salario mensual es un campo en su registro de empleados.

- A los empleados a comisión se les paga cada dos viernes (un salario base más la comisión). El salario base y la tasa de comisión son campos en su registro de empleados. La comisión se calcula al multiplicar la tasa de comisión por el total de los recibos de ventas de ese empleado.

- A los empleados por horas se les paga cada viernes. Su tarifa por hora es un campo en su registro de empleados. Su paga se calcula al multiplicar su tarifa por hora por la suma de las horas acumuladas en sus tarjetas de fichaje durante la semana. Si esa suma es superior a 40, el resto de las horas se paga a 1,5 veces su tarifa por hora.

- A los empleados se les da la opción de enviarles sus cheques por correo a su casa, guardarlos en la oficina del pagador o ingresarlos de forma directa en su cuenta bancaria. La dirección, el pagador y la información bancaria son campos en su registro de empleados.

---

1. Martin, R.C. (2018). *Arquitectura limpia*. Anaya Multimedia.
2. Martin, R.C. (2002). *Agile Software Development: Principles, Patterns, and Practices*. Pearson.

La solución OO típica para este problema se muestra en el diagrama en lenguaje unificado de modelado (*unified modeling language*, UML) de la figura 9.1.

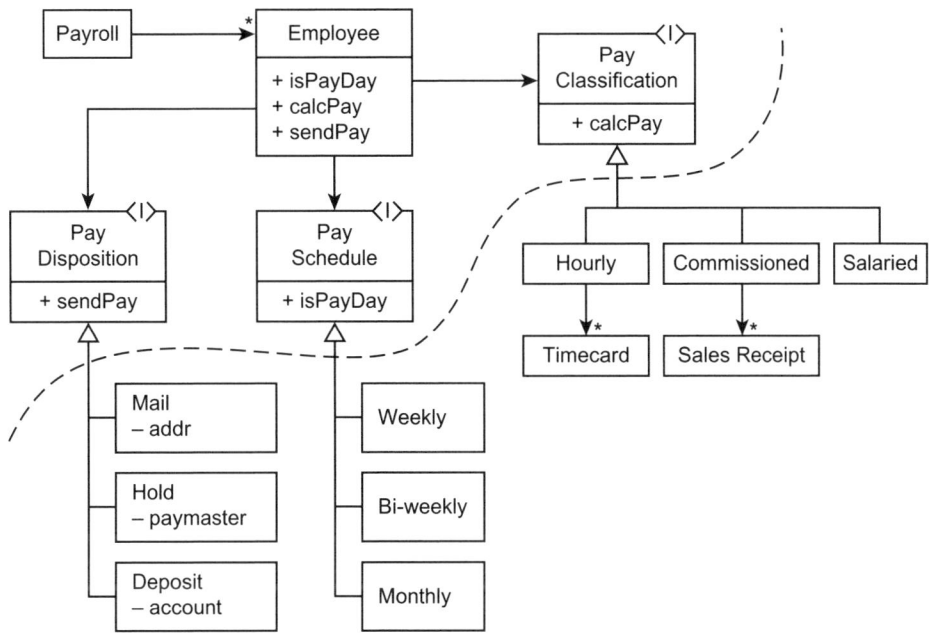

Figura 9.1. Modelo de objetos para el problema Nómina.

Quizá el mejor lugar para empezar es con la clase Payroll. En Java, tiene un método run que tiene este aspecto:

```java
void run() {
  for (Employee e : db.getEmployees()) {
    if (e.isPayDay()) {
      Pay pay = e.calcPay();
      e.sendPay(pay);
    }
  }
}
```

He explicado muchas veces y en muchos lugares, incluidos los libros antes mencionados, que este breve fragmento de código es la pura verdad. Para cada empleado, si hoy es el día en que se le debería pagar, calcula la paga y se la envía.

A partir de este fragmento de código, el resto de la implementación debería estar bastante claro. Hay tres usos del patrón Estrategia:[3] uno para implementar calcPay, otro para implementar isPayDay y el último para implementar sendPay.

Debería estar claro que esta estructura de objetos debe construirla la función getEmployees, que lee los empleados de la base de datos y los ordena de forma apropiada. Es poco probable que los datos en la base de datos tengan el aspecto de la estructura de objetos que se ve aquí.

También hay un límite arquitectónico muy claro (línea discontinua) que cruza entre todas esas relaciones de herencia, separando las abstracciones de alto nivel de los detalles de bajo nivel.

NÓMINA FUNCIONAL

La figura 9.2 muestra el aspecto que tendría esto como programa funcional.

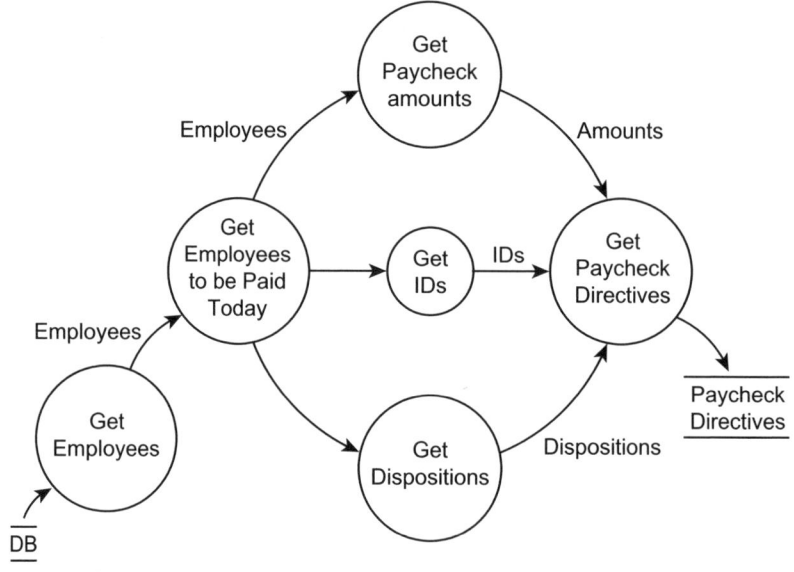

Figura 9.2. Diagrama de flujo de datos del problema Nómina.

3.   Gamma, E., Helm, R., Johnson, R. y Vlissides, J. (2002). *Patrones de diseño: Elementos de software orientado a objetos reutilizables.* Addison-Wesley.

¿No es interesante que haya elegido un diagrama de flujo de datos (DFD) para representar la solución funcional? Los DFD son muy útiles a la hora de representar las relaciones entre procesos y elementos de datos, pero no son tan útiles como un diagrama de clases UML cuando se trata de representar decisiones arquitectónicas. Aun así, el DFD nos ayuda a proponer la versión funcional de la pura verdad:

```
(defn payroll [today db]
  (let [employees (get-employees db)
        employees-to-pay (get-employees-to-be-paid-today
                            today employees)
        amounts (get-paycheck-amounts employees-to-pay)
        ids (get-ids employees-to-pay)
        dispositions (get-dispositions employees-to-pay)]
    (send-paychecks ids amounts dispositions)))
```

Observe que esto se diferencia de la versión en Java en que no es un enfoque iterativo, sino que la lista de empleados fluye a través del programa, modificándose en cada etapa según el diagrama de flujo de datos. Este es el modo típico en que se conciben y escriben los programas funcionales, que tienden a ser más como fontanería que procedimientos paso a paso. Regulan y modifican el flujo de datos, en vez de iterar paso a paso a través de los datos.

Así pues, ¿qué hay de la arquitectura? Teníamos ese bonito límite arquitectónico en el diagrama UML de la versión OO. ¿Dónde está el límite arquitectónico en la versión funcional?

Vamos a profundizar un poco. Las pruebas pueden darnos algunas pistas:

```
(it "pays one salaried employee at end of month by mail"
  (let [employees [{:id "emp1"
                    :schedule :monthly
                    :pay-class [:salaried 5000]
                    :disposition [:mail "name" "home"]}]
        db {:employees employees}
        today (parse-date "Nov 30 2021")]
    (should= [{:type :mail
               :id "emp1"
               :name "name"
               :address "home"
               :amount 5000}]
             (payroll today db))))
```

En esta prueba, la base de datos contiene una lista de empleados y cada empleado tiene una tabla *hash* con campos específicos. Eso no es tan diferente de un objeto, ¿no? La función payroll devuelve una lista de directivas para las pagas, cada una de las cuales es también una tabla *hash*, otro objeto. Interesante.

```
(it "pays one hourly employee on Friday by Direct Deposit"
  (let [employees [{:id "empid"
                    :schedule :weekly
                    :pay-class [:hourly 15]
                    :disposition [:deposit "routing" "account"]}]
        time-cards {"empid" [["Nov 12 2022" 80/10⁴]]}
        db {:employees employees :time-cards time-cards}
        friday (parse-date "Nov 18 2022")]
    (should= [{:type :deposit
               :id "empid"
               :routing "routing"
               :account "account"
               :amount 120}]
             (payroll friday db))))
```

Esta prueba muestra cómo los objetos employee y paycheck-directive varían según :schedule, :pay-class y :disposition. También muestra que la base de datos contiene time-cards asociadas con los id de los empleados. Partiendo de eso, la tercera prueba debería ser predecible:

```
(it "pays one commissioned employee on an even Friday by Paymaster"
  (let [employees [{:id "empid"
                    :schedule :biweekly
                    :pay-class [:commissioned 100 5/100]
                    :disposition [:paymaster "paymaster"]}]
        sales-receipts {"empid" [["Nov 12 2022" 15000]]}
        db {:employees employees :sales-receipts sales-receipts}
        friday (parse-date "Nov 18 2022")]
    (should= [{:type :paymaster
               :id "empid"
               :paymaster "paymaster"
               :amount 850}]
             (payroll friday db))))
```

---

4. Esto no es 80 dividido entre 10, sino que es el número racional 80/10. Esto garantiza que los cálculos subsiguientes no tratarán el valor como un entero.

Observe que los pagos están calculándose de forma apropiada, las disposiciones están interpretándose de modo correcto y, por lo que podemos decir, los plazos están siguiéndose. ¿Cómo se consigue todo esto?

Aquí está la clave:

```
(defn get-pay-class [employee]
  (first (:pay-class employee)))

(defn get-disposition [paycheck-directive]
  (first (:disposition paycheck-directive)))

(defmulti is-today-payday :schedule)
(defmulti calc-pay get-pay-class)
(defmulti dispose get-disposition)

(defn get-employees-to-be-paid-today [today employees]
  (filter⁵ #(is-today-payday % today) employees))

(defn- build-employee [db employee]
  (assoc employee :db db))

(defn get-employees [db]
  (map (partial⁶ build-employee db) (:employees db)))

(defn create-paycheck-directives [ids payments dispositions]
  (map #(assoc {} :id %1 :amount %2 :disposition %3)
       ids payments dispositions))

(defn send-paychecks [ids payments dispositions]
  (for⁷ [paycheck-directive
         (create-paycheck-directives ids payments dispositions)]
    (dispose paycheck-directive)))

(defn get-paycheck-amounts [employees]
  (map calc-pay employees))
```

---

5. (filter predicate list) llama a predicate para cada miembro de list y devuelve una secuencia de todos los miembros para los que predicate no era falso.

6. La función partial toma una función y algunos argumentos y devuelve una función nueva en la que todos esos argumentos ya se han inicializado. Así, ((partial f 1) 2) es equivalente a (f 1 2).

7. En este caso, la función for llama a dispose para cada paycheck-directive en la lista devuelta por create-paycheck-directives.

```
(defn get-dispositions [employees]
  (map :disposition employees))

(defn get-ids [employees]
  (map :id employees))
```

¿Ve esas sentencias defmulti (en negrita)? Son análogas, pero no idénticas, a la interfaz de Java. Cada defmulti define una función polimórfica. Sin embargo, esa función no despacha basándose en un tipo intrínseco, del modo en que lo hacen en Java o C#, o incluso en Ruby y Python, sino que despachan según el resultado de la función especificada justo después del nombre.

Así pues, la función get-pay-class devuelve el valor que la función calc-pay despachará de manera polimórfica. ¿Qué devuelve get-pay-class? Devuelve el primer elemento del campo pay-class del empleado. Según nuestras pruebas, esos valores son :salaried, :hourly y :commissioned.

Entonces, ¿dónde están las implementaciones de las funciones calc-pay? Están *más abajo* en el programa:

```
(defn-[8] get-salary [employee]
  (second (:pay-class employee)))

(defmethod calc-pay :salaried [employee]
  (get-salary employee))

(defmethod calc-pay :hourly [employee]
  (let [db (:db employee)
        time-cards (:time-cards db)
        my-time-cards (get[9] time-cards (:id employee))
        [_ hourly-rate][10] (:pay-class employee)
        hours (map second my-time-cards)
        total-hours (reduce + hours)]
    (* total-hours hourly-rate)))

(defmethod calc-pay :commissioned [employee]
  (let [db (:db employee)
        sales-receipts (:sales-receipts db)
```

---

8.   El – de cola convierte esto en una función privada, así que solo las funciones en este archivo pueden acceder a ella.

9.   (get m k) devuelve el valor de k en el mapa m.

10.   Desestructura pay-class de employee e ignora el primer elemento.

```
    my-sales-receipts (get sales-receipts (:id employee))
    [_ base-pay commission-rate] (:pay-class employee)
    sales (map second my-sales-receipts)
    total-sales (reduce + sales)]
  (+ (* total-sales commission-rate) base-pay)))
```

He puesto las palabras «más abajo» en cursiva porque eso es significativo en un programa de Clojure. Los programas en Clojure no pueden llamar a funciones que se declaren por debajo del punto de llamada. Pero estas funciones se declaran por debajo del punto de llamada. Eso significa que hay una inversión de dependencias del código fuente. A las implementaciones calc-pay las llama la función payroll; pero la función payroll está por encima de las implementaciones calc-pay.

En realidad, podría mover todas las implementaciones de la función defmulti a un archivo fuente diferente que el archivo fuente payroll no requiere (require).

Si dibujamos las relaciones entre esos archivos fuente, obtenemos el diagrama de la figura 9.3.

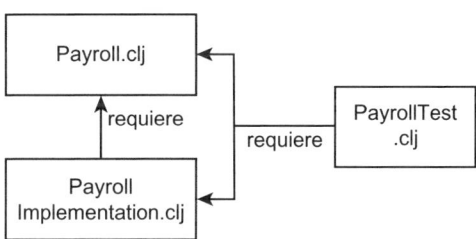

Figura 9.3. Inversión de dependencias.

Las flechas representan las relaciones requires entre los archivos fuente. El código fuente de esas requires en el archivo payroll-implementation.clj tiene este aspecto:

```
(ns payroll-implementation
  (:require [payroll :refer [is-today-payday calc-pay dispose]]))
```

La inversión de independencias del código fuente debería ser obvia. La función payroll en payroll.clj llama a las implementaciones is-today-payday, calc-pay y dispose en el archivo payroll-implementation.clj, pero el archivo payroll.clj no depende del archivo payroll-implementation.clj. La dependencia apunta en el sentido contrario.

¿Qué significa toda esta inversión? Que los detalles de bajo nivel en `payroll-implementation.clj` dependen de la política de alto nivel en `payroll.clj`. Y cada vez que los detalles de bajo nivel dependen de una política de alto nivel, tenemos el potencial para un límite arquitectónico. Podríamos incluso dibujarlo como muestra la figura 9.4.

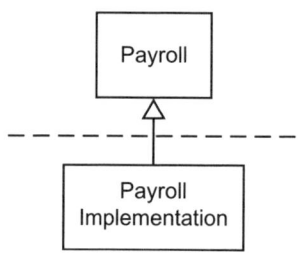

Figura 9.4. Límite arquitectónico.

Observe que he utilizado una flecha de implementación UML. Es casi como si `Payroll` y `PayrollImplementation` fuesen clases en un programa de Java.

Pero podemos hacerlo aún mejor. Podemos mover todas las sentencias `defmulti`, junto con sus funciones de apoyo, a sus propios archivo fuente y espacio de nombres `payroll-interface`, así:

```
(ns payroll-interface)

(defn- get-pay-class [employee]
  (first (:pay-class employee)))

(defn- get-disposition [paycheck-directive]
  (first (:disposition paycheck-directive)))

(defmulti is-today-payday :schedule)
(defmulti calc-pay get-pay-class)
(defmulti dispose get-disposition)
```

Y ahora podemos dibujar el diagrama de la arquitectura como se muestra en la figura 9.5.

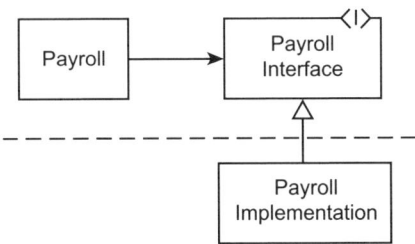

Figura 9.5. Arquitectura con interfaz.

Esto empieza a parecerse cada vez más al diagrama UML de un programa en Java o C#. Parece que tenemos una clase `Payroll`, una clase `PayrollInterface` y una clase `PayrollImplementation`. Y, de hecho, desde un punto de vista arquitectónico, es una afirmación bastante precisa.

Pero hay algunas diferencias interesantes. Por ejemplo, ¿dónde están las clases `PaySchedule`, `PayClassification` y `PayDisposition` que hemos visto en el UML del programa en Java OO?

Podríamos sacarlas con facilidad del programa en Clojure dividiendo el archivo `PayrollImplementation.clj` en tres espacios de nombres y archivos, como muestra la figura 9.6.

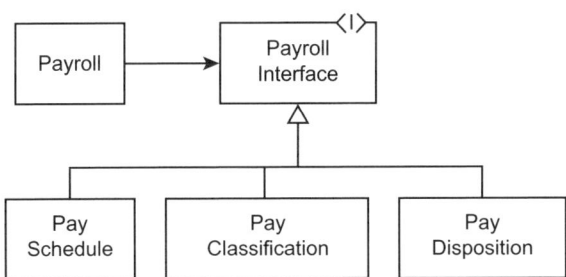

Figura 9.6. Arquitectura dividida.

Esto no es el tipo de cosa que puedes hacer en Java o C#, ya que, en esos lenguajes, no hay forma de implementar cada función de una interfaz en un módulo diferente. Sin embargo, es perfectamente posible en Clojure. Lo que es importante recordar es que se trata de un diagrama arquitectónico, no de un diagrama de clases. `PaySchedule`, `PayClassification` y `PayDisposition` son espacios de nombres y archivos fuente, no clases. No hacemos instancias de ellos. No representan objetos en el sentido de la OO.

No es que no haya objetos en nuestra solución en Clojure. Desde luego que hay; `employee`, `paycheck-directive`, incluso `pay-class` y `disposition` son objetos. No tienen métodos asociados a ellos con tanta fuerza como si estuviesen escritos en un lenguaje OO, pero hay funciones a través de las cuales fluyen esos objetos.

Espacios de nombres y archivos fuente

En Clojure sobre todo, los espacios de nombres y los archivos fuente están muy conectados. Cada espacio de nombres debe contenerse en su propio archivo fuente, y el nombre de ese archivo debe corresponderse[11] con el nombre del espacio de nombres. Esto es muy similar al modo en que Java mete a la fuerza las clases públicas en su propio archivo fuente nombrado para la clase. También es muy similar a la convención archivo/clase utilizada por los programadores de C++ y C#. Esto podría llevarle a considerar que cada espacio de nombres en Clojure es algo como una clase.

La correspondencia no es perfecta, por supuesto. Los contenidos de un espacio de nombres en Clojure no tienen por qué ser como una clase en absoluto. Pero, en general, el concepto no es malo.

Una de las grandes tentaciones de los lenguajes funcionales como Clojure es agrupar funciones en espacios de nombres de un modo *ad hoc* a ojo. Sin la estructura OO para obligarnos a dividir funciones en clases que existen en sus propios archivos fuente, a menudo acaban con estructuras de archivos fuente más débiles y frágiles de lo que deberían.

Así pues, al escribir programas funcionales, no es mala idea considerar las disciplinas de partición de la OO y seguir aplicándolas. Veremos más sobre esto más adelante, cuando investiguemos principios, patrones y arquitectura.

---

11. A través de un simple algoritmo de traducción.

Conclusión

En primer lugar, los programas funcionales y los programas OO son diferentes. Los programas funcionales tienden a ser construcciones de fontanería que regulan las transformaciones del flujo de datos, mientras que los programas OO mutables tienden a iterar paso a paso por los objetos. Sin embargo, desde un punto de vista arquitectónico, los dos estilos son bastante compatibles. Resulta que podemos dividir las funciones de un programa funcional en los mismos tipos de elementos significativos a nivel arquitectónico que un programa OO. Desde el punto de vista arquitectónico, hay muy poca diferencia.

Los programas funcionales pueden no estar compuestos por clases impuestas sintácticamente que encierran métodos y definen objetos. Aun así, los objetos siguen existiendo en los programas funcionales. Esos objetos están ligados con menos fuerza a las funciones que operan sobre ellos de lo que lo estarían en un lenguaje OO. Si eso es una ventaja o un inconveniente es algo que seguiremos investigando en los próximos capítulos.

A medida que estas páginas vayan centrándose cada vez más en el diseño y la arquitectura, veremos que las diferencias entre programas funcionales y la orientación a objetos de objetos inmutables empezarán a volverse cada vez menos relevantes.

10

TIPOS

El capítulo anterior puede haberle dejado algo angustiado. Esas cosas a las que he llamado objetos eran solo tablas *hash* y no eran tipadas. Cualquiera podría introducir cualquier cosa en ellas sin ninguna restricción. El salario en :pay-class podría albergar una cadena en vez de un número. El campo :schedule podría albergar un entero en vez de la palabra clave apropiada.

En resumen, estos objetos no están tipados estáticamente. El compilador no los comprueba y, por tanto, ¡la cosa puede ponerse muy fea!

Muchos lenguajes funcionales, además de muchos lenguajes OO, son tipados estáticamente para evitar esa situación tan fea. Otros lenguajes, como Clojure, Python y Ruby, dependen de otros mecanismos para evitarla.

Quienes practicamos el TDD no solemos preocuparnos mucho por esa situación fea. Por lo general, nuestras pruebas garantizan que los objetos que hemos pasado se han construido de forma adecuada. Aun así, en sistemas complejos, donde la totalidad de los objetos puede acabar siendo bastante compleja, es necesario que haya una manera más formal y completa de garantizar la integridad de nuestros tipos que la que puede darnos un leguaje dinámicamente tipado (e incluso la mayoría de los lenguajes tipados estáticamente).

En Clojure, utilizo la biblioteca clojure.spec para lograr el objetivo de la integridad de los tipos. La especificación de los tipos para nuestro ejemplo de las nóminas tiene este aspecto:

```
(s/def ::id string?)
(s/def ::schedule #{:monthly :weekly :biweekly})
(s/def ::salaried-pay-class (s/tuple #(= % :salaried) pos¹?))
(s/def ::hourly-pay-class (s/tuple #(= % :hourly) pos?))
(s/def ::commissioned-pay-class (s/tuple #(= % :commissioned)
                                         pos? pos?))
(s/def ::pay-class (s/or :salaried ::salaried-pay-class
                         :Hourly ::hourly-pay-class
                         :Commissioned ::commissioned-pay-class))
(s/def ::mail-disposition (s/tuple #(= % :mail) string? string?))
(s/def ::deposit-disposition (s/tuple #(= % :deposit)
                                      string? string?))
(s/def ::paymaster-disposition (s/tuple #(= % :paymaster)
                                        string?))
(s/def ::disposition (s/or :mail ::mail-disposition
                           :deposit ::deposit-disposition
```

---

1. (pos? x) devuelve verdadero si x es un número mayor que cero.

```
                                :paymaster ::paymaster-disposition))
(s/def ::employee (s/keys :req-un [::id ::schedule
                                   ::pay-class ::disposition]))
(s/def ::employees (s/coll-of ::employee))


(s/def ::date string?)
(s/def ::time-card (s/tuple ::date pos?))
(s/def ::time-cards (s/map-of ::id (s/coll-of ::time-card)))


(s/def ::sales-receipt (s/tuple ::date pos?))
(s/def ::sales-receipts (s/map-of
                         ::id (s/coll-of ::sales-receipt)))


(s/def ::db (s/keys :req-un [::employees]
                    :opt-un [::time-cards ::sales-receipts]))


(s/def ::amount pos?)
(s/def ::name string?)
(s/def ::address string?)
(s/def ::mail-directive (s/and #(= (:type %) :mail)
                              (s/keys :req-un [::id
                                              ::name
                                              ::address
                                              ::amount])))


(s/def ::routing string?)
(s/def ::account string?)
(s/def ::deposit-directive (s/and #(= (:type %) :deposit)
                              (s/keys :req-un [::id
                                              ::routing
                                              ::account
                                              ::amount])))
(s/def ::paymaster string?)
(s/def ::paymaster-directive (s/and #(= (:type %) :paymaster)
                              (s/keys :req-un [::id
                                              ::paymaster
                                              ::amount])))


(s/def ::paycheck-directive (s/or
                             :mail ::mail-directive
                             :deposit ::deposit-directive
                             :paymaster ::paymaster-directive))


(s/def ::paycheck-directives (s/coll-of ::paycheck-directive))
```

Si le parece que esto da miedo, bien. Aquí hay muchos detalles. Tenga en cuenta, sin embargo, que este es el nivel de detalles que tendría que especificar dentro de los módulos de un lenguaje tipado estáticamente para capturar todas las restricciones de los tipos.

Entender esta especificación de tipos no es difícil, en realidad. Fíjese en el medio y busque la definición de ::db. Esto solo indica que la base de datos es una tabla *hash* con un campo :employees requerido y dos campos opcionales para :time-cards y :sales-receipts.

Si mira un poco más arriba en la especificación, verá que ::employees es solo una colección de ::employee, ::sales-receipts es una colección de ::sales-receipt y ::time-cards es una colección de ::time-card. No deje que los dos puntos dobles le molesten; son una convención del espacio de nombres. Puede leer los documentos de Clojure más tarde si quiere entenderlos. Por ahora, fíjese solo en las palabras clave e ignore la cantidad de dos puntos.

A medida que continuamos avanzando hacia arriba, vemos que ::employee es una tabla *hash* que debe tener las claves :id, :schedule, :pay-class y :disposition. Siga explorando y descubrirá que :id debe ser una cadena; :schedule debe ser una opción entre :monthly, :weekly o :biweekly y :salaried-pay-class es una tupla que contiene :salaried, seguido de un número positivo.

Puede que las sentencias s/or le molesten un poco. Los argumentos vienen en pares y el primero de cada par es solo el nombre de esa alternativa. Así pues, en la definición ::disposition, :mail es solo el nombre de la alternativa ::mail-disposition. No se preocupe más por esto. Quedará claro si algún día decide leer los documentos de clojure.spec.

Así pues, dada esta especificación de tipos elaborada, ¿cómo la utilizamos? A veces la uso en mis pruebas de la siguiente manera:

```
(it "pays one salaried employee at end of month by mail"
  (let [employees [{:id "emp1"
                    :schedule :monthly
                    :pay-class [:salaried 5000]
                    :disposition [:mail "name" "home"]}]
       db {:employees employees}
       today (parse-date "Nov 30 2021")]
    (should (s/valid? ::db db))
```

```
(let [paycheck-directives (payroll today db)]
  (should (s/valid? ::paycheck-directives
                    paycheck-directives))
  (should= [{:type :mail
             :id "emp1"
             :name "name"
             :address "home"
             :amount 5000}]
           paycheck-directives))))
```

Busque las llamadas a s/valid?, que es una función que devuelve true si los datos se corresponden con la especificación. Preste atención y verá que estoy comprobando la especificación ::db al entrar y la especificación ::paycheck-directives al salir. Esto es bastante seguro. Si mis pruebas tienen una cobertura alta y comprueban todas las especificaciones para las entradas y salidas de las funciones a las que llaman, entonces las violaciones de tipo deberían ser muy poco frecuentes.

De manera ocasional, también he utilizado las características :pre y :post de Clojure para ejecutar las especificaciones en datos cruciales antes y después de las principales funciones de procesamiento de mis aplicaciones.

Aquí, por ejemplo, tiene el principal paso del procesamiento del juego spacewar[2] que escribí hace unos años:

```
(defn update-world [ms world]
  ;{:pre [(valid-world? world)]
  ; :post [(valid-world? %)]}
  (->> world
       (game-won ms)
       (game-over ms)
       (ship/update-ship ms)
       (shots/update-shots ms)
       (explosions/update-explosions ms)
       (clouds/update-clouds ms)
       (klingons/update-klingons ms)
       (bases/update-bases ms)
       (romulans/update-romulans ms)
       (view-frame/update-messages ms)
       (add-messages)))
```

---

2. https://github.com/unclebob/spacewar.

Las sentencias :pre y :post están comentadas,[3] pero están listas para volver a afirmarse en caso de que sospeche que hay alguna clase de corrupción de tipos terrible.

Conclusión

Hay mucho lamento y rechinar de dientes sobre si es mejor el tipado estático o el dinámico. Cada bando grita al otro sin escuchar lo que tiene que decir el contrario. Creo que ambos tienen argumentos válidos. El tipado dinámico hace que el código sea más fácil de escribir. El estático hace que el código sea mucho más seguro, fácil de entender y mucho más consistente a nivel interno. Me parece que una biblioteca como clojure.spec consigue un gran equilibrio. Nos da la capacidad para tener tanta comprobación de tipos como necesitemos, ya sea mucha o poca. Nos permite decidir qué tipos se comprueban y cuáles no. Es más, nos permite especificar restricciones dinámicas que ningún sistema de tipos estático puede comprobar. Así pues, en mi opinión, las bibliotecas como esta proporcionan lo mejor de los dos mundos.

---

3. No me interesa mucho el código comentado. Iba eliminando esas líneas a medida que el proyecto maduraba.

PARTE III

DISEÑO FUNCIONAL

11

FLUJO DE DATOS

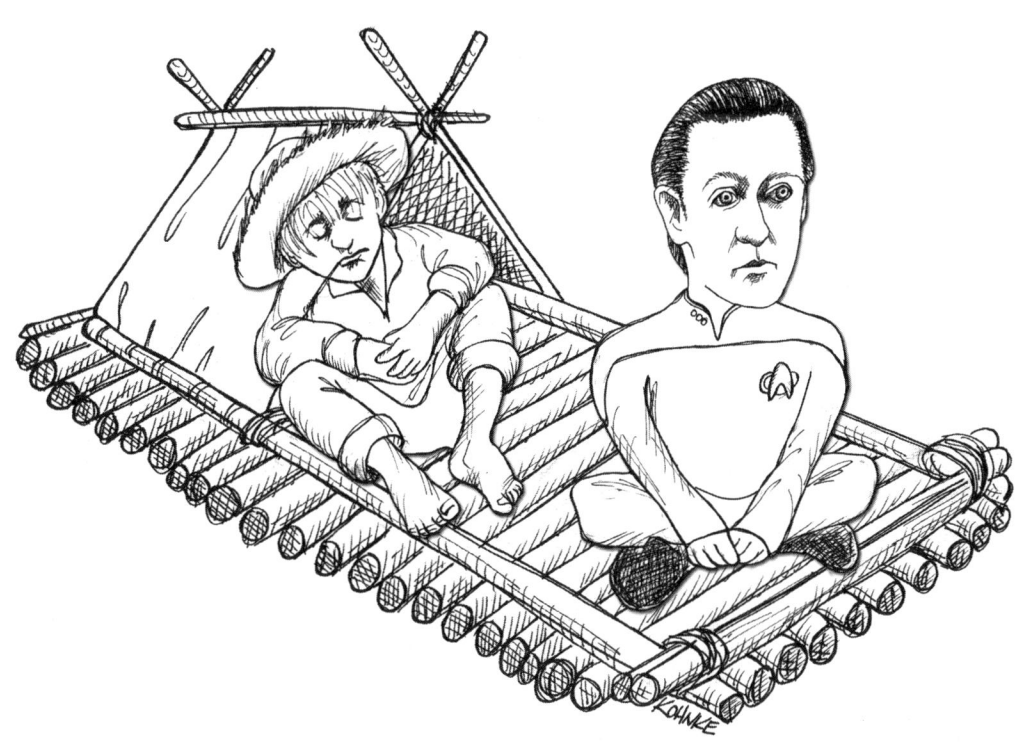

En el capítulo 9, Programación orientada a objetos, he sugerido que el diseño de un programa funcional es más como fontanería que un procedimiento. Hay un claro sesgo hacia el flujo de datos. Esto se debe a que tendemos a utilizar map, filter y reduce para transformar los contenidos de listas en otras listas, en vez de iterar a través del problema elemento por elemento para producir resultados.

Podemos ver este sesgo en muchos de nuestros ejemplos anteriores, incluyendo las aplicaciones de Partida de bolos, Conductores de autobús cotillas y Nómina en la parte II, Análisis comparativo.

Por ver otro ejemplo, piense en este interesante problema del día diez de Advent of Code 2022.[1] El objetivo era representar píxeles en una pantalla de 6 por 40. Los píxeles se dibujaban de izquierda a derecha, de uno en uno, basándose en un circuito de reloj. Los ciclos de reloj se contaban empezando por 0. Si un registro x determinado se correspondía con el número de ciclo de reloj, el píxel en la posición apropiada de la pantalla se encendía; de lo contrario, se apagaba.

En realidad, esto es bastante típico del modo en que funcionaban los antiguos monitores CRT[2] utilizados para trabajar. Había que energizar el haz de electrones en el momento justo en que pasaba sobre la pantalla, de forma que se hacían coincidir los bits del mapa de bits con el reloj que controlaba el haz. Si, según el reloj, el haz estaba en la posición 934, y el 934.º bit del mapa de bits estaba configurado, se energizaba el haz durante un instante para mostrar ese píxel.

El problema del Advent of Code era un poco más interesante. Nos pedía que simulásemos un procesador simple que tuviese dos instrucciones. La primera instrucción era noop, que tomaba un ciclo de reloj, pero no tenía otros efectos. La otra instrucción era addx, que tomaba un argumento entero n que añadía al registro x del procesador. Esta instrucción consumía dos ciclos de reloj y solo cambiaba el registro x después de que se hubieran completado ambos ciclos. Los píxeles en la pantalla serían visibles durante un ciclo de reloj si, y solo si, al principio de ese ciclo el registro x se correspondía con el número de ciclo de reloj.

---

1.   https://adventofcode.com/2022/day/10.

2.   Tubo de rayos catódicos (CRT, *cathode ray tube*). Un rayo catódico es un electrón. Los CRT tienen cañones de electrones que crean haces estrechos de electrones que se rasterizan por la pantalla mediante campos magnéticos que cambian de forma regular. El haz incide en el fósforo de la pantalla y hace que brille, creando así una imagen rasterizada.

Así pues, si según el reloj el haz estaba sobre la posición 23 en la pantalla y el registro x era 23 al principio del ciclo 23, el haz se energizaría para ese ciclo de reloj.

Para complicar las cosas un poco más, la correspondencia del registro x con el ciclo de reloj se amplió de manera que 22, 23 y 24 se corresponderían con el ciclo de reloj 23. Dicho de otro modo, el registro x especificaba una ventana que tenía tres píxeles de ancho. Siempre y cuando el ciclo de reloj cayese dentro de esa ventana, el haz se energizaría.

Puesto que la pantalla tiene 40 píxeles de ancho y 6 píxeles de alto, la correspondencia del ciclo de reloj con x es módulo 40.

La tarea era ejecutar un conjunto de instrucciones y producir una lista de seis cadenas de 40 caracteres cada una, con "#" para indicar un píxel que era visible y "." para indicar uno que no lo era.

Si tuviese que escribir este programa en Java, C, Go, C++, C# o cualquier otro lenguaje por procedimientos u OO, podría crear un bucle que iterase un ciclo cada vez al tiempo que acumulase los píxeles apropiados para cada ciclo. El bucle consumiría instrucciones y modificaría el registro x como se le ordenase.

Veamos un ejemplo típico en Java:

```java
package crt;

public class Crt {
  private int x;
  private String pixels = "";
  private int extraCycles = 0;
  private int cycle = 0;
  private int ic;
  private String[] instructions;
  public Crt(int x) {
    this.x = x;
  }

  public void doCycles(int n, String instructionsLines) {
    instructions = instructionsLines.split("\n");
    ic = 0;
    for (cycle = 0; cycle < n; cycle++) {
      setPixel();
```

```
      execute();
    }
  }

  private void execute() {
    if (instructions[ic].equals("noop"))
      ic++;
    else if (instructions[ic].startsWith("addx ")
            && extraCycles == 0) {
      extraCycles = 1;
    }
    else if (instructions[ic].startsWith("addx ")
            && extraCycles == 1) {
      extraCycles = 0;
      x += Integer.parseInt(instructions[ic].substring(5));
      ic++;
    } else
      System.out.println("TILT");
  }

  private void setPixel() {
    int pos = cycle % 40;
    int offset = pos - x;
    if (offset >= -1 && 1 >= offset)
      pixels += "#";
    else
      pixels += ".";
  }

  public String getPixels() {
    return pixels;
  }

  public int getX() {
    return x;
  }
}
```

Fíjese en todo el estado mutado. Observe cómo itera, ciclo a ciclo, para poblar los píxeles. Fíjese también en el curioso caso de extraCycles para compensar el hecho de que addx tarda dos ciclos en ejecutarse.

Por último, observe que, aunque el programa está bien dividido en unas pocas funciones más pequeñas, todas esas funciones están acopladas mediante variables de estado mutables. Eso es, por supuesto, la situación habitual para métodos de una clase mutable.

Hoy he resuelto este problema en Clojure y la solución que se me ha ocurrido es muy diferente al código de Java anterior. Al leer esto, recuerde empezar desde la parte inferior. Los programas en Clojure siempre se escriben de abajo arriba.

```clojure
(ns day10-cathode-ray-tube.core
  (:require [clojure.string :as string]))

(defn noop [state]
  (update state :cycles conj (:x state)))

(defn addx [n state]
  (let [{:keys [x cycles]} state]
    (assoc state :x (+ x n)
                 :cycles (vec (concat cycles [x x]))))))

(defn execute [state lines]
  (if (empty? lines)
    state
    (let [line (first lines)
          state (if (re-matches #"noop" line)
                  (noop state)
                  (if-let [[_ n] (re-matches
                                   #"addx (-?\d+)" line)]
                    (addx (Integer/parseInt n) state)
                    "TILT"))]³
      (recur state (rest lines)))))

(defn execute-file [file-name]
  (let [lines (string/split-lines (slurp file-name))
        starting-state {:x 1 :cycles []}
        ending-state (execute starting-state lines)]
    (:cycles ending-state)))

(defn render-cycles [cycles]
```

---

3. TILT (inclinar) es mi mensaje de error favorito. Hace mucho tiempo, las máquinas de *pinball* mostraban ese mensaje y te cancelaban la partida si inclinabas físicamente la máquina para manipular la bola.

```
(loop [cycles cycles
       screen ""
       t 0]
  (if (empty? cycles)
    (map #(apply str %) (partition 40 40 "" screen))
    (let [x (first cycles)
          offset (- t x)
          pixel? (<= -1 offset 1)
          screen (str screen (if pixel? "#" "."))
          t (mod (inc t) 40)]
      (recur (rest cycles) screen t)))))

(defn print-screen [lines]
  (doseq [line lines]
    (println line))
  true)

(defn -main []
  (-> "input"
      execute-file
      render-cycles
      print-screen))
```

La función execute-file transforma la lista de instrucciones en el archivo nombrado en una lista de valores x resultantes. Después, la función render-cycles transforma la lista de valores x en una lista de píxeles, que al final divide (partition) en cadenas de 40 caracteres.

Observe que, por supuesto, no hay variables mutables, sino que el valor state fluye a través de cada una de las funciones como si pasase por una tubería.

El valor state empieza en execute-file, luego fluye a execute, después, repetidamente a noop o addx, y, a continuación, de vuelta a execute-file. En cada etapa de ese flujo, se crea un nuevo valor de state a partir del antiguo sin modificarlo.

Si esto le resulta familiar de una forma espeluznante, bien. Es muy parecido a las tuberías y filtros a los que estamos acostumbrados en nuestra *shell* de línea de comandos. Los datos fluyen a un comando desde una tubería, ese comando los transforma y, después, fluyen hacia el siguiente comando a través de una tubería.

Este es un comando reciente que he estado usando en la *shell*:

```
ls -lh private/messages | cut -c 32-37,57-64
```

Hace una lista con el directorio `private/messages` y, después, corta campos concretos. Los datos fluyen fuera del comando `ls`, a través de la tubería y, a continuación, al comando `cut`. Esto da la misma sensación que el valor `state` cuando fluye a través de las funciones `execute`, `addx` y `noop`.

Como resultado de este uso de la *pipeline*, debería observar que mi programa `cathode-ray-tube` está dividido en un conjunto de funciones pequeñas no acopladas entre sí mediante un estado mutable. Cualquier acoplamiento que exista es solo el acoplamiento de los formatos de datos que fluyen de función en función a través de tuberías.

Por último, fíjese en que no hay ningún caso curioso como hemos visto en el programa de Java rodeando los dos ciclos de la instrucción `addx`. En vez de eso, los dos ciclos contabilizan con solo añadir dos valores x al elemento `:cycles` de `state`.

Por supuesto, no hacía falta usar el estilo de flujo de datos. Podría haber creado un algoritmo en Clojure que se pareciese mucho más al algoritmo en Java, pero esa no es mi forma de pensar en las cosas cuando estoy escribiendo en un lenguaje funcional. Me inclino por las soluciones de flujo de datos.

Algunas de las características más nuevas en Java y C# se prestan al estilo de flujo de datos, pero son verbosas y me parece que se introducen en los lenguajes de formas raras. Puede que su experiencia sea diferente, pero yo me doy cuenta de que, cuando uso lenguajes por procedimientos u OO, tiendo a la iteración mucho más que a la fontanería.

O, dicho de otro modo:

En los lenguajes mutables, los comportamientos fluyen a través de los objetos. En los lenguajes funcionales, los objetos fluyen a través de los comportamientos.

12

SOLID

Escribí acerca de los principios SOLID hace más de dos décadas en el contexto del diseño OO. Debido a ese contexto, muchos han llegado a asociar esos principios con la OO y los consideran un anatema para la programación funcional. Es desafortunado porque los principios SOLID son principios generales de diseño de software que no son específicos de ningún estilo de programación concreto. En este capítulo, voy a esforzarme para explicar cómo se aplican los principios SOLID a la programación funcional.

Los siguientes capítulos son resúmenes, no descripciones completas, de los principios. Para quienes estén interesados en conocer más detalles, recomiendo las siguientes fuentes.

- *Agile Software Development: Principles, Patterns, and Practices.*[1]
- *Arquitectura limpia.*[2]
- Cleancoder.com. Eche un vistazo a los artículos y publicaciones en el blog. Hay mucho que aprender en este sitio web acerca de los principios y más.
- Cleancoders.com. Este sitio web tiene vídeos que explican cada principio con gran detalle y ejemplos interesantes.

Principio de responsabilidad única (SRP)

El Principio de responsabilidad única (SRP, *Single Responsibility Principle*) es una declaración simple acerca de la concentración de los módulos en las fuentes que hacen que cambien. Esas fuentes son, por supuesto, las personas. Son las

---

1. Robert C. Martin (Pearson, 2002).
2. Robert C. Martin (Anaya Multimedia, 2018).

personas quienes solicitan cambios en el software y, por tanto, las personas son las responsables de nuestros módulos. Estas personas pueden separarse en grupos llamados roles o actores. Un actor es una persona, o un grupo de personas, que requiere las mismas cosas del sistema. Los tipos de cambios que solicitan son coherentes entre sí. Por otra parte, actores diferentes tienen necesidades distintas. Los cambios que solicite un actor afectarán al sistema de maneras muy diferentes a los cambios solicitados por otros actores. Esos cambios dispares pueden incluso tener propósitos contradictorios.

Cuando un módulo es responsable ante más de un actor, los cambios solicitados por actores competidores pueden interferir entre sí. A menudo, esta interferencia lleva a un olor de diseño de fragilidad; hace que el sistema se estropee de maneras inesperadas cuando se realizan cambios simples.

Nada es tan aterrador para directores y clientes como un sistema que de pronto se comporta mal de un modo alarmante tras realizar cambios simples en las características. Si esto se repite con demasiada frecuencia, la única conclusión a la que se puede llegar es que los desarrolladores han perdido el control del sistema y no saben lo que están haciendo.

Una violación del SRP puede ser algo tan simple como mezclar el formato de la GUI y el código de las reglas de negocio en el mismo módulo, o puede ser tan complejo como utilizar procedimientos almacenados en la base de datos para implementar reglas de negocio.

Veamos un ejemplo simple de una desagradable violación del SRP escrita en Clojure. Primero, echemos un vistazo a las pruebas, porque nos cuentan la historia:

```
describe "Order Entry System"
  (context "Parsing Customers"
    (it "parses a valid customer"
      (should=
        {:id "1234567"
         :name "customer name"
         :address "customer address"
         :credit-limit 50000}
        (parse-customer
          ["Customer-id: 1234567"
           "Name: customer name"
```

```
               "Address: customer address"
               "Credit Limit: 50000"])))

     (it "parses invalid customer"
       (should= :invalid
                (parse-customer
                  ["Customer-id: X"
                   "Name: customer name"
                   "Address: customer address"
                   "Credit Limit: 50000"]))
       (should= :invalid
                (parse-customer
                  ["Customer-id: 1234567"
                   "Name: "
                   "Address: customer address"
                   "Credit Limit: 50000"]))
       (should= :invalid
                (parse-customer
                  ["Customer-id: 1234567"
                   "Name: customer name"
                   "Address: "
                   "Credit Limit: 50000"]))
       (should= :invalid
                (parse-customer
                  ["Customer-id: 1234567"
                   "Name: customer name"
                   "Address: customer address"
                   "Credit Limit: invalid"])))
     (it "makes sure credit limit is <= 50000"
       (should= :invalid
                (parse-customer
                  ["Customer-id: 1234567"
                   "Name: customer name"
                   "Address: customer address"
                   "Credit Limit: 50001"])))))
```

La primera prueba nos indica que estamos analizando sintácticamente una entrada de texto en un registro de cliente. Ese registro tiene cuatro campos: id (identificador), name (nombre), address (dirección) y credit-limit (límite de crédito). Las siguientes cuatro pruebas nos señalan errores sintácticos, como entradas que faltan o están mal formadas.

La última prueba es interesante. Prueba una regla de negocio. Probar una regla de negocio como parte del análisis sintáctico de la entrada es una clara violación del SRP. El código del análisis sintáctico puede validar de forma segura los errores de sintaxis, pero debería evitar todos los errores semánticos, porque esas comprobaciones están en el dominio de un actor diferente. El actor que especifica el formato de entrada no es el mismo que el que especifica el mayor límite de crédito permitido.[3]

El código que pasa estas pruebas agrava el problema:

```clojure
(defn validate-customer
  [{:keys [id name address credit-limit] :as customer}]
  (if (or (nil? id)
          (nil? name)
          (nil? address)
          (nil? credit-limit))
    :invalid
    (let [credit-limit (Integer/parseInt credit-limit)]
      (if (> credit-limit 50000)
        :invalid
        (assoc customer :credit-limit credit-limit)))))

(defn parse-customer [lines]

  (let [[_ id] (re-matches #"^Customer-id: (\d{7})$"
                           (nth lines 0))
        [_ name] (re-matches #"^Name: (.+)$" (nth lines 1))
        [_ address] (re-matches #"^Address: (.+)$" (nth lines 2))
        [_ credit-limit] (re-matches #"^Credit Limit: (\d+)$"
                                     (nth lines 3))]
    (validate-customer
      {:id id
       :name name
       :address address
       :credit-limit credit-limit})))
```

Fíjese en el modo en que la función validate-customer mezcla las comprobaciones de sintaxis con la regla de negocio semántica que limita el crédito a 50 000. Esa comprobación semántica pertenece a un módulo diferente por completo, no enmarañado con todas esas comprobaciones sintácticas.

---

3. Esto es cierto incluso cuando los dos actores sean la misma persona. En este caso, esa persona desempeña dos roles diferentes.

Lo que es peor, piense en un programador que usa de forma concienzuda clojure/spec para definir dinámicamente el tipo de cliente:

```
(s/def ::id (s/and
              string?
              #(re-matches #"\d+" %)))
(s/def ::name string?)
(s/def ::address string?)
(s/def ::credit-limit (s/and int? #(<= % 50000)))
(s/def ::customer (s/keys :req-un [::id ::name
                                   ::address ::credit-limit]))
```

Esta especificación restringe de forma apropiada la estructura de datos de los clientes para que sea correcta a nivel sintáctico, pero también impone la restricción de la regla de negocio semántica de que el límite de crédito no puede ser superior a 50 000.

¿Por qué me preocupa mezclar la restricción del límite de crédito con la sintaxis de la estructura de datos? Porque espero que la sintaxis de la estructura de datos y la restricción del límite de crédito las especifiquen actores diferentes. Y espero que esos actores distintos soliciten cambios en momentos diferentes y por razones distintas. No quiero que un cambio en la sintaxis rompa sin querer una regla de negocio.

Por supuesto, esto plantea la pregunta: ¿qué lugar corresponde a las validaciones semánticas? La respuesta es que las validaciones semánticas pertenecen a los módulos responsables ante los actores que tienen probabilidades de cambiarlos. Si, por ejemplo, hay una regla de negocio que dice que los límites de crédito no deben superar 50 000, entonces el código de aplicación debería ir en el módulo que gestione el resto del procesamiento de límites de créditos.

Junte las cosas que cambian por las mismas razones
y en los mismos momentos.

Separe aquellas cosas que cambian por razones diferentes
o en momentos distintos.

Principio de abierto-cerrado (OCP)

El Principio de abierto-cerrado (OCP, *Open-Closed Principle*) lo enunció por primera vez Bertrand Meyer en su libro clásico de 1988, *Construcción de software orientado a objetos*.[4] Parafraseando, dice que los módulos de software deberían estar abiertos a la ampliación, pero cerrados a la modificación.

Eso significa que nos conviene diseñar los módulos de manera que ampliar o cambiar su comportamiento no requiera modificar su código.

Puede que suene como un oxímoron, pero, en realidad, es algo que hacemos todo el tiempo. Fíjese, por ejemplo, en el programa copy en C:

```
void copy() {
  int c;
  while ((c = getchar()) != EOF)
    putchar(c);
}
```

Este programa copia caracteres desde stdin a stdout. Puedo añadir dispositivos nuevos al sistema operativo siempre que quiera. Por ejemplo, podría añadir reconocimiento óptico de caracteres (OCR) y un sintetizador de texto a discurso al sistema. Este programa seguiría funcionando sin problemas y podría copiar con tranquilidad caracteres del OCR al sintetizador de voz sin necesitar modificarse ni recompilarse.

---

4.   Prentice-Hall, 1998.

Se trata de una idea muy potente que nos permite separar la política de alto nivel del detalle de bajo nivel y mantener la política de alto nivel inmune a los cambios en el detalle de bajo nivel. Sin embargo, requiere que la política de alto nivel acceda al detalle de bajo nivel a través de una capa de abstracción.

En los programas OO, por lo general, creamos esa capa de abstracción mediante interfaces polimórficas. En lenguajes tipados estáticamente, como Java, C# y C++, esas interfaces son clases[5] con métodos abstractos. A través de esas interfaces, se da a las políticas de alto nivel acceso a los detalles de bajo nivel que implementan o, heredan de, esas interfaces.

En los lenguajes OO tipados dinámicamente, como Python y Ruby, estas interfaces son de tipo pato (o *duck*). Los tipos pato no tienen una sintaxis particular dentro del lenguaje. Son solo conjuntos de firmas de funciones llamadas por las políticas de alto nivel e implementadas por los detalles de bajo nivel. El sistema de tipado dinámico determina el envío polimórfico en tiempo de ejecución mediante la coincidencia de estas firmas.

Algunos lenguajes funcionales, como F# y Scala, se asientan sobre cimientos OO y, por tanto, pueden aprovechar las interfaces polimórficas de esos cimientos. Pero los lenguajes funcionales tienen, desde hace tiempo, otro mecanismo mediante el cual puede crearse la capa de abstracción para el OCP: las funciones.

FUNCIONES

Fíjese en este sencillo programa de Clojure:

```
(defn copy [read write]
  (let [c (read)]
    (if (= c :eof)
      nil
      (recur read (write c)))))
```

Es, en esencia, el mismo programa que el copy escrito en C, salvo porque las funciones para leer y escribir se han pasado como argumentos.[6] Sin embargo, la capa de abstracción para el OCP está intacta.

---

5. La palabra clave interface en Java y C# define clases donde todos los métodos son abstractos.

6. Las funciones que se pasan como argumentos, o que se devuelven como valores desde funciones, se denominan a veces funciones de orden superior.

Por cierto, probé este programa utilizando las siguientes pruebas. Creo que le parecerá interesante.

```
(def str-in (atom nil))
(def str-out (atom nil))

(defn str-read []
  (let [c (first @str-in)]
    (if (nil? c)
      :eof
      (do
        (swap! str-in rest)
        c))))

(defn str-write [c]
  (swap! str-out str c)
  str-write)

(describe "copy"
  (it "can read and write using str-read and str-write"
    (reset! str-in "abcedf")
    (reset! str-out "")
    (copy str-read str-write)
    (should= "abcdef" @str-out)))
```

Utilicé atoms porque E/S es un efecto secundario y, por consiguiente, no es puramente funcional. Al fin y al cabo, cuando leemos desde una entrada o escribimos en una salida, estamos mutando sus estados. Así, las funciones de E/S de bajo nivel no son puramente funcionales y emplean Memoria Transaccional de Software para gestionar la mutación del estado.

OBJETOS CON TABLAS VIRTUALES

Aquellos que anhelen la OO pueden pasar un «objeto» a copy usando la siguiente técnica:

```
(defn copy [device]
  (let [c ((:getchar device))]
    (if (= c :eof)
      nil
      (do
        ((:putchar device) c)
        (recur device)))))
```

La prueba simplemente carga el mapa del dispositivo con las funciones:

```
(it "can read and write using str-read and str-write"
    (reset! str-in "abcedf")
    (reset! str-out "")
    (copy {:getchar str-read :putchar str-write})
    (should= "abcdef" @str-out))
```

Los programadores de C++ reconocerán que el argumento device es solo una tabla virtual, que es el mecanismo de polimorfismo en C++. En cualquier caso, debería resultar evidente que podemos definir muchos dispositivos diferentes para que los utilice el programa copy. Podemos ampliar el comportamiento de copy sin tener que modificarlo.

MULTIMÉTODOS

Otra variación de este tema es el uso de multimétodos. Muchos lenguajes, funcionales o no, soportan multimétodos de un modo u otro. Los multimétodos son otra forma de tipado de pato, porque crean una agrupación laxa de métodos que se despachan de forma dinámica según su firma de función y el «tipo»[7] de los argumentos. En Clojure, usamos el enfoque de larga tradición de una función de despacho para especificar ese «tipo»:

```
(defmulti getchar (fn [device] (:device-type device)))
(defmulti putchar (fn [device c] (:device-type device)))
```

Aquí vemos getchar y putchar declaradas como multimétodos. Cada una tiene una función de despacho que toma los mismos argumentos con los que se llamará a getchar y putchar. Podemos cambiar el programa copy para llamar a esos multimétodos:

```
(defn copy [device]
  (let [c (getchar device)]
    (if (= c :eof)
      nil
      (do
        (putchar device c)
        (recur device)))))
```

---

7.   He usado comillas porque el «tipo» de los argumentos no está necesariamente asociado a sus tipos de datos específicos. De hecho, ese «tipo» puede ser un concepto diferente por completo.

La prueba para esta nueva función de copia está debajo. Observe que la prueba device ya no es una tabla virtual que contiene punteros a funciones, sino que ahora contiene los atoms de entrada y salida, y también un :device-type. Sobre ese :device-type se despacharán los multimétodos.

```
(it "can read and write using multi-method"
  (let [device {:device-type :test-device
                :input (atom "abcdef")
                :output (atom nil)}]
    (copy device)
    (should= "abcdef" @(:output device))))
```

Todo lo que quedan son las implementaciones de los multimétodos. No deberían ser demasiado sorprendentes.

```
(defmethod getchar :test-device [device]
  (let [input (:input device)
        c (first @input)]
    (if (nil? c)
      :eof
      (do
        (swap! input rest)
        c))))

(defmethod putchar :test-device [device c]
  (let [output (:output device)]
    (swap! output str c)))
```

Estas son las implementaciones que se despacharán cuando :devicetype sea :test-device. Debería estar claro que podrían crearse muchos otros métodos de implementación así para varios dispositivos distintos. Estos nuevos dispositivos ampliarán el programa copy sin forzar ninguna modificación.

CAPACIDAD DE DESPLIEGUE INDEPENDIENTE

Uno de los beneficios que esperamos obtener del OCP es la capacidad para compilar políticas de alto nivel y detalles de bajo nivel en módulos separados y desplegarlos de manera independiente. En Java y C#, eso supondría compilarlos en archivos jar o dll separados que pueden cargarse de forma dinámica. En C++, compilaríamos los módulos y colocaríamos los binarios en bibliotecas compartidas descargables de forma dinámica.

Las soluciones en Clojure mostradas antes no consiguen ese objetivo. La política de alto nivel y el detalle de bajo nivel no pueden cargarse dinámicamente desde dos archivos jar separados.

Es un problema mucho menor de lo que sería en Java o C# porque «cargar» un programa en Clojure casi siempre[8] implica compilarlo. Así, aunque puede que las políticas de alto nivel y los detalles de bajo nivel no se carguen de forma dinámica desde archivos jar, se compilan y cargan de modo dinámico desde archivos fuente. Por tanto, la mayoría de los beneficios de los archivos jar con capacidad de despliegue independiente se conserva. Sin embargo, si debemos tener una capacidad de despliegue independiente total y completa a toda costa, hay otra opción. Podemos usar protocolos y registros de Clojure:

```
(defprotocol device
  (getchar [_])
  (putchar [_ c]))
```

El protocolo se convertirá en una interface de Java que puede compilarse de modo independiente en un archivo jar para una carga dinámica. La implementación del protocolo (que se muestra a continuación) puede, asimismo, compilarse y cargarse de forma independiente:

```
(defrecord str-device [in-atom out-atom]
  device
  (getchar [_]
    (let [c (first @in-atom)]
      (if (nil? c)
        :eof
        (do
          (swap! in-atom rest)
          c))))

  (putchar [_ c]
    (swap! out-atom str c)))

(describe "copy"
  (it "can read and write using str-read and str-write"
    (let [device (->str-device (atom "abcdef") (atom nil))]
      (copy device)
      (should= "abcdef" @(:out-atom device)))))
```

---

8. Clojure permite la precompilación en algunos casos.

Fíjese en la función `->str-device` en la prueba. En esencia, es el constructor de Java de la clase `str-device` que implementa el protocolo `device`. Observe también que he cargado los `atoms` en el dispositivo como en el ejemplo anterior.

En realidad, no he cambiado el programa `copy` para conseguir que este ejemplo funcione. El programa `copy` es exactamente como era en el ejemplo de los multi-métodos. ¡Eso es el OCP en acción!

Si el mecanismo protocolo/registro de Clojure recuerda a OO, es porque es OO. La JVM es una base OO y Clojure encaja muy bien sobre esa base.

Principio de sustitución de Liskov (LSP)

Cualquier lenguaje compatible con el OCP debe soportar también el Principio de sustitución de Liskov (LSP, *Liskov Substitution Principle*). Los dos principios están ligados porque cualquier violación del LSP es una violación latente del OCP.

El LSP lo describió por primera vez Barbara Liskov en 1988,[9] proporcionando una definición más o menos formal de subtipo. En esencia, dijo que un subtipo debe ser sustituible por su tipo base en cualquier programa que emplee el tipo base.

---

9.   Casualmente, es el mismo año en que Bertrand Meyer publicó el OCP.

Para aclararlo, digamos que tenemos un programa pay que utiliza un tipo employee:

```
(defn pay [employee pay-date]
  (let [is-payday? (:is-payday employee)
        calc-pay (:calc-pay employee)
        send-paycheck (:send-paycheck employee)]
    (when (is-payday? pay-date)
      (let [paycheck (calc-pay)]
        (send-paycheck paycheck)))))
```

Observe que uso el enfoque de tabla virtual para crear el tipo. Fíjese también en que los datos dentro del tipo están totalmente ocultos a la función pay. Lo único que ve la función pay son los métodos dentro del tipo employee. ¿Se puede ser más OO?

Veamos el código de prueba que usa este tipo. Fíjese en que la función make-test-employee crea un objeto que utiliza tipado de pato para adecuarse al tipo employee:

```
(defn test-is-payday [employee-data pay-date]
  true)

(defn test-calc-pay [employee-data]
  (:pay employee-data))

(defn test-send-paycheck [employee-data paycheck]
  (format "Send %d to: %s at: %s"
          paycheck
          (:name employee-data)
          (:address employee-data)))
(defn make-test-employee [name address pay]
  (let [employee-data {:name name
                       :address address
                       :pay pay}

      employee {:employee-data employee-data
                :is-payday (partial test-is-payday
                                    employee-data)
                :calc-pay (partial test-calc-pay employee-data)
                :send-paycheck (partial test-send-paycheck
                                        employee-data)}]
```

```
      employee))

(describe "Payroll"
  (it "pays a salaried employee"
    (should= "Send 100 to: name at: address"
             (pay (make-test-employee "name" "address" 100)
                  :now)))))
```

Observe que la función `make-test-employee` emplea el patrón PIMPL (puntero a la implementación)[10] para ocultar los datos en el campo `:employee-data field` y exponer solo los métodos. Por último, fíjese en que a todos los métodos polimórficos se les da `employee-data` como primeros argumentos. ¡Eso es muy OO! Y, aun así, totalmente funcional.

Debería estar claro que podría crear muchos tipos diferentes de objetos `employee` y pasarlos a la función `pay` sin modificarla en absoluto. Esto es el OCP.

Sin embargo, para conseguir eso debo tener mucho cuidado y asegurarme de que cada objeto `employee` se adecúa a las expectativas de la función `pay`. Si uno de esos métodos hace algo que `pay` no espera, entonces `pay` funcionará mal.

Por ejemplo, esta prueba falla:

```
(it "does not pay an employee whose payday is not today"
  (should-be-nil
    (pay (make-later-employee "name" "address" 100)
         :now)))
```

Falla porque `make-later-employee` no se ajusta a las expectativas de la función `pay` para el método `:is-payday`. Como puede ver a continuación, devuelve `:tomorrow` en vez de `false`:

```
(defn make-later-employee [name address pay]
  (let [employee (make-test-employee name address pay)
        is-payday? (partial (fn [_ _] :tomorrow)
                            (:employee-data employee))]
    (assoc employee :is-payday is-payday?)))
```

Se trata de una violación del LSP.

---

10. Alberga todos los datos detrás de un solo campo para mantenerlos privados. Consulte `https://cpppatterns.com/patterns/pimpl.html`.

Ahora imagine que es el autor de la función pay y se le asigna la tarea de depurar el error de que algunos empleados están recibiendo cheques en el momento equivocado. Descubre que muchos objetos de empleado están usando la convención :tomorrow en vez de devolver un booleano como deberían. ¿Qué hace?[11]

Podría arreglar todos esos empleados o podría añadir una condición extra a la función pay:

```
(defn pay [employee pay-date]
  (let [is-payday? (:is-payday employee)
        calc-pay (:calc-pay employee)
        send-paycheck (:send-paycheck employee)]
    (when (= true (is-payday? pay-date))
      (let [paycheck (calc-pay)]
        (send-paycheck paycheck)))))
```

Sí, es bastante feo.[12] También es una violación del OCP, porque hemos modificado una política de alto nivel debido al mal comportamiento de un detalle de bajo nivel.

LA REGLA ISA (ES-UN)

La literatura sobre OO emplea a menudo el término ISA («es-un») para describir subtipos. Para describir la situación anterior en esos términos diríamos que el test-employee es-un employee, y el later-employee es-un employee. Este uso puede resultar confuso.

En primer lugar, el later-employee no es un employee porque no se ajusta a las expectativas de la función pay; y es la función pay, y todas las demás funciones que operan sobre employees, las que definen qué es el tipo employees.

Pero, en segundo lugar, y lo que quizá sea más importante, es que el término «es-un» puede ser muy engañoso. A menudo, se utiliza el antiguo y venerable enigma del cuadrado/rectángulo para demostrarlo.

---

11. Por supuesto, un lenguaje tipado estáticamente resolvería este problema concreto. También lo haría una llamada oportuna a s/valid?, si se dan las especificaciones apropiadas. Pero ese no es el caso que estamos investigando en este momento.

12. Piense bien por qué es feo y por qué muchos programadores se sentirían tentados de eliminar = true, volviendo así a exponer el error.

Supongamos que tenemos un objeto que describe un rectángulo. En Clojure, podría tener este aspecto:

```
(defn make-rect [h w]
  {:h h :w w})
```

Una prueba simple de este objeto de rectángulo podría tener este aspecto:

```
(it "calculates proper area after change in size"
  (should= 12 (-> (make-rect 1 1) (set-h 3) (set-w 4) area)))
```

Para hacer que funcione, necesitaremos las funciones set-h, set-w y area de la siguiente manera:

```
(defn set-h [rect h]
  (assoc rect :h h))

(defn set-w [rect w]
  (assoc rect :w w))

(defn area [rect]
  (* (:h rect) (:w rect)))
```

Aquí nada debería resultarle sorprendente. El objeto de rectángulo no es mutable. Las funciones set-h y set-w simplemente crean rectángulos nuevos con los parámetros cambiados.

Así pues, vamos a dar un poco de cuerpo a esto y a crear un sistema pequeño que utilice nuestro rectángulo. Estas son las pruebas:

```
(describe "Rectangle"
  (it "calculates proper area and perimeter"
    (should= 25 (area (make-rect 5 5)))
    (should= 18 (perimeter (make-rect 4 5)))
    (should= 12 (-> (make-rect 1 1) (set-h 3) (set-w 4) area)))

  (it "minimally increases area"
    (should= 15 (-> (make-rect 3 4) minimally-increase-area area))
    (should= 24 (-> (make-rect 5 4) minimally-increase-area area))
    (should= 20 (-> (make-rect 4 4) minimally-increase-area area))))
```

Y estas son las funciones que pasan esas pruebas:

```
(defn perimeter [rect]
  (let [{:keys [h w]}¹³ rect]

    (* 2 (+ h w))))
```

```
(defn minimally-increase-area [rect]
  (let [{:keys [h w]} rect]
    (cond
      (>= h w) (make-rect (inc h) w)
      (> w h) (make-rect h (inc w))
      :else :tilt)))
```

De nuevo, no hay nada sorprendente en esto. Quizá le resulte confusa la función minimally-increase-area. Esta función solo aumenta el área del rectángulo en la cantidad entera más pequeña posible.[14]

Así pues, vamos a imaginar que este sistema lleva años funcionando y ha tenido mucho éxito. Pero, últimamente, los clientes han estado pidiendo cuadrados. ¿Cómo añadimos cuadrados a nuestro sistema?

Si aplicamos la regla ISA, podríamos decidir que un cuadrado es un rectángulo y, por tanto, deberíamos hacer que las funciones que aceptan rectángulos acepten también cuadrados. En Java, podríamos conseguirlo derivando la clase Square de la clase Rectangle. En Clojure, podemos hacerlo con solo crear rectángulos con lados iguales:

```
(defn make-square [side]
  (make-rect side side))
```

Esto debería molestarnos un poco porque el tamaño del objeto square es igual que el del objeto rectangle. Los objetos de tipo square deberían ser más pequeños, ya que no necesitan tanto la altura como la anchura. Pero la memoria es barata y queremos mantener las cosas simples, ¿no?

La pregunta es, ¿seguirán pasándose todas nuestras pruebas? Deberían, por supuesto, ya que, en realidad, nuestros cuadrados son solo rectángulos (¡ah, esa es la regla ISA!).

---

13. Esto desestructura el mapa en los componentes nombrados. En este caso, es equivalente a
    (let [h (:h rect) w (:w rect)]...

14. Suponiendo que todas las longitudes y anchuras sean enteros.

Estas pruebas se pasan bien:

```
(should= 36 (area (make-square 6)))
(should= 20 (perimeter (make-square 5)))
```

Esta también, pero es molesto, porque aquí, en algún momento, se ha perdido la «cualidad de cuadrado»:

```
(should= 12 (-> (make-square 1) (set-h 3) (set-w 4) area))
```

Las funciones set-h y set-w no devuelven un square cuando se les pasa un square. Eso es un poco raro, pero, de una manera extraña, en realidad tiene sentido. Quiero decir, si establecemos la altura de un square sin cambiar la anchura, va a dejar de ser un square, ¿no?

Si está sintiendo un runrún en la cabeza ahora mismo, probablemente debería prestarle atención. En cualquier caso, ¿qué pasa con nuestra prueba de minimally-increase-area? ¿Se pasa?

```
(should= 30 (-> (make-square 5) minimally-increase-area area))
```

Sí, también se pasa. Y, por supuesto, debería, ya que la función solo aumenta la altura o la anchura según sea necesario.

¡Bueno, pues parece que hemos terminado y ha funcionado a la perfección!

¡No!

Nuestro cliente nos llama unos días después y no está muy contento. Ha estado intentando incrementar mínimamente el área de sus cuadrados y no está funcionando.

Se queja: «Cuando aumento el área de un cuadrado de cinco por cinco, recibo un rectángulo con un área de 30. ¡Necesito recibir de vuelta un cuadrado con un área de 36!».

Uy, vaya. Parece que nos hemos equivocado. Esto es una violación del LSP. Hemos creado un subtipo que no se adecúa a las expectativas de las funciones que utilizan el tipo base. La expectativa de minimally-increase-area es que la altura y la anchura pueden modificarse de manera independiente. Según nuestro cliente, eso no es así para un square.

Entonces, ¿qué deberíamos hacer?

Podríamos añadir un campo :type a los objetos y hacer que los constructores pongan, bien :square, bien :rectangle en el campo, respectivamente. Y, por supuesto, luego tendríamos que poner una sentencia if en la función minimally-increase-area. También tendríamos que modificar set-h y set-w para cambiar el tipo a :rectangle, y esos cambios violan el OCP, porque cualquier violación del LSP es una violación latente del OCP.

Voy a dejar otras soluciones como ejercicio. Podría probar a utilizar multi-métodos. Podría intentar emplear protocolos y registros. Podría procurar usar tablas virtuales. O podría mantener los dos tipos separados por completo y no pasar nunca un square a una función que tome un rectangle.

LA REGLA REPRESENTATIVA

Yo prefiero esta última opción, porque no me interesa mucho la regla ISA. Verá, aunque es cierto desde el punto de vista geométrico que un cuadrado es un rectángulo, ninguno de los objetos en mi código eran rectángulos o cuadrados reales. Mi código tenía objetos que representaban cuadrados o rectángulos, pero no eran ni cuadrados ni rectángulos. Y esa es la cuestión sobre los representantes:

> *Los representantes de cosas no comparten las relaciones*
> *de las cosas que representan.*

Que un cuadrado sea un rectángulo en geometría no significa que un objeto square en código sea un objeto rectangle en código. Esa relación no se comparte porque los objetos de tipo square no se comportan del modo en que se comportan los objetos de tipo rectangle.

Cuando vea dos objetos que, en el mundo real, están conectados de manera obvia por la frase «es un», puede que se sienta tentado de crear una relación de subtipo en su código. Tenga cuidado con eso. Puede que rompa la regla representativa y viole el LSP.

Principio de segregación de la interfaz (ISP)

El nombre de este principio deriva de sus orígenes en los lenguajes OO tipados estáticamente. El ejemplo que suelo utilizar para describir el Principio de segregación de la interfaz (ISP, *Interface Segregation Principle*) funciona bastante bien para lenguajes como Java, C# y C++, porque esos lenguajes dependen de interfaces declaradas. En lenguajes tipados dinámicamente, como Ruby, Python, JavaScript y Clojure, esos ejemplos no funcionan demasiado bien, porque en ellos las interfaces no están declaradas y ya están segregadas por el tipado de pato.

Por ejemplo, fíjese en la siguiente interfaz de Java:

```
interface AtmInteractor {
  void requestAccount();
  void requestAmount();
  void requestPin();
}
```

Aquí vemos tres métodos agrupados en la interfaz AtmInteractor. Por tanto, cualquier usuario de esta interfaz depende de los tres métodos, incluso si ese usuario solo llama a uno de ellos. Así, el usuario depende de más de lo que necesita. Si la firma de uno de esos métodos cambia o se añade otro método a esa interfaz, ese usuario tendrá que volver a compilarse y desplegarse, lo que hace que el diseño sea frágil de un modo innecesario.

Para resolver esta debilidad de los lenguajes OO tipados estáticamente segregamos las interfaces de la siguiente manera:

```
interface AccountInteractor {
  void requestAccount();
}

interface AmountInteractor {
  void requestAmount();
}

interface PinInteractor {
  void requestPin();
}
```

Después, cada usuario depende solo de los métodos a los que necesita llamar, mientras que la implementación puede implementar de forma múltiple esas interfaces:

```
public class AtmInteractor implements AccountInteractor,
                                      AmountInteractor,
                                      PinInteractor {
  void requestAccount() {...};
  void requestAmount() {...};
  void requestPin() {...};
}
```

Quizá el diagrama UML de la figura 12.1 lo mostrará con más claridad. Al segregar las interfaces, los tres usuarios dependen solo de los métodos que necesitan; y, aun así, esos métodos pueden ser implementados por una sola clase.

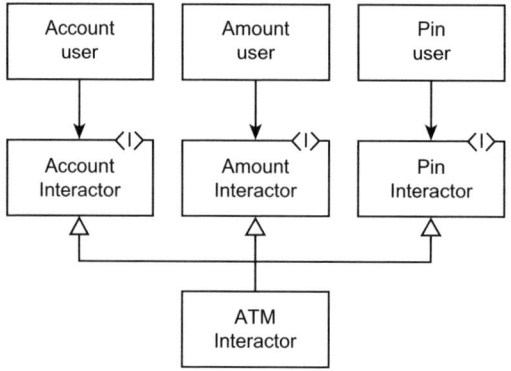

Figura 12.1. Interfaces segregadas.

En Clojure, podríamos emplear una de nuestras técnicas de tipado de pato para abordar este problema:

```
(defmulti request-account :interactor)
(defmulti request-amount :interactor)
(defmulti request-pin :interactor)
```

Esos tres multimétodos no están ligados bajo una sola declaración. De hecho, ni siquiera es necesario mantenerlos juntos en el mismo archivo fuente. Podrían declararse en módulos específicos para su función. Así, si la firma de uno cambiase o se añadiese un nuevo multimétodo, no afectaría a los usuarios de los multimétodos que no se hubiesen modificado. Si se precompilasen,[15] no requerirían volver a compilarse.

Eso significa que en lenguajes tipados dinámicamente, como Clojure, es más fácil evitar depender de cosas que no necesitamos. Pero eso no significa que el principio no se aplique.

No DEPENDA DE COSAS QUE NO NECESITA

Volvamos al nombre. La palabra «interfaz» en el Principio de segregación de la interfaz no está ligada solo a las clases de interfaz en Java, C# y C++, sino que se aplica al significado genérico de la palabra. La «interfaz» de un módulo no es más que la lista de todos los puntos de acceso dentro de ese módulo.

Java y C# (y, por convención fuerte, C++) son lenguajes basados en clases en los que hay un acoplamiento fuerte entre clases y archivos fuente. Java en particular exige que cada archivo fuente lleve el nombre de la única clase pública declarada dentro de ese archivo fuente. Esto configura de manera automática las condiciones que el ISP está intentando evitar. Grupos de métodos se acoplan en un solo módulo del que dependerán los usuarios, incluso si no dependen de cada uno de esos métodos. Así, si el diseñador no tiene cuidado, esos usuarios dependerán de cosas que no necesitan.

Los lenguajes tipados dinámicamente, como Ruby, Python y Clojure, no tienen esta restricción de clase a módulo. Podemos declarar cualquier cosa que queramos dentro de cualquier archivo fuente que deseemos. ¡Podemos escribir la

---

15. Clojure permite que los módulos se precompilen para una carga más rápida.

aplicación entera en un solo archivo fuente si queremos![16] Por tanto, es incluso más fácil en esos lenguajes establecer las condiciones que harán que los usuarios dependan de cosas que no necesitan.

Esta situación no es específica de los lenguajes funcionales. Tampoco es una situación a la que los lenguajes funcionales sean inmunes. Los diseñadores pueden contaminar con facilidad las interfaces de sus módulos con todo tipo de puntos de acceso que la mayoría de sus usuarios no necesitan.

¿POR QUÉ?

¿Por qué nos preocupa depender de módulos que tienen más de lo que necesitamos? ¿Por qué debería molestarnos si nuestro módulo solo utiliza una de las diez funciones en otro módulo?

En los lenguajes tipados estáticamente, el coste puede ser elevado, porque un cambio en una de las funciones no usadas puede obligar a nuestro módulo a volver a compilarse y desplegarse. Si nuestro módulo es uno de muchos en un componente binario (como un archivo jar), ese componente completo necesitará volver a desplegarse. Son acoplamientos con los que debería tener cuidado cualquier diseñador serio.

En los lenguajes tipados dinámicamente, el coste se reduce, pero no es cero. En Clojure, por ejemplo, hay un requisito estricto:[17] las dependencias del código fuente entre módulos deben ser acíclicas. Cuantas más funciones contenga un módulo, más dependencias de código fuente entrantes y salientes afectan a ese módulo y, por tanto, mayor es la probabilidad de que participe en un ciclo.

Pero es posible que la mejor razón para preocuparnos por estas dependencias es que una estructura de módulo que limita las dependencias externas es convincente. Es un indicador de que seres humanos inteligentes han tenido interés suficiente para separar las preocupaciones y reducir el acoplamiento. Los lectores de su código le agradecerán ese interés.

---

16. No lo recomiendo. ;-)
17. Veremos esto en el capítulo 17, Wa-Tor.

Conclusión

El significado real del ISP es:

Agrupe las cosas que se utilizan juntas.

Separe aquellas cosas que se usan por separado.

No dependa de cosas que no necesita.

Principio de inversión de dependencias (DIP)

De los principios SOLID, podría decirse que el OCP es el corazón moral, el SRP es la fuerza organizadora, mientras que el LSP y el ISP son señales de atención que rodean los baches creados por la falta de cuidado. Eso nos deja el Principio de inversión de dependencias (DIP, *Dependency Inversion Principle*), que es el mecanismo subyacente bajo todos los demás. En casi cualquier caso en el que encontremos una violación de un principio, la solución implica la inversión de una o más dependencias cruciales.

En décadas pasadas hace mucho tiempo, el software se construía con una estructura de dependencias paralela y restringida por completo. Las dependencias del código fuente iban en paralelo a las dependencias en tiempo de ejecución. La estructura tenía el aspecto que muestra la figura 12.2.

Las flechas discontinuas son dependencias en tiempo de ejecución. Muestran que los módulos de alto nivel llaman a los módulos de nivel medio, que llaman a los de bajo nivel. Las flechas continuas son dependencias del código fuente.

Muestran que cada módulo de código fuente depende de los módulos a los que llama. Esas dependencias del código fuente eran sentencias como #include, import, require y using que mencionaban el nombre del archivo fuente posterior.

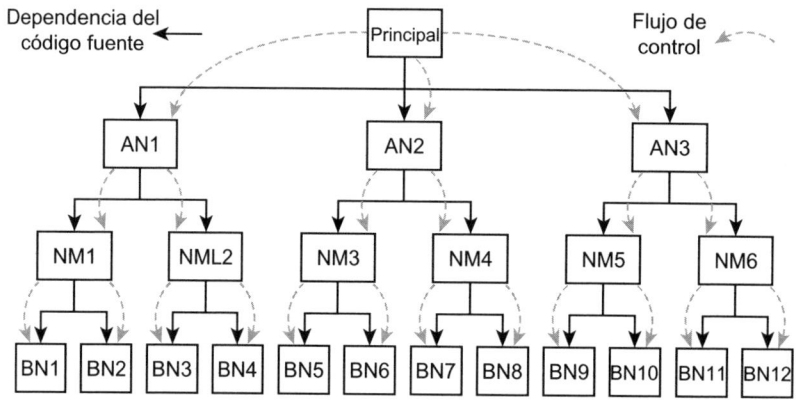

Figura 12.2. La antigua estructura de dependencias en paralelo.

En aquellos tiempos, esos dos tipos de dependencias siempre[18] iban en paralelo. Si el módulo X tenía una dependencia del tiempo de ejecución en el módulo Y, también tenía una dependencia de código fuente en el módulo Y.

Eso significaba que la política de alto nivel dependía de manera inextricable del detalle de bajo nivel. Piense bien en las implicaciones de esa afirmación.

Pero, a finales de los sesenta, Ole-Johan Dahl y Kristen Nygaard trasladaron una estructura de datos[19] en el compilador ALGOL de la pila al montículo y descubrieron la programación orientada a objetos.[20] Y, con ese descubrimiento, llegó la capacidad de los programadores para invertir dependencias de manera fácil y segura.

---

18. Bueno, no siempre. A finales de los cincuenta y principios de los sesenta, los ingenieros de sistemas operativos dedicaron grandes esfuerzos a invertir algunas dependencias muy estratégicas para crear la abstracción de la independencia del dispositivo. No tenían más herramientas que punteros explícitos a funciones, así que fueron muy, muy cuidadosos.

19. La estructura de datos era el marco de pila de llamadas a funciones. El lenguaje que crearon fue Simula 67.

20. La historia de la invención de Simula es fascinante. Se describe con brevedad en el libro de 1972 *Structured Programming* de Dijkstra, E.W., Dahl, O.J. y Hoare, C.A.R. (Academic Press), y con mucho más detalle en el artículo «The Development of the Simula Languages» de Dahl y Nygaard (https://hannemyr.com/cache/knojd_acm78.pdf).

Pasaron otros 25 años hasta que los lenguajes OO empezaron a ganar popularidad. Pero, desde entonces, casi todos los programadores han sido capaces de romper sin esfuerzo la dependencia en paralelo. Lo hacen como muestra la figura 12.3.

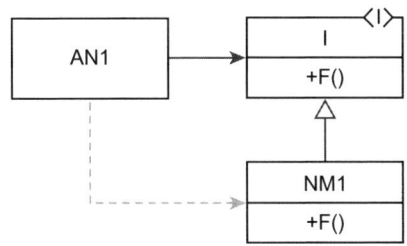

Figura 12.3. Inversión de dependencias al insertar una interfaz.

HL1 tiene una dependencia en tiempo de ejecución con F() dentro de ML1; pero HL1 no tiene dependencia de código fuente, ni directa ni transitiva, con ML1, sino que ambos dependen de la interfaz I.[21]

Esta capacidad para tomar cualquier dependencia de código fuente e invertirla nos proporciona una cantidad inmensa de poder. Podemos organizar de forma fácil y segura las dependencias de código fuente de nuestro software para garantizar que los módulos de alto nivel no dependen de los de bajo nivel. Esto nos permite crear estructuras como la que se muestra en la figura 12.4.

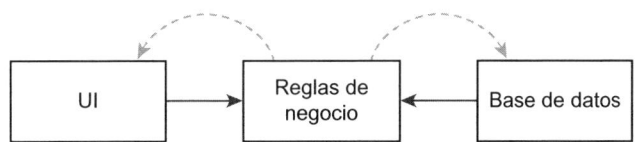

Figura 12.4. Estructura de plugins.

Aquí vemos que las reglas de negocio de alto nivel tienen dependencias en tiempo de ejecución con la interfaz de usuario (UI) y la base de datos, pero no tienen dependencias de código fuente en esos módulos. Esta aplicación del DIP significa que la UI y la base de datos son *plugins* (complementos) para las reglas de negocio y podrían sustituirse con facilidad con implementaciones diferentes sin afectar a las reglas de negocio, cumpliendo así el OCP.

---

21. En lenguajes tipados dinámicamente, la interfaz I no existiría como módulo de código fuente, sino que sería un tipo de pato al que se adecuarían HL1 y ML1.

Por supuesto, lo que pasa en realidad es que la UI y la base de datos están implementando interfaces contenidas dentro de las reglas de negocio. Las reglas de negocio actúan sobre esas interfaces y permiten que el flujo de control vaya hacia fuera a la UI y la base de datos, mientras las dependencias del código fuente se mantienen invertidas hacia dentro, a las reglas de negocio (véase la figura 12.5).

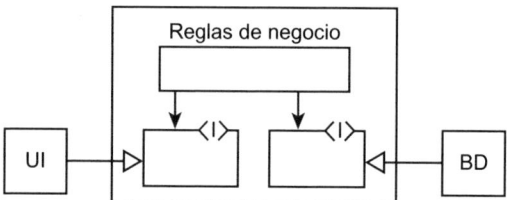

Figura 12.5. Las interfaces dentro de las reglas de negocio permiten plugins.

Observe que todas las dependencias apuntan hacia abstracciones. Eso nos lleva a una manera de describir el DIP:

Donde sea posible, que todas las dependencias del código fuente apunten a abstracciones.

UNA MIRADA AL PASADO

Pero basta de teoría. Vamos a ver esto en funcionamiento. Voy a tomar prestado un ejemplo nostálgico de mi amigo y mentor, Martin Fowler, que presentó este ejemplo del Videoclub[22] en la primera edición de su maravilloso libro, *Refactoring*.[23] Por supuesto, voy a usar Clojure en vez de Java.

Aquí están las pruebas:

```
(describe "Video Store"
  (with customer (make-customer "Fred"))

  (it "makes statement for a single new release"
    (should= (str "Rental Record for Fred\n"
                  "\tThe Cell\t9.0\n"
                  "You owed 9.0\n"
                  "You earned 2 frequent renter points\n")
```

---

22. El vídeo mató a las tiendas de radios e Internet, a los videoclubes. Sí, chicos y chicas, hubo un tiempo en que íbamos al videoclub a alquilar cintas de vídeo y DVD.
23. Addison-Wesley, 1999.

```
        (make-statement
          (make-rental-order
            @customer
            [(make-rental
               (make-movie "The Cell" :new-release)
               3)]))))

(it "makes statement for two new releases"
  (should= (str "Rental Record for Fred\n"
                "\tThe Cell\t9.0\n"
                "\tThe Tigger Movie\t9.0\n"
                "You owed 18.0\n"
                "You earned 4 frequent renter points\n")
           (make-statement
             (make-rental-order
               @customer
               [(make-rental
                  (make-movie "The Cell" :new-release)
                  3)
                (make-rental
                  (make-movie "The Tigger Movie" :new-release)
                  3)]))))

(it "makes statement for one childrens movie"
  (should= (str "Rental Record for Fred\n"
                "\tThe Tigger Movie\t1.5\n"
                "You owed 1.5\n"
                "You earned 1 frequent renter points\n")
           (make-statement
             (make-rental-order
               @customer
               [(make-rental
                  (make-movie "The Tigger Movie" :childrens)
                  3)]))))

(it "makes statement for several regular movies"
  (should= (str "Rental Record for Fred\n"
                "\tPlan 9 from Outer Space\t2.0\n"
                "\t8 1/2\t2.0\n"
                "\tEraserhead\t3.5\n"
                "You owed 7.5\n"
                "You earned 3 frequent renter points\n")
           (make-statement
```

```
(make-rental-order
  @customer
  [(make-rental
     (make-movie "Plan 9 from Outer Space" :regular)
     1)
   (make-rental
     (make-movie "8 1/2", :regular)
     2)
   (make-rental
     (make-movie "Eraserhead" :regular)
     3)])))))
```

A partir de estas pruebas, debería ser capaz de determinar lo que hace esta aplicación. Los clientes alquilan vídeos durante un número determinado de días. El precio y los puntos de recompensa se calculan, en apariencia, según el tipo de vídeo y el número de días que se ha alquilado. Parece haber tres tipos de vídeos: :regular, :new-release y :childrens. Este es el código que pasa estas pruebas:

```
(defn make-customer [name]
  {:name name})

(defn make-movie [title type]
  {:title title
   :type type})

(defn make-rental [movie days]
  {:movie movie
   :days days})

(defn make-rental-order [customer rentals]
  {:customer customer
   :rentals rentals})

(defn determine-amount [rental]
  (let [{:keys [movie days]} rental
        type (:type movie)]
    (condp = type
      :regular
      (if (> days 2)
        (+ 2.0 (* (- days 2) 1.5))
        2.0)
```

```
      :new-release
      (* 3.0 days)

      :childrens
      (if (> days 3)
        (+ 1.5 (* (- days 3) 1.5))
        1.5)))))
(defn determine-points [rental]
  (let [{:keys [movie days]} rental
        type (:type movie)]
    (if (and (= type :new-release)
             (> days 1))
      2
      1)))

(defn make-detail [rental]
  (let [title (:title (:movie rental))
        price (determine-amount rental)]
    (format "\t%s\t%.1f" title price)))

(defn make-details [rentals]
  (map make-detail rentals))

(defn make-footer [rentals]
  (let [owed (reduce + (map determine-amount rentals))
        points (reduce + (map determine-points rentals))]
    (format
      "\nYou owed %.1f\nYou earned %d frequent renter points\n"
      owed points)))

(defn make-statement [rental-order]
  (let [{:keys [name]} (:customer rental-order)
        {:keys [rentals]} rental-order
        header (format "Rental Record for %s\n" name)
        details (string/join "\n" (make-details rentals))
        footer (make-footer rentals)]
    (str header details footer)))
```

Si ha leído la primera edición de *Refactoring*, esto debería resultarle bastante familiar. En esencia, tenemos un simple generador de informes que calcula y da formato a una sentencia para una orden de alquiler.

Lo primero que debería haber notado es la horrible violación del SRP en las pruebas. Esas pruebas acoplan las reglas de negocio con la construcción y la aplicación de formato de la sentencia. Si alguien de marketing decide hacer un cambio, aunque sea trivial, en el formato de la sentencia, todas las pruebas fallarán.

Piense, por ejemplo, en los efectos de cambiar la sentencia para empezar con las palabras «Rental Statement for» (sentencia de alquiler para) en vez de «Rental Record for» (registro de alquiler para).

Esta violación del SRP hace que las pruebas sean muy frágiles. Para solucionarlo, necesitamos separar las pruebas que especifican el formato del informe de las que especifican las reglas de negocio.

Para ello, voy a dividir las pruebas en tres módulos diferentes: uno para probar los cálculos, otro para el formato y el último para la integración.

Veamos la prueba `statement-calculator`. A partir de ahora, voy a incluir todas las sentencias ns[24] para que pueda ver los nombres de los módulos y sus dependencias de código fuente.

```
(ns video-store.statement-calculator-spec
  (:require [speclj.core :refer :all]
            [video-store.statement-calculator :refer :all]))
(declare customer)

(describe "Rental Statement Calculation"
  (with customer (make-customer "Fred"))

  (it "makes statement for a single new release"
    (should= {:customer-name "Fred"
              :movies [{:title "The Cell"
                        :price 9.0}]
              :owed 9.0
              :points 2}
             (make-statement-data
               (make-rental-order
                 @customer
                 [(make-rental
                    (make-movie "The Cell" :new-release)
```

---

24. ns significa *namespace* (espacio de nombres). Por lo general, estas sentencias aparecen al principio de todos los módulos de Clojure y definen el nombre de módulo y sus dependencias.

```
             3)]))))

(it "makes statement for two new releases"
  (should= {:customer-name "Fred",
            :movies [{:title "The Cell", :price 9.0}
                     {:title "The Tigger Movie", :price 9.0}],
            :owed 18.0,
            :points 4}
           (make-statement-data
             (make-rental-order
               @customer
               [(make-rental
                  (make-movie "The Cell" :new-release)
                  3)
                 (make-rental
                  (make-movie "The Tigger Movie" :new-release)
                  3)]))))

(it "makes statement for one childrens movie"
  (should= {:customer-name "Fred",
            :movies [{:title "The Tigger Movie", :price 1.5}],
            :owed 1.5,
            :points 1}
           (make-statement-data
             (make-rental-order
               @customer
               [(make-rental
                  (make-movie "The Tigger Movie" :childrens)
                  3)]))))

(it "makes statement for several regular movies"
  (should= {:customer-name "Fred",
            :movies [{:title "Plan 9 from Outer Space",
                      :price 2.0}
                     {:title "8 1/2", :price 2.0}
                     {:title "Eraserhead", :price 3.5}],
            :owed 7.5,
            :points 3}
           (make-statement-data
             (make-rental-order
               @customer
               [(make-rental
                  (make-movie "Plan 9 from Outer Space"
```

```
                                :regular)
                        1)
                    (make-rental
                      (make-movie "8 1/2", :regular)
                      2)
                    (make-rental
                      (make-movie "Eraserhead" :regular)
                      3)])))))
```

Lo que hemos hecho aquí es reemplazar la sentencia de alquiler con formato por una estructura de datos que contiene todos los datos que van en la sentencia. Esto nos permite separar la aplicación de formato de los cálculos, como se muestra en la implementación statement-calculator:

```
(ns video-store.statement-calculator)

(defn make-customer [name]
  {:name name})

(defn make-movie [title type]
  {:title title
   :type type})

(defn make-rental [movie days]
  {:movie movie
   :days days})

(defn make-rental-order [customer rentals]
  {:customer customer
   :rentals rentals})

(defn determine-amount [rental]
  (let [{:keys [movie days]} rental
        type (:type movie)]
    (condp = type
      :regular
      (if (> days 2)
        (+ 2.0 (* (- days 2) 1.5))
        2.0)

      :new-release
      (* 3.0 days)
```

```
        :childrens
        (if (> days 3)
          (+ 1.5 (* (- days 3) 1.5))
          1.5)))))

(defn determine-points [rental]
  (let [{:keys [movie days]} rental
        type (:type movie)]
    (if (and (= type :new-release)
             (> days 1))
      2
      1)))


(defn make-statement-data [rental-order]
  (let [{:keys [name]} (:customer rental-order)
        {:keys [rentals]} rental-order]
    {:customer-name name
     :movies (for [rental rentals]
                {:title (:title (:movie rental))
                 :price (determine-amount rental)})
     :owed (reduce + (map determine-amount rentals))
     :points (reduce + (map determine-points rentals))}))
```

Esto es un poco más simple que antes y está bien encapsulado. Observe que la sentencia ns muestra que este módulo no tiene dependencias de código fuente. Todo lo que hay en el módulo tiene que ver con el cálculo de los datos que van en la sentencia. Sin embargo, aquí no hay nada que indique el formato de la sentencia.

La prueba del formato es bastante simple:

```
(ns video-store.statement-formatter-spec
  (:require [speclj.core :refer :all]
            [video-store.statement-formatter :refer :all]))


(describe "Rental Statement Format"
  (it "Formats a rental statement"
    (should= (str "Rental Record for CUSTOMER\n"
                  "\tMOVIE\t9.9\n"
                  "You owed 100.0\n"
                  "You earned 99 frequent renter points\n")
             (format-rental-statement
               {:customer-name "CUSTOMER"
```

```
:movies [{:title "MOVIE"
          :price 9.9}]
:owed 100.0
:points 99}))))
```

Esto debería resultar evidente. Solo nos estamos asegurando de que podemos dar formato a los datos producidos por el módulo statement-calculator. La implementación también es muy sencilla:

```
(ns video-store.statement-formatter)

(defn format-rental-statement [statement-data]
  (let [customer-name (:customer-name statement-data)
        movies (:movies statement-data)
        owed (:owed statement-data)
        points (:points statement-data)]
    (str
      (format "Rental Record for %s\n" customer-name)
      (apply str
             (for [movie movies]
               (format "\t%s\t%.1f\n"
                       (:title movie)
                       (:price movie))))
      (format "You owed %.1f\n" owed)
      (format "You earned %d frequent renter points\n" points))))
```

De nuevo, tenemos un módulo bien encapsulado sin dependencias de código fuente.

Para asegurarnos de que los dos módulos funcionan juntos como deberían, he añadido una simple prueba de integración:

```
(ns video-store.integration-specs
  (:require [speclj.core :refer :all]
            [video-store.statement-formatter :refer :all]
            [video-store.statement-calculator :refer :all]))

(describe "Integration Tests"
  (it "formats a statement for several regular movies"
    (should= (str "Rental Record for Fred\n"
                  "\tPlan 9 from Outer Space\t2.0\n"
                  "\t8 1/2\t2.0\n"
                  "\tEraserhead\t3.5\n"
```

```
            "You owed 7.5\n"
            "You earned 3 frequent renter points\n")
  (format-rental-statement
    (make-statement-data
      (make-rental-order
        (make-customer "Fred")
        [(make-rental
          (make-movie
            "Plan 9 from Outer Space" :regular)
          1)
        (make-rental
          (make-movie "8 1/2", :regular)
          2)
        (make-rental
          (make-movie "Eraserhead" :regular)
          3)]))))))
```

Esto es mucho mejor desde el punto de vista del SRP. Si la gente de marketing hace cambios triviales en el formato del informe, solo se estropearán las pruebas de formato e integración. Ninguna de las pruebas de cálculo se estropeará. Puede que eso no parezca una gran victoria en un ejemplo de juguete como este, pero, en una aplicación del mundo real, donde las pruebas se contarían por miles, lo cierto es que es una victoria muy grande.

También estamos protegidos frente a cambios en las reglas de negocio. Si la gente de contabilidad necesita cambiar la manera en que se calculan los precios, las pruebas de formato serán inmunes, y solo se verán afectadas las pruebas de cálculo e integración.

UNA VIOLACIÓN DEL DIP

Mientras estaba produciéndose esta victoria, ¿se ha dado cuenta de que había una violación del DIP? Puede que lo haya pasado por alto porque no está en el código de producción. Está en la prueba de integración.

Fíjese en la sentencia ns. ¿Ve esas dos líneas que mencionan statement-formatter y statement-calculator? Esas líneas crean dependencias de código fuente en la implementación concreta de esos módulos. Se trata de una política de alto nivel que depende de un detalle de bajo nivel específico. Es una violación del DIP por definición.

Quizá eso le confunda. ¿Cómo puede una prueba ser una política de alto nivel? ¿No son las pruebas el nivel más bajo que podemos tener? ¿No son los detalles definitivos?

Sí, eso es cierto. Pero las pruebas de integración en particular son sustitutas de la política de alto nivel. Fíjese otra vez en esa prueba de integración. Hace justo lo que tendría que hacer la política de alto nivel de la aplicación. Llama a `make-statement-data` y pasa el resultado a `format-rental-statement`. Y, puesto que ambas funciones son implementaciones concretas, nuestro código de producción de alto nivel tendrá la misma violación del DIP que nuestra prueba de integración.

¿Prestamos siempre atención al DIP en nuestras pruebas? Siempre es inteligente estar alerta. Puede que no siempre sea inteligente forzar la conformidad. En el caso de algunas pruebas, es mejor dejarlas acopladas a implementaciones de bajo nivel. Sin embargo, si quiere que sus *suites* de pruebas sean robustas y flexibles y no quiere que se estropeen cien pruebas al cambiar una cosa pequeña en el código de producción, es buena idea vigilar el acoplamiento entre sus pruebas y el código de producción.[25]

Pero quizá todavía no esté convencido, así que vamos a añadir una nueva característica. A veces, nos interesa que una sentencia se muestre en un terminal de texto y otras veces la queremos en un navegador, así que necesitamos versiones de texto y HTML de `format-rental-statement`.

Vamos a añadir otra característica nueva. Algunas de nuestras tiendas están ofreciendo una política de «compre dos y llévese uno gratis». Así pues, si alquila tres vídeos, solo se le cobrarán los dos más caros.

Si estuviésemos implementando esto en un lenguaje OO, es probable que sintiésemos la tentación de crear dos nuevas interfaces o clases abstractas. La abstracción `StatementFormatter` tendría un método `format-rental-statement` que se implementaría en `TextFormatter` y `HTMLFormatter`. Del mismo modo, la abstracción `StatementPolicy` implementaría la función `make-statement-data` tanto en `NormalPolicy` como en `BuyTwoGetOneFreePolicy`.

Podemos imitar este diseño con facilidad usando cualquiera de los tres enfoques que hemos visto en la sección del OCP. Podríamos construir tablas virtuales para las dos abstracciones. O utilizar `defprotocol` y `defrecord` para crear verdaderas

---

25. Dediqué mucho tiempo a este tema en mi libro *La artesanía del código limpio* (Anaya Multimedia, 2021).

implementaciones e interfaces de Java. O, por último, podríamos utilizar multi-métodos. Veamos que aspecto tiene el enfoque de los multimétodos. Tenga en cuenta que se trata de un problema de tamaño infantil haciéndose pasar por una situación adulta. Lo que voy a hacer aquí está pensado para mostrar cómo pueden diseñarse y dividirse problemas mucho más grandes.

Al final, como mostraba la figura 12.1, he dividido el sistema completo en once módulos, tres de los cuales son pruebas.

La figura 12.6 parece un diagrama UML para una solución OO. La inversión de dependencias debería ser evidente. El módulo order-processing es la política de nivel más alto. Depende de dos abstracciones; statement-formatter es una interfaz, mientras que statement-policy es una clase abstracta con un método implementado.

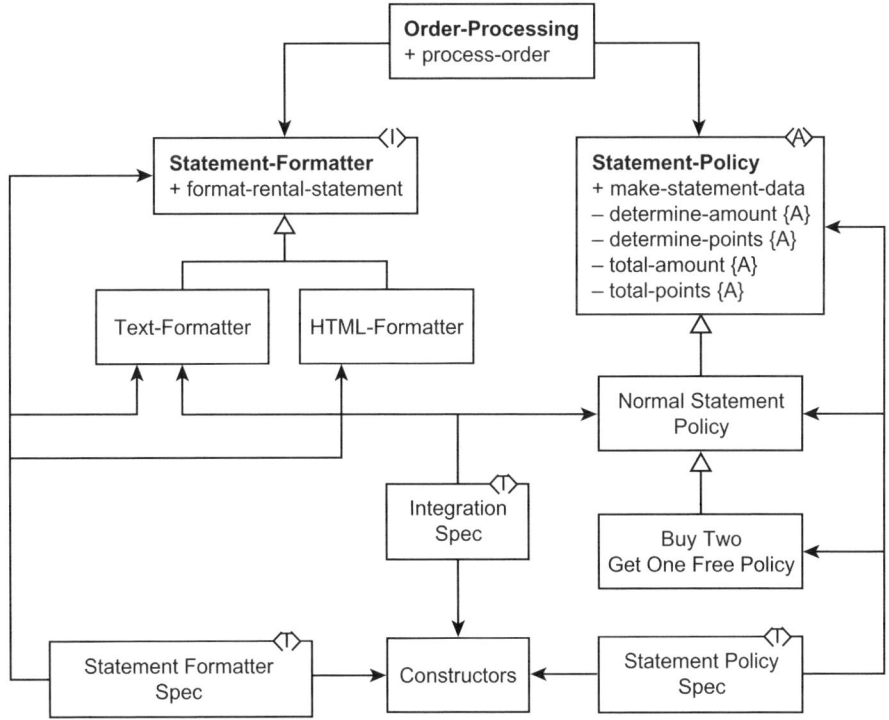

Figura 12.6. División de la aplicación de Videoclub en módulos.

Si mi uso de jerga OO para describir un programa funcional en Clojure le resulta confuso, no debería. Las palabras OO que estoy empleando aquí tienen analogías muy directas en el mundo funcional.

La interfaz `statement-formatter` la implementan `text-formatter` y `HTML-formatter`. La clase abstracta `statement-policy` la implementa `normal-statement-policy`. La implementación `buy-two-get-one-free-policy` deriva de `normal-statement-policy` pero anula uno de sus métodos. Los mecanismos detrás de toda esta «herencia» se verán con claridad en un momento.

Las pruebas aparecen en la parte inferior y se marcan con <T>. Usan un pequeño módulo de utilidad llamado `constructors` que sabe cómo crear las estructuras de datos básicas. Después, cada una utiliza su porción concreta del código de producción para probar lo que necesita.

Ahora vamos a echar un vistazo al código fuente. Preste especial atención a las sentencias `ns` y fíjese en que se corresponden con las flechas del diagrama UML.

Empecemos por `constructors`. Son bastante evidentes:

```
(ns video-store.constructors)

(defn make-customer [name]
  {:name name})

(defn make-movie [title type]
  {:title title
   :type type})

(defn make-rental [movie days]
  {:movie movie
   :days days})

(defn make-rental-order [customer rentals]
  {:customer customer
   :rentals rentals})
```

Los `constructors` no tienen dependencias salientes en la sentencia `ns` y simplemente construyen estructuras de datos de Clojure corrientes.

La prueba de integración está en el módulo integration-specs:

```
(ns video-store.integration-specs
  (:require [speclj.core :refer :all]
            [video-store.constructors :refer :all]
            [video-store.text-statement-formatter :refer :all]
            [video-store.normal-statement-policy :refer :all]
            [video-store.order-processing :refer :all]))

(declare rental-order)

(describe "Integration Tests"
  (with rental-order (make-rental-order
                        (make-customer "Fred")
                        [(make-rental
                           (make-movie
                             "Plan 9 from Outer Space"
                             :regular)
                           1)
                         (make-rental
                           (make-movie "8 1/2", :regular)
                           2)
                         (make-rental
                           (make-movie "Eraserhead" :regular)
                           3)]))
  (it "formats a text statement"
    (should= (str "Rental Record for Fred\n"
                  "\tPlan 9 from Outer Space\t2.0\n"
                  "\t8 1/2\t2.0\n"
                  "\tEraserhead\t3.5\n"
                  "You owed 7.5\n"
                  "You earned 3 frequent renter points\n")
             (process-order
               (make-normal-policy)
               (make-text-formatter)
               @rental-order))))
```

Esto es casi igual que antes, salvo porque la sentencia tiene todas las dependencias de código fuente explícitas. Esta prueba sigue violando el DIP, pero solo porque debe llamar a los constructores make-normal-policy y make-text-formatter dentro de los módulos correspondientes. Supongo que podría haber empleado Abstract Factory[26] para romper esas últimas dependencias; pero no parece que mereciese la pena el esfuerzo para una prueba que prueba la integración.

Las otras dos pruebas son más específicas. Preste especial atención al hecho de que sus dependencias de código fuente solo toman lo que necesitan:

```
(ns video-store.statement-formatter-spec
  (:require [speclj.core :refer :all]
            [video-store.statement-formatter :refer :all]
            [video-store.text-statement-formatter :refer :all]
            [video-store.html-statement-formatter :refer :all]))

(declare statement-data)
(describe "Rental Statement Format"
  (with statement-data {:customer-name "CUSTOMER"
                        :movies [{:title "MOVIE"
                                  :price 9.9}]
                        :owed 100.0
                        :points 99})
  (it "Formats a text rental statement"
    (should= (str "Rental Record for CUSTOMER\n"
                  "\tMOVIE\t9.9\n"
                  "You owed 100.0\n"
                  "You earned 99 frequent renter points\n")
             (format-rental-statement
              (make-text-formatter)
              @statement-data
              )))

  (it "Formats an html rental statement"
    (should= (str
                  "<h1>Rental Record for CUSTOMER</h1>"
                  "<table>"
                  "<tr><td>MOVIE</td><td>9.9</td></tr>"
                  "</table>"
                  "You owed 100.0<br>"
                  "You earned <b>99</b> frequent renter points")
             (format-rental-statement
              (make-html-formatter)
              @statement-data))))
```

---

26. Consulte el capítulo 16, Revisión de los patrones de diseño.

Con `statement-formatter-spec` se prueban los dos formatos diferentes. El formato viene especificado por el primer argumento de la función `format-rental-statement`. Ese argumento lo crean las funciones `make-text-formatter` y `make-html-formatter`, que se implementan en los módulos apropiados, como veremos.

La última prueba es `statement-policy-spec`:

```
(ns video-store.statement-policy-spec
  (:require
    [speclj.core :refer :all]
    [video-store.constructors :refer :all]
    [video-store.statement-policy :refer :all]
    [video-store.normal-statement-policy :refer :all]
    [video-store.buy-two-get-one-free-policy :refer :all]))

(declare customer normal-policy formatter)
(declare new-release-1 new-release-2 childrens)
(declare regular-1 regular-2 regular-3)

(describe "Rental Statement Calculation"
  (with customer (make-customer "CUSTOMER"))
  (with normal-policy (make-normal-policy))
  (with new-release-1 (make-movie "new release 1" :new-release))
  (with new-release-2 (make-movie "new release 2" :new-release))
  (with childrens (make-movie "childrens" :childrens))
  (with regular-1 (make-movie "regular 1" :regular))
  (with regular-2 (make-movie "regular 2" :regular))
  (with regular-3 (make-movie "regular 3" :regular))
  (context "normal policy"
    (it "makes statement for a single new release"
      (should= {:customer-name "CUSTOMER"
                :movies [{:title "new release 1"
                          :price 9.0}]
                :owed 9.0
                :points 2}
               (make-statement-data
                 @normal-policy
                 (make-rental-order
                   @customer
                   [(make-rental @new-release-1 3)]))))

    (it "makes statement for two new releases"
      (should= {:customer-name "CUSTOMER",
```

```
          :movies [{:title "new release 1", :price 9.0}
                   {:title "new release 2", :price 9.0}],
          :owed 18.0,
          :points 4}
         (make-statement-data
          @normal-policy
          (make-rental-order
            @customer
            [(make-rental @new-release-1 3)
             (make-rental @new-release-2 3)])))))

  (it "makes statement for one childrens movie"
    (should= {:customer-name "CUSTOMER",
              :movies [{:title "childrens", :price 1.5}],
              :owed 1.5,
              :points 1}
             (make-statement-data
              @normal-policy
              (make-rental-order
                @customer
                [(make-rental @childrens 3)]))))

  (it "makes statement for several regular movies"
    (should= {:customer-name "CUSTOMER",
               :movies [{:title "regular 1", :price 2.0}
                        {:title "regular 2", :price 2.0}
                        {:title "regular 3", :price 3.5}],
              :owed 7.5,
              :points 3}
             (make-statement-data
              @normal-policy
              (make-rental-order
                @customer
                [(make-rental @regular-1 1)
                 (make-rental @regular-2 2)
                 (make-rental @regular-3 3)]))))))

(context "Buy two get one free policy"
  (it "makes statement for several regular movies"
    (should= {:customer-name "CUSTOMER",
              :movies [{:title "regular 1", :price 2.0}
                       {:title "regular 2", :price 2.0}
                       {:title "new release 1", :price 3.0}],
```

```
          :owed 5.0,
          :points 3}
        (make-statement-data
          (make-buy-two-get-one-free-policy)
          (make-rental-order
            @customer
            [(make-rental @regular-1 1)
             (make-rental @regular-2 1)
             (make-rental @new-release-1 1)])))))))
```

Con `statement-policy-spec` probamos las distintas reglas de tarifación. Ya hemos visto el primer lote. La última prueba revisa la política de compre dos y llévese uno gratis de algunos videoclubes. Observe que la política se pasa a la función `make-statement-data` y la crean las funciones `make-normal-policy` y `make-buy-two-get-one-free-policy`.

Ahora, pasemos al código de producción. Empezamos con el módulo `order-processing`:

```
(ns video-store.order-processing
  (:require [video-store.statement-formatter :refer :all]
            [video-store.statement-policy :refer :all]))

(defn process-order [policy formatter order]
  (->> order
       (make-statement-data policy)
       (format-rental-statement formatter)))
```

No es gran cosa. Observe que las dependencias de código fuente solo se refieren a la interfaz `statement-formatter` y la abstracción `statement-policy`.

La interfaz `statement-formatter` es muy simple:

```
(ns video-store.statement-formatter)

(defmulti format-rental-statement
          (fn [formatter statement-data]
            (:type formatter)))
```

La sentencia `defmulti` es más o menos equivalente a crear un método abstracto en Java o C#. Puesto que este módulo no tiene nada más que un método abstracto, es más o menos equivalente a una interfaz. La función de despacho es trivial; solo devuelve el `:type` del formateador.

La abstracción `statement-policy` es un poco más interesante:

```
(ns video-store.statement-policy)

(defn- policy-movie-dispatch [policy rental]
  [(:type policy) (-> rental :movie :type)])

(defmulti determine-amount policy-movie-dispatch)
(defmulti determine-points policy-movie-dispatch)
(defmulti total-amount (fn [policy _rentals] (:type policy)))
(defmulti total-points (fn [policy _rentals] (:type policy)))

(defn make-statement-data [policy rental-order]
  (let [{:keys [name]} (:customer rental-order)
        {:keys [rentals]} rental-order]
    {:customer-name name
     :movies (for [rental rentals]
               {:title (:title (:movie rental))
                :price (determine-amount policy rental)})
     :owed (total-amount policy rentals)
     :points (total-points policy rentals)}))
```

El módulo `statement-policy` tiene cuatro métodos abstractos y un método implementado. Fíjese en que usa el patrón Template Method.[27] Fíjese también en que las funciones `determine-amount` y `determine-points` utilizan un código de despacho que es una tupla. Eso es bastante interesante. Significa que podemos despachar esas funciones según dos grados de libertad, en vez de uno. Eso es algo que resulta difícil de hacer en la mayoría de los lenguajes OO. Enseguida veremos cómo se usa.

Pero, primero, vamos a echar un vistazo a la implementación `text-statement-formatter`:

```
(ns video-store.text-statement-formatter
  (:require [video-store.statement-formatter :refer :all]))
(defn make-text-formatter [] {:type ::text})

(defmethod format-rental-statement
           ::text
           [_formatter statement-data]
```

---

27. Consulte el capítulo 17, Wa-Tor.

```
(let [customer-name (:customer-name statement-data)
      movies (:movies statement-data)
      owed (:owed statement-data)
      points (:points statement-data)]
  (str
    (format "Rental Record for %s\n" customer-name)
    (apply str
          (for [movie movies]
            (format "\t%s\t%.1f\n"
              (:title movie)
              (:price movie))))
    (format "You owed %.1f\n" owed)
    (format "You earned %d frequent renter points\n" points)))))
```

Esto no debería ser una sorpresa. Aquí solo he movido el código sin muchos cambios. Fíjese en la función make-text-formatter en la parte superior.

Y html-statement-formatter tampoco deberá resultar muy sorprendente:

```
(ns video-store.html-statement-formatter
  (:require [video-store.statement-formatter :refer :all]))

(defn make-html-formatter [] {:type ::html})

(defmethod format-rental-statement ::html
  [formatter statement-data]
  (let [customer-name (:customer-name statement-data)
        movies (:movies statement-data)
        owed (:owed statement-data)
        points (:points statement-data)]
    (str
      (format "<h1>Rental Record for %s</h1>" customer-name)
      "<table>"
      (apply str
            (for [movie movies]
              (format "<tr><td>%s</td><td>%.1f</td></tr>"
                      (:title movie) (:price movie))))
      "</table>"
      (format "You owed %.1f<br>" owed)
      (format "You earned <b>%d</b> frequent renter points"
              points)))))
```

Los módulos más interesantes son los dos módulos de políticas. Empecemos por normal-statement-policy:

```
(ns video-store.normal-statement-policy
  (:require [video-store.statement-policy :refer :all]))

(defn make-normal-policy [] {:type ::normal})

(defmethod determine-amount [::normal :regular] [_policy rental]
  (let [days (:days rental)]
    (if (> days 2)
      (+ 2.0 (* (- days 2) 1.5))
      2.0)))

(defmethod determine-amount
          [::normal :childrens]
          [_policy rental]
  (let [days (:days rental)]
    (if (> days 3)
      (+ 1.5 (* (- days 3) 1.5))
      1.5)))

(defmethod determine-amount
          [::normal :new-release]
          [_policy rental]
  (* 3.0 (:days rental)))

(defmethod determine-points [::normal :regular] [_policy _rental]
  1)

(defmethod determine-points
          [::normal :new-release]
          [_policy rental]
  (if (> (:days rental) 1) 2 1))

(defmethod determine-points
          [::normal :childrens]
          [_policy _rental]
  1)

(defmethod total-amount ::normal [policy rentals]
```

```
   (reduce + (map #(determine-amount policy %) rentals)))

(defmethod total-points ::normal [policy rentals]
   (reduce + (map #(determine-points policy %) rentals)))
```

Esto es diferente, ¿no? Fíjese con detenimiento en esas sentencias defmethod. Hemos despachado tanto el tipo de política como el tipo de película. Esto aísla muy bien las reglas de negocio.

Podría preocuparle que los dos grados de libertad creen un problema NxM, generando así una proliferación de las funciones «determine». Veremos cómo gestionar eso en un momento.

Observe que el constructor make-normal-policy en la parte superior se ha utilizado en nuestras pruebas.

Ahora, vamos a echar un vistazo al módulo buy-two-get-one-free-policy:

```
(ns video-store.buy-two-get-one-free-policy
   (:require [video-store.statement-policy :refer :all]
             [video-store.normal-statement-policy :as normal]))

(derive ::buy-two-get-one-free ::normal/normal)

(defn make-buy-two-get-one-free-policy []
   {:type ::buy-two-get-one-free})

(defmethod total-amount
           ::buy-two-get-one-free
           [policy rentals]
   (let [amounts (map #(determine-amount policy %) rentals)]
     (if (> (count amounts) 2)
       (reduce + (drop 1 (sort amounts)))
       (reduce + amounts))))
```

¡Sorpresa! Fíjese en esa sentencia derive. Es la forma que tiene Clojure de permitirnos crear jerarquías ISA.[28] Esta sentencia dice que una política ::buy-two-get-one-free[29] es una política :normal. El mecanismo de despacho multimétodos utiliza jerarquías como esta para resolver a qué defmethod despachar.

---

28. ¡Asegúrese de evitar las violaciones del LSP!

29. De nuevo, no se preocupe por los dos puntos dobles. Solo están ahí para delimitar palabras clave en un espacio de nombres.

Lo que indica esto al compilador es que debería utilizar las implementaciones :normal a menos que sean sustituidas por una implementación ::buy-two-get-one-free específica.

Así, nuestro módulo solo tiene que sustituir la función total-amount para restar la película menos cara si se alquilan tres o más.

CONCLUSIÓN

Vale, ya está. Hemos partido este sistema en 11 módulos. Cada módulo está bien encapsulado. Hemos invertido las dependencias de código fuente más importantes de manera que las políticas de alto nivel no dependan de detalles de bajo nivel.

La estructura general se parece mucho a un programa OO y, aun así, es totalmente funcional.

Bien.

PARTE IV

PRAGMÁTICA FUNCIONAL

13

PRUEBAS

A lo largo de este libro, hemos visto muchas de las pruebas unitarias que he escrito. En casi todos los casos, he utilizado la disciplina del TDD[1] de escribir mis pruebas y mi código en un bucle ajustado, con las pruebas unos pocos segundos por delante del código. En su mayor parte, esas pruebas se han escrito utilizando un *framework* llamado speclj[2] (pronunciado «speckle»), escrito por Micah Martin y otros. Es muy similar al *framework* RSpec, que es popular en Ruby.

Ya llevo más de 20 años practicando el TDD. Lo he empleado en Java, C#, C, C++, Ruby, Python, Lua, Clojure y otros muchos lenguajes. Lo que he aprendido en esas dos décadas es que el lenguaje es irrelevante para la disciplina. La disciplina es la misma al margen del lenguaje.

El hecho de que Clojure sea un lenguaje funcional no cambia mi estrategia de pruebas, ni afecta a mi uso de la disciplina del TDD. Para escribir mis programas en Clojure empiezo por las pruebas, al igual que para mis programas en Java. El paradigma no importa. La disciplina es universal.

Pero ¿qué hay del REPL?

Muchos programadores funcionales dicen que no necesitan el TDD porque lo prueban todo en el REPL (*Read-Eval-Print-Loop*, bucle Lectura-Evaluación-Impresión). Yo también experimento mucho con REPL, pero, en la mayoría de los casos, codifico lo aprendido en una prueba. Las pruebas, como los diamantes, son para siempre. Los experimentos en el REPL se marchan antes de que llegue la mañana.

¿Qué hay de los mocks?

El uso de *mocks* es una técnica usada por los practicantes del TDD para encapsular sus pruebas aparte de sectores grandes del sistema. En efecto, crean objetos, llamados *mocks*,[3] que representan esos sectores y se sirven del LSP para utilizar los *mocks* en lugar de ellos. Puesto que el LSP se considera un principio

---

1. He escrito mucho sobre esta disciplina en *La artesanía del código limpio* (Anaya Multimedia, 2022), *Código limpio* (Anaya Multimedia, 2012) y *Agile Software Development: Principles, Patterns, and Practices* (Pearson, 2002). También hay una gran cantidad de información disponible en la web. Uno de los mejores libros acerca de este tema es *Growing Object-Oriented Software, Guided by Tests* de Steve Freeman y Nat Pryce (Addison-Wesley, 2010).

2. https://github.com/slagyr/speclj.

3. De manera más formal, se conocen como dobles de pruebas, pero, en este contexto, seguiré usando la jerga coloquial.

OO y que los *mocks* en lenguajes OO se basan en interfaces polimórficas, se ha convertido en una especie de leyenda urbana que los lenguajes funcionales no son compatibles con los *mocks*.

Pero, como hemos visto, el LSP funciona igual de bien en un lenguaje funcional que en un lenguaje OO y, por lo general, las interfaces polimórficas son muy fáciles de crear. Por tanto, la capacidad para escribir *mocks*, en sus distintas formas, no se ve obstaculizada en absoluto en un lenguaje funcional. Como ejemplo, aquí hay una prueba de mi aplicación more-speech[4] que utiliza un par de *mocks*:

```
(it "adds an unrooted article id to a tab"
  (let [message-id 1
        messages {message-id {:tags []}}
        event-context (atom {:text-event-map messages})]
    (reset! ui-context {:event-context event-context})
    (with-redefs [swing-util/add-id-to-tab (stub :add-id-to-tab)
                  swing-util/relaunch (stub :relaunch)]
      (add-article-to-tab 1 "tab" nil)
      (should-have-invoked :relaunch)
      (should-have-invoked :add-id-to-tab
                           {:with ["tab" :selected 1]})))))
```

No se preocupe demasiado por lo que hace esta prueba. Solo fíjese en la sentencia with-redefs. Esta prueba imita las funciones swing-util/add-id-to-tab y swing-util/relaunch para utilizar *stubs* con nombre. Esos *stubs* son perfectos para NoOps. Aceptan cualquier número de argumentos y no devuelven nada en absoluto.[5] Pero recuerdan lo que les ha ocurrido.[6] Así pues, en la parte inferior, vemos que debería haberse llamado al *stub* :relaunch y al *stub* :add-id-to-tab con tres argumentos: "tab", :selected y 1.

PRUEBAS BASADAS EN PROPIEDADES

Uno no puede juntarse con programadores funcionales sin acabar oyendo hablar de QuickCheck y las pruebas basadas en propiedades. Por desgracia, el tema suele surgir como contraargumento al TDD. No voy a intentar respaldar ni

---

4. https://github.com/unclebob/more-speech.
5. Hay formas de hacer que devuelvan valores, pero eso queda fuera del ámbito de este libro. Consulte la documentación de speclj (https://github.com/slagyr/speclj) si le despierta interés.
6. Lo cual los convierte, técnicamente, en *spies*.

refutar ese argumento, sino que lo que quiero es mostrar lo potentes que son las pruebas basadas en propiedades dentro de la disciplina del TDD. En primer lugar, ¿qué son las pruebas basadas en propiedades? Las pruebas basadas en propiedades son una técnica de verificación y diagnóstico que emplea la generación aleatoria de entradas y una estrategia muy potente de aislamiento de defectos.

Supongamos que acabo de escribir una función que calcula los factores primos de un entero dado:

```
(defn factors-of [n]
  (loop [factors [] n n divisor 2]
    (if (> n 1)
      (cond
        (> divisor (Math/sqrt n))
        (conj factors n)
        (= 0 (mod n divisor))
        (recur (conj factors divisor)
               (quot n divisor)
               divisor)
        :else
        (recur factors n (inc divisor)))
      factors)))
```

Supongamos también que he escrito esta función utilizando TDD. Estas son mis pruebas:

```
(defn power2 [n]
  (apply * (repeat n 2N)))

(describe "factor primes"
  (it "factors 1 -> []"
    (should= [] (factors-of 1)))
  (it "factors 2 -> [2]"
    (should= [2] (factors-of 2)))
  (it "factors 3 -> [3]"
    (should= [3] (factors-of 3)))
  (it "factors 4 -> [2 2]"
    (should= [2 2] (factors-of 4)))
  (it "factors 5 -> [5]"
    (should= [5] (factors-of 5)))
  (it "factors 6 -> [2 3]"
    (should= [2 3] (factors-of 6)))
  (it "factors 7 -> [7]"
```

```
  (should= [7] (factors-of 7)))
(it "factors 8 -> [2 2 2]"
  (should= [2 2 2] (factors-of 8)))
(it "factors 9 -> [3 3]"
  (should= [3 3] (factors-of 9)))
(it "factors lots"
  (should= [2 2 3 3 5 7 11 11 13]
          (factors-of (* 2 2 3 3 5 7 11 11 13))))
(it "factors Euler 3"
  (should= [71 839 1471 6857] (factors-of 600851475143)))

(it "factors mersenne 2^31-1"
  (should= [2147483647] (factors-of (dec (power2 31))))))
```

Bastante guay, ¿no? Pero ¿qué certeza tengo de que esta función funciona de verdad? Es decir, ¿cómo sé que no es un horrible caso límite donde la función falla de forma inesperada?

Por supuesto, puede que nunca esté seguro de esto por completo; pero hay algunas cosas que puedo hacer para sentirme mucho más cómodo. Una propiedad de la salida es que el producto de todos los factores será igual a la entrada, así que, ¿por qué no genero mil enteros aleatorios y me aseguro de que los factores primos de cada uno se multiplican entre sí para igualarlos?

Puedo hacerlo así:

```
(def gen-inputs (gen/large-integer* {:min 1 :max 1E9}))

(declare n)⁷

(describe "properties"
  (it "multiplies out properly"
    (should-be
      :result
      (tc/quick-check
        1000
        (prop/for-all
          [n gen-inputs]
          (let [factors (factors-of n)]
            (= n (reduce * factors)))))))))
```

---

7. Una declaración anticipada de n.

Aquí estoy usando test.check,[8] el *framework* de pruebas basadas en propiedades en Clojure que imita el comportamiento de QuickCheck. La idea es bastante simple. Tengo un generador arriba llamado gen-inputs. Va a generar enteros aleatorios entre 1 y mil millones. Eso debería ser un rango bastante bueno.

La prueba dice a QuickCheck que se ejecute 1000 veces. Para cada entero, calcula los factores primos, los multiplica todos juntos y se asegura de que el producto es igual a la entrada. Bien.

La función tc/quick-check devuelve un mapa con los resultados. El elemento :result de ese mapa será true si se pasan todas las comprobaciones; eso es lo que afirma should-be :result.

Hay otra propiedad de los factores primos: todos deberían ser primos. Por tanto, vamos a escribir una función que pruebe esa cualidad de ser primos:

```
(defn is-prime? [n]
  (if (= 2 n)
    true
    (loop [candidates (range 2 (inc (Math/sqrt n)))]
      (if (empty? candidates)
        true
        (if (zero? (rem n (first candidates)))
          false
          (recur (rest candidates)))))))
```

Este es un algoritmo bastante tradicional, pero muy ineficiente. Ineficiente o no, podemos usarlo para escribir la prueba de propiedades y comprobar la cualidad de primos de todos los factores:

```
(describe "factors"
  (it "they are all prime"
    (should-be
      :result
      (tc/quick-check
        1000
        (prop/for-all
          [n gen-inputs]
          (let [factors (factors-of n)]
            (every? is-prime? factors)))))))
```

---

8. https://clojure.org/guides/test_check_beginner.

Vale. Ahora sabemos que esta función devuelve una lista de enteros, cada uno de los cuales es primo y que cuando se multiplican entre sí son iguales a la entrada. Esa es más o menos la definición de los factores primos.

Así que eso está bien. Puedo generar de forma aleatoria un montón de entradas y, después, aplicar comprobaciones de propiedades a las salidas.

UNA TÉCNICA DE DIAGNÓSTICO

Pero he llamado a las pruebas basadas en propiedades técnicas de diagnóstico, ¿no? Pues vamos a ver un ejemplo más interesante y demostraré a qué me refiero.

¿Recuerda nuestro ejemplo del Videoclub en el capítulo anterior? Vamos a hacer pruebas basadas en propiedades con él.

En primer lugar, ¿recuerda que hemos escrito una función llamada make-statement-data que tomaba policy y rental-order y generaba statement-data que después introducíamos en uno de nuestros formateadores? Aquí tiene la especificación de tipos de rental-order usando clojure.spec:

```
(s/def ::name string?)
(s/def ::customer (s/keys :req-un [name]))
(s/def ::title string?)
(s/def ::type #{:regular :childrens :new-release})
(s/def ::movie (s/keys :req-un [::title ::type]))
(s/def ::days pos-int?)
(s/def ::rental (s/keys :req-un [::days ::movie]))
(s/def ::rentals (s/coll-of ::rental))
(s/def ::rental-order (s/keys :req-un [::customer ::rentals]))
```

No es demasiado difícil de leer. Desde la parte inferior hacia arriba:

- Un :rental-order es un mapa con dos elementos: :customer y :rentals.
- El elemento :rentals es una colección de elementos :rental.
- Un :rental es un mapa con elementos :days y :movie.
- Un elemento :days es un entero positivo.
- Un elemento :movie es un mapa con un :title y :type.

- Un :type es uno de :regular, :childrens o :new-release.

- Un :title es una cadena.

- Un :customer es un mapa con un solo elemento :name.

- Un :name es una cadena.

Con este tipo de especificación en su sitio, podemos escribir un generador que produzca pedidos de alquiler que se ajusten al tipo. Por tanto, en primer lugar, aquí están los generadores:

```
(def gen-customer-name
  (gen/such-that not-empty gen/string-alphanumeric))

(def gen-customer
  (gen/fmap (fn [name] {:name name}) gen-customer-name))

(def gen-days (gen/elements (range 1 100)))

(def gen-movie-type
  (gen/elements [:regular :childrens :new-release]))

(def gen-movie
  (gen/fmap (fn [[title type]] {:title title :type type})
            (gen/tuple gen/string-alphanumeric gen-movie-type)))

(def gen-rental
  (gen/fmap (fn [[movie days]] {:movie movie :days days})
            (gen/tuple gen-movie gen-days)))

(def gen-rentals
  (gen/such-that not-empty (gen/vector gen-rental)))

(def gen-rental-order
  (gen/fmap (fn [[customer rentals]]
              {:customer customer :rentals rentals})
            (gen/tuple gen-customer gen-rentals)))

(def gen-policy (gen/elements
                  [(make-normal-policy)
                   (make-buy-two-get-one-free-policy)]))
```

No voy a explicar aquí `clojure.check` con todo lujo de detalles, pero vamos a ver lo que hacen los generadores.

- `gen-policy` selecciona de forma aleatoria una de las dos políticas.

- `gen-rental-order` crea un mapa a partir de `gen-customer` y `gen-rentals`.

- `gen-rentals` crea un vector a partir de `gen-rentals` y garantiza que no está vacío.

- `gen-rental` crea un mapa a partir de `gen-movie` y `gen-days`.

- `gen-movie` crea un mapa a partir de `gen/string-alphanumeric` y `genmovie-type`.

- `gen-movie-type` selecciona entre tres tipos.

- `gen-days` selecciona entre enteros de 1 a 100.

- `gen-customer` crea un mapa con un nombre a partir de `gen-customer-name`.

- `gen-customer-name` genera una cadena alfanumérica no vacía.

¿Nota una similitud inquietante entre la especificación de tipos y el generador?

Yo también. Veamos algunas salidas de muestra del generador:

```
[
 {:customer {:name "5Q"},
  :rentals [{:movie {:title "", :type :new-release}, :days 52}]}

 {:customer {:name "3"},
  :rentals [{:movie {:title "", :type :new-release}, :days 51}]}

 {:customer {:name "XA"},
  :rentals [{:movie {:title "r", :type :regular}, :days 82}
            {:movie {:title "", :type :childrens}, :days 60}]}

 {:customer {:name "4v"},
  :rentals [{:movie {:title "3", :type :childrens}, :days 29}]}

 {:customer {:name "0rT"},
  :rentals [{:movie {:title "", :type :regular}, :days 42}
            {:movie {:title "94Y", :type :regular}, :days 34}
            {:movie {:title "D5", :type :new-release},
                    :days 58}]}
```

```
{:customer {:name "ZFAK"},
 :rentals [{:movie {:title "H8", :type :regular}, :days 92}
           {:movie {:title "d6WS8", :type :regular}, :days 59}
           {:movie {:title "d", :type :regular}, :days 53}
           {:movie {:title "Yj8b7", :type :regular}, :days 58}
           {:movie {:title "Z2q70", :type :childrens},
                    :days 9}]}

{:customer {:name "njGB0h"},
 :rentals [{:movie {:title "zk3UaE", :type :regular},
                    :days 53}]}

{:customer {:name "wD"},
 :rentals [{:movie {:title "51L", :type :childrens},
            :days 17}]}

{:customer {:name "2J5nzN"},
 :rentals [{:movie {:title "", :type :regular}, :days 64}
           {:movie {:title "sA17jv", :type :regular}, :days 85}
           {:movie {:title "27E41n", :type :new-release},
                    :days 85}
           {:movie {:title "Z20", :type :new-release}, :days 68}
           {:movie {:title "8j5B7h6S", :type :regular},
                    :days 76}
           {:movie {:title "vg", :type :childrens}, :days 30}]}

{:customer {:name "wk"},
 :rentals [{:movie {:title "Kq6wbGG", :type :childrens},
                    :days 43}
           {:movie {:title "3S2DvUwv", :type :childrens},
                    :days 76}
           {:movie {:title "fdGW", :type :childrens}, :days 42}
           {:movie {:title "aS28X3P", :type :childrens},
                    :days 18}
           {:movie {:title "p", :type :childrens}, :days 83}
           {:movie {:title "xgC", :type :regular}, :days 84}
           {:movie {:title "CQoY", :type :childrens}, :days 23}
           {:movie {:title "38jWmKlhq", :type :regular},
                    :days 96}
           {:movie {:title "Liz8T", :type :regular}, :days 56}]}
]
```

Solo un puñado de datos aleatorios que se ajustan bien al tipo de `rental-order`. Pero vamos a comprobar eso:

```
(describe "Quick check statement policy"
  (it "generates valid rental orders"
    (should-be
      :result
      (tc/quick-check
        100
        (prop/for-all
          [rental-order gen-rental-order]
          (nil?
            (s/explain-data
              ::constructors/rental-order
              rental-order)))))))
```

Se trata de una pequeña y bonita comprobación `quick-check` que genera 100 objetos `rental-order` aleatorios y los ejecuta a través de la función `clojure. spec/explain-data`. Esa función se asegura de que cada pedido de alquiler se ajusta a la especificación `::constructors/rental-order` que hemos visto antes. Si lo hace, devuelve `nil`, que pasa `quick-check`.

Ahora, ¿crea `make-statement-data` un objeto `statement-data` válido? Vamos a comprobarlo con la misma estrategia de antes:

```
(s/def ::customer-name string?)
(s/def ::title string?)
(s/def ::price pos?)
(s/def ::movie (s/keys :req-un [::title ::price]))
(s/def ::movies (s/coll-of ::movie))
(s/def ::owed pos?)
(s/def ::points pos-int?)
(s/def ::statement-data (s/keys :req-un [::customer-name
                                         ::movies
                                         ::owed
                                         ::points]))

(it "produces valid statement data"
  (should-be
    :result
    (tc/quick-check
      100
      (prop/for-all
```

```
[rental-order gen-rental-order
 policy gen-policy]
(nil?
  (s/explain-data
    ::policy/statement-data
    (make-statement-data policy rental-order)))))))
```

Así pues, aquí vemos la clojure.spec para statement-data y quick-check que se asegura de que la salida de make-statement-data se ajusta a ella. Bien.

Como todo esto se pasa, podemos estar bastante seguros de que el generador está generando pedidos de alquiler válidos. Por tanto, ahora vamos a continuar con las comprobaciones de las propiedades.

Una propiedad que podríamos comprobar es asegurarnos de que, cuando make-statement-data convierte rental-order en statement-data, el miembro :owed del objeto statement-data es la suma de todas las películas especificadas en ese objeto.

La quick-check para esto podría ser como se muestra a continuación:

```
(it "statement data totals are consistent under all policies"
  (should-be
    :result
    (tc/quick-check
      100
      (prop/for-all
        [rental-order gen-rental-order
         policy gen-policy]
        (let [statement-data (make-statement-data
                                policy rental-order)
              prices (map :price (:movies statement-data))
              owed (:owed statement-data)]
          (= owed (reduce + prices)))))))
```

Esta quick-check tiene un fallo. ¿Lo encuentra?

Esta es la salida cuando la ejecuto:

```
{:shrunk
 {:total-nodes-visited 45,
  :depth 14,
  :pass? false,
  :result false,
  :result-data nil,
```

```
:time-shrinking-ms 3,
:smallest
  [{:customer {:name "0"},
    :rentals [{:movie {:title "", :type :regular}, :days 1}
              {:movie {:title "", :type :regular}, :days 1}
              {:movie {:title "", :type :regular}, :days 1}]]
   {:type
    :video-store.
       buy-two-get-one-free-policy/buy-two-get-one-free}]],
:failed-after-ms 0,
:num-tests 7,
:seed 1672092997135,
:fail
 [{:customer {:name "4s7u"},
   :rentals
   [{:movie {:title "i7jiVAd", :type :childrens}, :days 85}
    {:movie {:title "7MQM", :type :new-release}, :days 26}
    {:movie {:title "qlS4S", :type :new-release}, :days 99}
    {:movie {:title "X", :type :regular}, :days 87}
    {:movie {:title "w1cRbM", :type :regular}, :days 11}
    {:movie {:title "7Hb4lO5", :type :regular}, :days 63}
    {:movie {:title "xWc", :type :childrens}, :days 41}]]
  {:type
   :video-store.
      buy-two-get-one-free-policy/buy-two-get-one-free}],
:result false,
:result-data nil,
:failing-size 6,
:pass? false}
```

Sí, sé que parece horrible; pero aquí es donde brilla la verdadera magia de quick-check, así que tenga paciencia.

En primer lugar, ¿ve el elemento llamado :shrunk en la parte superior? Eso le da una gran pista de lo que está pasando. Cuando quick-check encuentra un error, empieza a buscar la entrada más pequeña generada de forma aleatoria que sigue produciendo ese error.

Fíjese en el elemento :fail. Ese es el rental-order que ha provocado el fallo inicial. Ahora, mire el elemento :smallest dentro del elemento :shrunk. La función quick-check ha conseguido reducir el rental-order al tiempo que preservaba el fallo. Ese es el rental-order más pequeño que ha podido encontrar que fallaba.

¿Y por qué fallaba? Observe que hay tres películas. Fíjese también en que la política es `buy-two-get-one-free`. Ah, por supuesto, bajo esa política, la suma de las películas no es igual al elemento `:owed`.

Ese comportamiento de reducción es el que hace que las pruebas basadas en propiedades sean una técnica de diagnóstico.

FUNCIONAL

Entonces, ¿por qué herramientas como `quick-check` no son más populares en los lenguajes OO? Quizá es porque funcionan mejor con funciones puras. Imagino que es posible configurar generadores y probar propiedades en un sistema mutable, pero es probable que sea mucho más complicado que en un sistema inmutable.

14
GUI

A lo largo de los años, he utilizado dos *frameworks* de GUI diferentes en programas funcionales. El primero se llama Quil,[1] y se basa en el popular *framework* Processing[2] de Java. El segundo es SeeSaw,[3] que se basa en el antiguo *framework* Swing[4] de Java.

Quil es «funcional», lo que hace que sea divertido y fácil usarlo en un programa «funcional». SeeSaw no es funcional en absoluto. En realidad, depende mucho de un estado mutable que debemos actualizar continuamente. Eso hace que sea un rollo utilizarlo en un programa funcional. La diferencia es sorprendente.

Uno de los primeros programas que escribí con Quil fue `spacewar`, el cual ya he mencionado varias veces en este libro. Si quiere ver el programa en acción, puede ir a `https://github.com/unclebob/spacewar`, donde hay una versión en ClojureScript que puede ejecutar en su navegador. No escribí `spacewar` para que se ejecutase en ClojureScript, pero Mike Fikes lo transfirió en un día, más o menos. Lo cierto es que funciona mejor en mi navegador que en el Clojure nativo de mi portátil.

GRÁFICAS TORTUGA EN QUIL

Analizar el código fuente de `spacewar` queda fuera del ámbito de este libro. Sin embargo, hay un programa de Quil más simple que escribí hace tiempo y tiene el tamaño perfecto. Es `turtle-graphics`.[5]

Las gráficas tortuga[6] son un conjunto simple de comandos inventado para el lenguaje Logo a finales de los sesenta. Esos comandos controlaban un robot denominado tortuga. El robot se colocaba sobre un trozo grande de papel y tenía una pluma que podía apoyarse en el papel o levantarse. Se podía indicar al robot que se moviese hacia delante o hacia atrás una distancia determinada o que girase cierto número de grados a derecha o izquierda.

La figura 14.1 es una foto del inventor, Seymour Papert, con una de sus tortugas.

---

1. `www.quil.info`.
2. `https://processing.org`.
3. `https://github.com/clj-commons/seesaw`.
4. `https://en.wikipedia.org/wiki/Swing_(Java)`.
5. `https://github.com/unclebob/turtle-graphics`.
6. `https://en.wikipedia.org/wiki/Turtle_graphics`.

Figura 14.1. Seymour Papert con una de sus tortugas.[7]

Así pues, por ejemplo, si quisiese dibujar un cuadrado, podría emitir los siguientes comandos:

```
Pen down
Forward 10
Right 90
Forward 10
Right 90
Forward 10
Right 90
Forward 10
Pen up.
```

La idea original era iniciar a los niños en la programación al mostrarles cómo controlar la tortuga para dibujar formas interesantes. No sé qué tal funcionó con los niños, pero resultó ser muy útil para programadores que querían crear diseños complejos en la pantalla. Yo usé una vez un sistema Logo con gráficas tortuga en el Commodore 64 para escribir un juego bastante elaborado de tipo Lunar Lander.

En fin, hace tiempo, me pareció que sería divertido tener un sistema de gráficas tortuga en Clojure para investigar con facilidad algunos rompecabezas geométricos y matemáticos interesantes.

7. Cortesía del MIT Museum.

Mi objetivo no era crear una consola de gráficas tortuga en la que escribir comandos, sino que quería una API de gráficas tortuga que pudiese emplear para escribir funciones gráficas en Clojure. Así, por ejemplo, quería escribir un programa como este:

```
(defn polygon [theta, len, n]
  (pen-down)
  (speed 1000)
  (dotimes [_ n]
    (forward len)
    (right theta)))

(defn turtle-script []
  (polygon 144 400 5))
```

Este programa dibuja la imagen de la figura 14.2. (Fíjese en la tortuguita situada en el vértice izquierdo de la estrella).

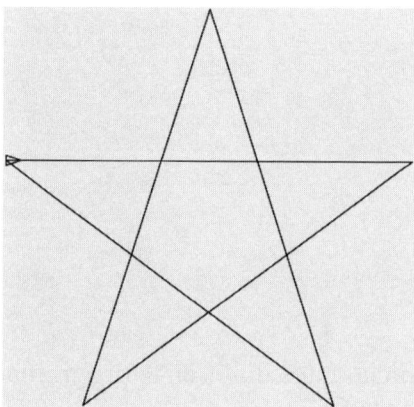

Figura 14.2. Estrella dibujada utilizando gráficas tortuga.

La función turtle-script es el punto de entrada para el sistema turtle-graphics. Ponemos en él nuestros comandos de dibujo. En este caso, puse una llamada a la función polygon.

Quizá se haya dado cuenta de que la función polygon no parece ser funcional porque no produce un valor de retorno a partir de sus entradas. En su lugar, tiene el efecto secundario de dibujar en la pantalla. Además, cada uno de los comandos muta el estado de la tortuga. Por tanto, los programas turtle-graphics no son funcionales. Y, aun así, el *framework* turtle-graphics es «funcional» o, más bien, es todo lo funcional que puede ser un programa de GUI.[8] Al fin y al cabo, el objetivo de un programa de GUI es mutar el estado de la pantalla. El *framework* turtle-graphics empieza por configurar e invocar a Quil:

```
(defn ^:export -main [& args]
  (q/defsketch turtle-graphics
                :title "Turtle Graphics"
                :size [1000 1000]
                :setup setup
                :update update-state
                :draw draw-state
                :features [:keep-on-top]
                :middleware [m/fun-mode])
  args)
```

No voy a presentar aquí un tutorial completo sobre Quil, pero hay algunos aspectos que debería señalar. Fíjese en los elementos :setup, :update y :draw. Cada uno apunta a una función. Se llamará a la función setup una vez al comienzo del programa.

Se llamará a la función draw-state 60 veces por segundo para refrescar la pantalla. Todo lo que debería aparecer en la pantalla debe dibujarlo la función draw. La pantalla no recuerda nada.

Se llamará a la función update-state justo antes de la función draw-state. Esta función sirve para cambiar el estado de lo que está dibujándose. Piense en ella como la función que mueve los elementos de la pantalla una sesentava parte de un segundo al futuro. Imagine esto como un bucle muy sencillo:

```
(loop [state (setup)]
  (draw-state state)
  (recur (update-state state)))
```

Si piensa en esto como un bucle recursivo de cola, entonces los contenidos de la pantalla son los valores recursivos de cola. Así pues, incluso aunque estemos mutando los contenidos de la pantalla, lo estamos haciendo en la cola de la recursión donde la mutación es inofensiva.[9] Por tanto, aunque no sea puramente funcional, es todo lo «funcional» que puede ser cualquier sistema TCO.[10]

---

8. Aunque puede que esto le resulte interesante: https://fsharpforfunandprofit.com/posts/13-ways-of-looking-at-a-turtle/.

9. Casi inofensiva.

10. Recuerde lo que hemos visto sobre la optimización de llamadas de cola en el capítulo 1.

Esta es mi función setup:

```
(defn setup []
  (q/frame-rate 60)
  (q/color-mode :rgb)
  (let [state {:turtle (turtle/make)
               :channel channel}]
    (async/go
      (turtle-script)
      (prn "Turtle script complete"))
    state))
```

Empieza de forma bastante simple. Configura una frecuencia de imagen de 60 fotogramas por segundo, el modo de color como RGB y crea el objeto state que se pasará a update-state y draw-state. La función async/go inicia un nuevo hilo ligero en el que se ejecutará nuestro turtle-script.

El objeto state se compone de un channel y la turtle. Hablaremos de channel más adelante. Por el momento, centrémonos en turtle:

```
(s/def ::position (s/tuple number? number?))
(s/def ::heading (s/and number? #(<= 0 % 360)))
(s/def ::velocity number?)
(s/def ::distance number?)
(s/def ::omega number?)
(s/def ::angle number?)
(s/def ::weight (s/and pos? number?))
(s/def ::state #{:idle :busy})
(s/def ::pen #{:up :down})
(s/def ::pen-start (s/or :nil nil?
                         :pos (s/tuple number? number?)))
(s/def ::line-start (s/tuple number? number?))
(s/def ::line-end (s/tuple number? number?))
(s/def ::line (s/keys :req-un [::line-start ::line-end]))
(s/def ::lines (s/coll-of ::line))
(s/def ::visible boolean?)
(s/def ::speed (s/and int? pos?))
(s/def ::turtle (s/keys :req-un [::position
                                 ::heading
                                 ::velocity
                                 ::distance
                                 ::omega
                                 ::angle
                                 ::pen
```

```
                                    ::weight
                                    ::speed
                                    ::lines
                                    ::visible
                                    ::state]
                        :opt-un [::pen-start]))
(defn make []
  {:post [(s/assert ::turtle %)]}
  {:position [0.0 0.0]
   :heading 0.0
   :velocity 0.0
   :distance 0.0
   :omega 0.0
   :angle 0.0
   :pen :up
   :weight 1
   :speed 5
   :visible true
   :lines []
   :state :idle})
```

Esto muestra la especificación de tipos de turtle, seguida de su constructor. Fíjese en que el constructor comprueba el tipo como una condición :post. Los elementos de la tortuga son bastante evidentes. Está la posición *XY*, la orientación angular, la velocidad, el estado de la pluma arriba o abajo, el grosor del trazo de la pluma, el estado de visibilidad, etc. Los demás elementos saldrán a la luz enseguida. ¿Cómo dibujamos la tortuga?

```
(defn draw-state [state]
  (q/background 240)
  (q/with-translation
    [500 500]
    (let [{:keys [turtle]} state]
      (turtle/draw turtle))))

—Turtle module—
(defn draw [turtle]
  (when (= :down (:pen turtle))
    (q/stroke 0)
    (q/stroke-weight (:weight turtle))
    (q/line (:pen-start turtle) (:position turtle)))

  (doseq [line (:lines turtle)]
```

```
    (q/stroke-weight (:line-weight line))
    (q/line (:line-start line) (:line-end line)))

  (when (:visible turtle)
    (q/stroke-weight 1)
    (let [[x y] (:position turtle)
          heading (q/radians (:heading turtle))
          base-left (- (/ WIDTH 2))
          base-right (/ WIDTH 2)
          tip HEIGHT]
      (q/stroke 0)
      (q/with-translation
        [x y]
        (q/with-rotation
          [heading]
          (q/line 0 base-left 0 base-right)
          (q/line 0 base-left tip 0)
          (q/line 0 base-right tip 0)))))))
```

La función draw-state, a la que Quil llama 60 veces por segundo, configura el color del fondo de pantalla como gris claro, centra el dibujo en (500, 500) y, después, llama a turtle/draw, que dibuja la línea en progreso actual y, a continuación, todas las demás líneas que se han dibujado con anterioridad. Por último, dibuja la tortuga en sí. Observe que Quil ayuda con la traslación y la rotación.

Entonces, ¿cómo actualizamos el estado de la tortuga?

```
(defn update-state [{:keys [channel] :as state}]
  (let [turtle (:turtle state)
        turtle (turtle/update-turtle turtle)]
    (assoc state :turtle (handle-commands channel turtle))))
```

La función update-state llama a turtle/update-turtle. Después, llama a handle-commands, y ahí está ese channel otra vez. Primero, vamos a echar un vistazo a update-turtle:

```
(defn update-position
  [{:keys [position velocity heading distance] :as turtle}]
  (let [step (min (q/abs velocity) distance)
        distance (- distance step)
        step (if (neg? velocity) (- step) step)
        radians (q/radians heading)
        [x y] position
        vx (* step (Math/cos radians))
```

```
        vy (* step (Math/sin radians))
        position [(+ x vx) (+ y vy)]]
    (assoc turtle :position position
                  :distance distance
                  :velocity (if (zero? distance) 0.0 velocity))))

(defn update-heading [{:keys [heading omega angle] :as turtle}]
  (let [angle-step (min (q/abs omega) angle)
        angle (- angle angle-step)
        angle-step (if (neg? omega) (- angle-step) angle-step)
        heading (mod (+ heading angle-step) 360)]
    (assoc turtle :heading heading
                  :angle angle
                  :omega (if (zero? angle) 0.0 omega))))

(defn make-line [{:keys [pen-start position weight]}]
  {:line-start pen-start
   :line-end position
   :line-weight weight})

(defn update-turtle [turtle]
  {:post [(s/assert ::turtle %)]}
  (if (= :idle (:state turtle))
    turtle
    (let [{:keys [distance
                  state
                  angle
                  lines
                  position
                  pen
                  pen-start] :as turtle}
          (-> turtle
              (update-position)
              (update-heading))
          done? (and (zero? distance)
                     (zero? angle))
          state (if done? :idle state)
          lines (if (and done? (= pen :down))
                  (conj lines (make-line turtle))
                  lines)
          pen-start (if (and done? (= pen :down))
                      position
                      pen-start)]
      (assoc turtle
```

```
                :state state
                :lines lines
                :pen-start pen-start))))
```

Fíjese en que `update-turtle` tiene una condición `:post` que comprueba el tipo de la tortuga después de que se haya actualizado. Está bien saber que cuando actualizamos una estructura grande no hemos metido la pata en alguna parte pequeña de ella.

Si el `:state` de la tortuga es `:idle`, lo que significa que ni está moviéndose ni rotando, entonces no hacemos ningún cambio. De lo contrario, actualizamos la posición y la orientación de la tortuga y, después, desestructuramos su interior. Hemos acabado cuando la distancia y el ángulo que quedan en el movimiento animado actual sean cero. Y, si hemos acabado, configuramos `:state` como `:idle`.

Si hemos acabado y la pluma está abajo, añadimos la línea en progreso a la lista de líneas anteriores y actualizamos `pen-start` a la posición actual para preparar la siguiente línea.

Actualizar la posición y la orientación son funciones simples que hacen los cálculos trigonométricos necesarios para colocar la tortuga en la posición y orientación adecuadas. Ambas usan `:velocity` de la tortuga para ajustar lo grande que debe ser el paso que den en cada actualización. Ahora, pasemos al manejo de los comandos:

```
(defn handle-commands [channel turtle]
  (loop [turtle turtle]
    (let [command (if (= :idle (:state turtle))
                    (async/poll! channel)
                    nil)]
      (if (nil? command)
        turtle
        (recur (turtle/handle-command turtle command))))))
```

Si la tortuga está en estado `:idle`, estamos listos para un comando. Así pues, sondeamos el `channel`. Si hay un comando en `channel`, lo procesamos llamando a `turtle/handle-command` y, después, repetimos hasta que no quedan comandos en el canal. El manejo de cada comando es bastante directo:

```
(defn pen-down [{:keys [pen position pen-start] :as turtle}]
  (assoc turtle :pen :down
               :pen-start (if (= :up pen) position pen-start)))
```

```
(defn pen-up [{:keys [pen lines] :as turtle}]
  (if (= :up pen)
    turtle
    (let [new-line (make-line turtle)
          lines (conj lines new-line)]
      (assoc turtle :pen :up
                    :pen-start nil
                    :lines lines))))

(defn forward [turtle [distance]]
  (assoc turtle :velocity (:speed turtle)
                :distance distance
                :state :busy))

(defn back [turtle [distance]]
  (assoc turtle :velocity (- (:speed turtle))
                :distance distance
                :state :busy))

(defn right [turtle [angle]]
  (assoc turtle :omega (* 2 (:speed turtle))
                :angle angle
                :state :busy))

(defn left [turtle [angle]]
  (assoc turtle :omega (* -2 (:speed turtle))
                :angle angle
                :state :busy))

(defn hide [turtle]
  (assoc turtle :visible false))

(defn show [turtle]
  (assoc turtle :visible true))

(defn weight [turtle [weight]]
  (assoc turtle :weight weight))

(defn speed [turtle [speed]]
  (assoc turtle :speed speed))

(defn handle-command [turtle [cmd & args]]
  (condp = cmd
    :forward (forward turtle args)
```

```
:back (back turtle args)
:right (right turtle args)
:left (left turtle args)
:pen-down (pen-down turtle)
:pen-up (pen-up turtle)
:hide (hide turtle)
:show (show turtle)
:weight (weight turtle args)
:speed (speed turtle args)
:else turtle))
```

Simplemente traducimos los *tokens* de comandos a llamadas funciones. No es física cuántica. Las funciones de comando gestionan el estado de la tortuga. Tomemos como ejemplo el comando forward. Configura el estado (:state) de la tortuga como :busy, establece la velocidad (:velocity) de la tortuga, y configura la distancia (:distance) a la que debe moverse antes de volver al estado :idle.

Vale, ya casi hemos terminado. Lo único que necesitamos hacer ahora es fijarnos en el modo en que la función turtle-script envía comandos al channel:

```
(def channel (async/chan))
(defn forward [distance] (async/>!! channel [:forward distance]))
(defn back [distance] (async/>!! channel [:back distance]))
(defn right [angle] (async/>!! channel [:right angle]))
(defn left [angle] (async/>!! channel [:left angle]))
(defn pen-up [] (async/>!! channel [:pen-up]))
(defn pen-down [] (async/>!! channel [:pen-down]))
(defn hide [] (async/>!! channel [:hide]))
(defn show [] (async/>!! channel [:show]))
(defn weight [weight] (async/>!! channel [:weight weight]))
(defn speed [speed] (async/>!! channel [:speed speed]))
```

La función async/>!! envía su argumento al channel. Si el channel está lleno, espera. Eso no es muy sorprendente, ¿verdad? Y, con eso, podemos poner todos los comandos de la gráfica tortuga que queramos dentro de la función turtle-script y ver a la tortuga bailar por la pantalla trazando nuestros bonitos dibujos.

Puede ver este *framework* en acción en los vídeos de www.youtube.com/ @Cleancoders; en concreto, *The Euler Project*, episodios 2.3, 2.2, 5 y 9.

15

CONCURRENCIA

La concurrencia en los programas funcionales es bastante menos complicada que en los programas que soportan estados mutables. La razón, como he mencionado en el capítulo 1, es que no podemos tener problemas con actualizaciones concurrentes si no hay actualizaciones. También he dicho que eso significa que no podemos tener condiciones de carrera.

Estos «hechos» eliminan gran parte de la complicación de tratar con múltiples hilos. Los hilos no pueden interferir entre sí si están compuestos por funciones puras. ¿O sí?

Aunque resulten reconfortantes, esos «hechos» no son del todo ciertos. El propósito de este capítulo es mostrar cómo los programas «funcionales» multi-hilo también pueden tener condiciones de carrera.

Para examinar esto, vamos a crear unas máquinas de estados finitos que interactúen. Uno de mis ejemplos favoritos es la realización de una llamada telefónica en los sesenta. La secuencia de eventos se parecía bastante a la figura 15.1.

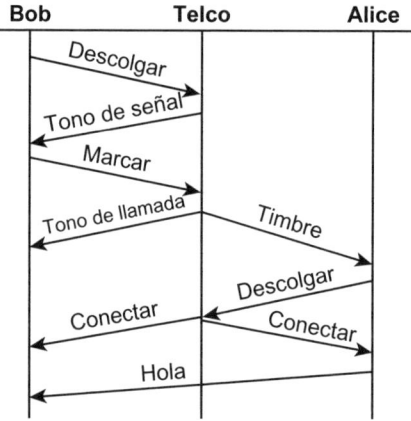

Figura 15.1. Gráfico de secuencia de mensajes de una llamada telefónica.

Esto es un gráfico de secuencia de mensajes. El tiempo está en el eje vertical y todos los mensajes están inclinados porque todos tardan un tiempo en enviarse.

Puede que no esté familiarizado con la nomenclatura de telefonía empleada aquí. De hecho, si nació después del año 2000, es posible que no esté familiarizado con los teléfonos en general. Por tanto, en aras de la historia y la nostalgia, deje que le explique el proceso.

Bob quiere realizar una llamada a Alice. Bob levanta el auricular del teléfono de su interruptor de gancho[1] y se lo acerca a la oreja. La compañía telefónica (telco) envía un tono de señal[2] al auricular. Al oír ese tono, Bob marca[3] el número de Alice. La compañía envía un voltaje de timbre[4] al teléfono de Alice y un tono de llamada[5] al auricular de Bob. Alice oye el timbre de su teléfono y descuelga el auricular. La compañía conecta a Bob con Alice, y Alice dice «hola» a Bob.

Hay tres máquinas de estados finitos funcionando en este escenario: Bob, la compañía telefónica y Alice. Bob y Alice ejecutan instancias separadas de la máquina de estados Usuario (user),[6] que se muestra en la figura 15.2.

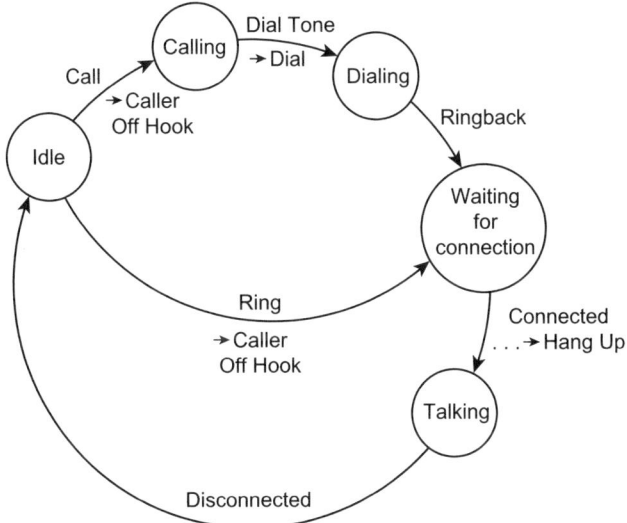

Figura 15.2. Máquina de estados Usuario.

---

1. Los teléfonos de principios del siglo XX tenían un gancho del que colgaba el auricular. Para los años sesenta, el gancho había sido reemplazado por una horquilla sobre la que se colocaba el auricular, pero sigue conociéndose como interruptor de gancho.

2. Se trataba de un sonido muy reconocible que significaba que el sistema telefónico estaba listo para que marcásemos el número al que queríamos llamar.

3. Aquí, el verbo marcar significa introducir el número de teléfono. A principios de los sesenta, eso se hacía mediante un disco rotatorio en una de las caras del teléfono.

4. 90 voltios en Estados Unidos.

5. Otro sonido muy distintivo que estaba pensado para entretener a la persona que llamaba mientras esperaba a que respondiesen al teléfono.

6. Estas máquinas de estados están abreviadas para mantenerlas simples. En la realidad, todos los estados tendrían transiciones de vuelta a Inactivo (idle).

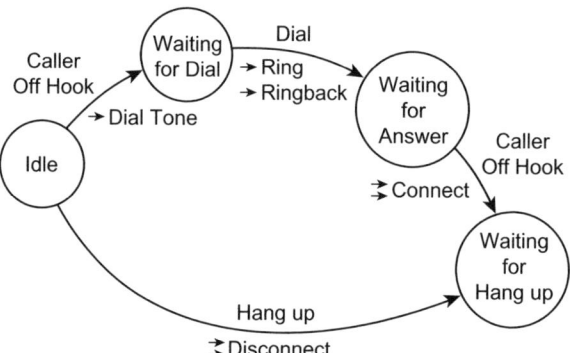

Figura 15.3. Máquina de estados Compañía.

En estos diagramas, el símbolo -> significa enviar el evento correspondiente a la otra máquina de estados.

Así pues, cuando Bob decide hacer una llamada (el evento de llamada (call) desde el estado Inactivo (Idle)) la máquina de estados Usuario envía el evento de descuelgue (off-hook) a la Compañía. Cuando la Compañía está en el estado Esperando marcado (Waiting for Dial) y recibe el evento Marcado (Dial) desde el Usuario envía los eventos Timbre (Ring) y Tono de llamada (Ringback) a las máquinas Usuario apropiadas.

Si estudia estos diagramas con detenimiento, debería ser capaz de ver cómo interactúan las máquinas de estados y los mensajes para permitir que Bob llame a Alice. Podemos escribir estas máquinas de estados en Clojure de forma bastante simple:

```clojure
(def user-sm
  {:idle {:call [:calling caller-off-hook]
          :ring [:waiting-for-connection callee-off-hook]
          :disconnect [:idle nil]}
   :calling {:dialtone [:dialing dial]}
   :dialing {:ringback [:waiting-for-connection nil]}
   :waiting-for-connection {:connected [:talking talk]}
   :talking {:disconnect [:idle nil]}})

(def telco-sm
  {:idle {:caller-off-hook [:waiting-for-dial dialtone]
          :hangup [:idle nil]}
   :waiting-for-dial {:dial [:waiting-for-answer ring]}
```

```
:waiting-for-answer {:callee-off-hook
                     [:waiting-for-hangup connect]]}
:waiting-for-hangup {:hangup [:idle disconnect]}})
```

Cada máquina de estados es solo una tabla *hash* de estados, cada uno de los cuales contiene una tabla *hash* de eventos que especifican el nuevo estado y la acción que hay que realizar. Así pues, cuando user-sm está en el estado :idle y recibe un evento :call, pasa al estado :calling y llama a la función caller-off-hook. Estas máquinas de estados puede ejecutarlas la siguiente función transition:

```
(defn transition [machine-agent event event-data]
  (swap! log conj (str (:name machine-agent) "<-" event))
  (let [state (:state machine-agent)
        sm (:machine machine-agent)
        result (get-in⁷ sm [state event])]
    (if (nil? result)
      (do
        (swap! log conj "TILT!")
        machine-agent)
      (do

        (when (second result)
          ((second result) machine-agent event-data))
        (assoc machine-agent :state (first result))))))
```

La variable log es un atom que simplemente se usa para acumular un conjunto de sentencias de registro de manera que podemos vigilar el funcionamiento de las máquinas de estados. Observe que esta función toma machine-agent y lo devuelve con el nuevo estado en su sitio. Eso significa que podemos usarlo con el servicio de STM agent de Clojure.

Un agent se inicializa con una estructura de datos y, después, serializa todas las actualizaciones a esa estructura de datos, eliminando así todos los problemas de actualizaciones concurrentes. Aquí están las funciones que crean dos agents diferentes:

```
(defn make-user-agent [name]
  (agent {:state :idle :name name :machine user-sm}))

(defn make-telco-agent [name]
  (agent {:state :idle :name name :machine telco-sm}))
```

---

7. La función get-in devuelve un elemento desde un mapa anidado. (get-in {:a {:b 2}} [:a :b]) devuelve 2.

Enviamos eventos a nuestros agentes utilizando la función send de agent:

```
(send caller transition :call [telco caller callee])
```

En este ejemplo, estamos enviando (sending) la función transition al agente caller. La función send devuelve de inmediato y pone en cola la función transition para que se ejecute en el hilo del agent. Los argumentos a la función transition son el evento (:call) y los datos que deberían pasarse a la función de acción. En este caso, los datos son una lista de los tres agentes agent que representan las máquinas de estados finitos en el sistema. Las funciones de acción son como sigue:

```
(defn caller-off-hook
  [sm-agent [telco caller callee :as call-data]]
  (swap! log conj (str  (:name @caller) " goes off hook."))
  (send telco transition :caller-off-hook call-data))

(defn dial [sm-agent [telco caller callee :as call-data]]
  (swap! log conj (str (:name @caller) " dials"))
  (send telco transition :dial call-data))

(defn callee-off-hook
  [sm-agent [telco caller callee :as call-data]]
  (swap! log conj (str (:name @callee) " goes off hook"))
  (send telco transition :callee-off-hook call-data))

(defn talk [sm-agent [telco caller callee :as call-data]]
  (swap! log conj (str (:name sm-agent) " talks."))
  (Thread/sleep 10)
  (swap! log conj (str (:name sm-agent) " hangs up."))
  (send telco transition :hangup call-data))

(defn dialtone [sm-agent [telco caller callee :as call-data]]
  (swap! log conj (str "dialtone to " (:name @caller)))
  (send caller transition :dialtone call-data))

(defn ring [sm-agent [telco caller callee :as call-data]]
  (swap! log conj (str "telco rings " (:name @callee)))
  (send callee transition :ring call-data)
  (send caller transition :ringback call-data))

(defn connect [sm-agent [telco caller callee :as call-data]]
  (swap! log conj "telco connects")
  (send caller transition :connected call-data)
  (send callee transition :connected call-data))
```

```
(defn disconnect [sm-agent [telco caller callee :as call-data]]
  (swap! log conj "disconnect")
  (send callee transition :disconnect call-data)
  (send caller transition :disconnect call-data))
```

El segundo argumento en cada una de las funciones de acción se desestructura.[8] Así, por ejemplo, el call-data enviado a caller-off-hook es una lista cuyo primer elemento se colocará en telco, el segundo en caller, el tercero en callee y la lista completa en call-data.

Dada esta implementación, deberíamos ser capaces de realizar una llamada entre Bob y Alice ejecutando el siguiente código. Lo he escrito en forma de prueba:

```
(it "should make and receive call"
  (let [caller (make-user "Bob")
        callee (make-user "Alice")
        telco (make-telco "telco")]
    (reset! log [])
    (send caller transition :call [telco caller callee])
    (Thread/sleep 100)
    (prn @log)
    (should= :idle (:state @caller))
    (should= :idle (:state @callee))
    (should= :idle (:state @telco))))
```

Esta prueba se pasa, lo que significa que todas las máquinas de estados han vuelto al estado inactivo para cuando han pasado 100 ms. La salida del registro tiene este aspecto:

```
"Bob<-:call" "Bob goes off hook"
"telco<-:caller-off-hook" "dialtone to Bob"
"Bob<-:dialtone" "Bob dials"
"telco<-:dial" "telco rings Alice"
"Alice<-:ring" "Alice goes off hook"
"Bob<-:ringback"
"telco<-:callee-off-hook" "telco connects"
"Bob<-:connected" "Bob talks"
"Alice<-:connected" "Alice talks"
"Bob hangs up"
"Alice hangs up"
"telco<-:hangup" "disconnect"
```

---

8. En pocas palabras, la desestructuración es un modo conveniente de descomponer un elemento de datos complejo en componentes con nombre. Consulte la documentación de Clojure para ver más detalles.

```
"Alice<-:disconnect"
"Bob<-:disconnect"
"telco<-:hangup"
```

Puede ver cómo los hilos se intercalan, mientras las tres máquinas de estados finitos trabajan juntas para conseguir que la llamada se complete con éxito.

Los tres agentes tienen estado mutable; pero no puede haber problemas de actualizaciones concurrentes, porque los agentes serializan sus operaciones. Entonces, no hay condiciones de carreras, ¿verdad?

No tan rápido, amigo. Vamos a investigar otro escenario.

Lo que voy a mostrarle en la figura 15.4 es una condición de carrera que existía en el sistema telefónico en los sesenta.[9] De nuevo, empezamos con Bob llamando a Alice. Pero, esta vez, Alice está a punto de llamar a Bob.

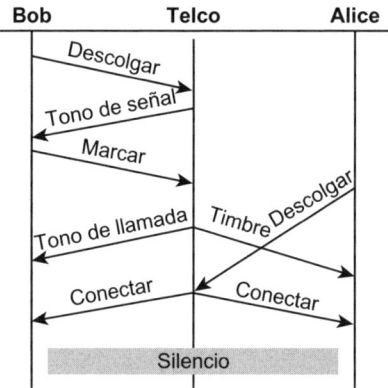

Figura 15.4. La condición de carrera en el sistema telefónico.

¿Ve lo que ha ido mal? El problema son esas líneas que se cruzan. Eso es una condición de carrera. La compañía telefónica intentó que se activase el timbre del teléfono de Alice; pero antes de que pudiese sonar, Alice levantó el auricular para llamar a Bob. Desde el punto de vista de la compañía de teléfono, todo está bien. Activó el timbre del teléfono y Alice descolgó. Por tanto, la compañía ha conectado a Bob con Alice. Pero Alice está ahí sentada esperando un tono de señal y Bob está confuso porque nadie ha dicho hola y el tono de llamada se ha detenido.

---

9. Es probable que todavía exista si utiliza un teléfono fijo.

El resultado más probable es que ambas partes cuelguen sin haber hablado. Como alternativa, Alice podría haber dicho algo y Bob podría haber respondido y habría entrado en un bucle cómico de quién había llamado a quién.

¿Podemos hacer que nuestras máquinas de estados emulen este fallo? Esta es la configuración, de nuevo presentada como una prueba:

```
(it "should race"
  (let [caller (make-user "Bob")
        callee (make-user "Alice")
        telco1 (make-telco "telco1")
        telco2 (make-telco "telco2")]
    (reset! log [])
    (send caller transition :call [telco1 caller callee])
    (send callee transition :call [telco2 callee caller])
    (Thread/sleep 100)
    (prn @log)
    (should= :idle (:state @caller))
    (should= :idle (:state @callee))
    (should= :idle (:state @telco1))
    (should= :idle (:state @telco2))))
```

Fíjese en que ahora tenemos cuatro máquinas de estados: una para Bob, una para Alice y una para la compañía para cada una de las dos llamadas. La prueba falla. Después de 100 ms, las máquinas de estados no han devuelto el estado Inactivo. Entonces, ¿qué nos dice el registro?

```
"Bob<-:call" "Bob goes off hook"
"telco1<-:caller-off-hook"
"Alice<-:call" "Alice goes off hook"
"telco2<-:caller-off-hook"
"dialtone to Bob"
"Bob<-:dialtone" "Bob dials"
"telco1<-:dial" "telco rings Alice"
"Bob<-:ringback"
"Alice<-:ring" "TILT!" ...
```

Me hicieron falta varios intentos, porque la ventana para esa condición de carrera en particular es muy estrecha. Pero aquí está. ¿Ve ese TILT!? Eso es lo que nuestra función de transición pone en el registro si alguna vez se le pide que haga una transición inválida. Alice está todavía en el estado :calling esperando el evento :dialtone y no tiene forma de tratar con el evento :ring.

La conclusión es que las condiciones de carrera siguen siendo posibles incluso aunque las actualizaciones concurrentes no lo sean. Eso se debe a que siempre es posible construir máquinas de estados que interactúen que dejen de estar sincronizadas entre sí.

CONCLUSIÓN

En algún momento durante el cambio de siglo, la ley de Moore murió. Las frecuencias de reloj llegaron a un máximo de unos 3 GHz y dejaron de aumentar. Para lograr un mayor rendimiento, los ingenieros de software empezaron a poner más procesadores en sus chips. Pasamos por la etapa del doble núcleo, y del cuádruple, y pensamos que íbamos a ver una duplicación de los núcleos cada año. Empezamos a preocuparnos por la posibilidad de tratar con máquinas que tuviesen 32, 64 o 128 núcleos.

Más o menos en aquella época, los lenguajes funcionales empezaron a ganar popularidad. El pensamiento era que, puesto que los programas funcionales no mutan los datos, las operaciones en múltiples núcleos se simplificarían mucho. Si trabajamos con funciones puras, en teoría es más fácil extender esas funciones entre una plétora de núcleos.

Pero la ley de Moore no había terminado de morir. Murió por la frecuencia de reloj unos años antes de morir por la densidad de los componentes. Así, durante la última década y más, nuestros procesadores han tenido cuádruple núcleo (no me hable de los hiperhilos); y no es probable que eso cambie. Esto ha reducido el miedo al procesador de 120 núcleos y también la urgencia de la programación funcional.

Y es probable que eso sea algo bueno, porque, como ha demostrado este capítulo, el razonamiento era imperfecto, para empezar. Las condiciones de carrera podrían ser más comunes en hilos con variables mutables, pero, en cualquier sistema en el que haya máquinas de estados finitos concurrentes, existe la posibilidad de que las condiciones de carrera las desincronicen.

PARTE V

PATRONES DE DISEÑO

La idea de los patrones de diseño[1] fue una de las más profundas de la industria del software. Está al mismo nivel que la programación estructurada, la programación orientada a objetos y la programación funcional. Nos explicaba que las aplicaciones consisten, en parte, en elementos repetibles y reutilizables. Esos elementos resolvían problemas comunes a muchas aplicaciones, por no decir todas.

Por supuesto, como todas las buenas ideas sobre software, los patrones de diseño se han malinterpretado, usado en exceso, maltratado e incluso desechado como algo arcaico o específico de contextos muy limitados. Es una pena, porque los patrones de diseño son muy útiles.

---

1. La obra definitiva sobre este tema fue el libro de Erich Gamma, Richard Helm, Ralph Johnson y John Vlissides, *Patrones de diseño: Elementos de software orientado a objetos reutilizables* (Addison-Wesley, 2002).

16

REVISIÓN DE LOS PATRONES DE DISEÑO

Un patrón de diseño es una solución con nombre para un problema común en un contexto particular. Sí, lo sé, otro galimatías. Mejor deje que le cuente una historia.

Hace mucho tiempo, en una década muy, muy lejana, yo era un prolífico escritor en una red social llamada comp.object.[1] En este grupo, debatíamos los problemas del diseño OO.

Un día, alguien planteó un problema simple y sugirió que cada uno lo resolviese a su manera y después debatiésemos el resultado. El problema era:

«Si le dan un interruptor y una luz, haga que el interruptor encienda la luz».

El debate duró meses.

La solución más simple era, por supuesto, la figura 16.1.

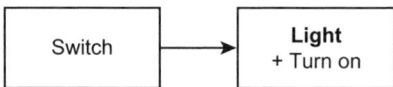

Figura 16.1. La solución más simple para el interruptor y la luz.

La clase[2] Switch llama al método TurnOn de la clase Light.

La objeción era que la clase Switch podía usarse para otras cosas, como Fans o Televisions. Por tanto, la clase Switch no debería saber nada acerca de la clase Light. Debería imponerse una abstracción entre las dos, como muestra la figura 16.2.

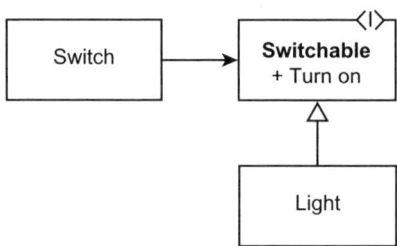

Figura 16.2. El patrón Abstract Server.

---

1. Un grupo de noticias dentro de la amplia gama de grupos de noticias transmitidos por el protocolo Network News Transport Protocol (NNTP) por el protocolo de copia de Unix a Unix (UUCP) e Internet.
2. Recuerde, se trataba de un foro sobre OO. No se obsesione con la palabra clase.

Ahora, la clase `Switch` utiliza una interfaz llamada `Switchable`. La clase `Light` implementa `Switchable`.

Esto resuelve el problema. Ahora, podríamos tener varios dispositivos controlados por `Switch`. Esta solución es una de las expresiones más simples del DIP, el OCP y el LSP. También tiene un nombre. Se denomina Abstract Server (servidor abstracto).[3]

Si estábamos en un equipo discutiendo cómo proteger nuestra clase `Switch` de un acoplamiento explícito con nuestra clase `Light`, alguien del equipo podía intervenir y decir: «Podríamos usar un Abstract Server». Si todos los miembros del equipo conocían ese nombre y lo que implicaba, era posible decidir enseguida si la solución era apropiada o no.

Se trata de un patrón de diseño, una solución con nombre para un problema en un contexto particular. El valor de los patrones de diseño es que los nombres y las soluciones son canónicas y, por tanto, las personas que están familiarizadas con ese canon pueden entenderse entre sí con solo usar el nombre. Si dice «Abstract Server» o «servidor abstracto», yo enseguida sé que quiere decir «imponer una interfaz entre el cliente y el servidor».

Pero ¿qué pasa con la parte contextual del patrón de diseño? Bueno, volvamos con nuestro equipo. Alguien ha sugerido emplear el patrón Abstract Server. Otro miembro dice: «No, no lo entendéis, la clase `Light` no nos pertenece; es parte de una biblioteca de terceros, así que no podemos alterarla para implementar una interfaz».

Así pues, el contexto del problema es que queremos desacoplar `Switch` de `Light`, pero no podemos modificar `Light`. Entonces, alguien del equipo dice: «Bueno, podríamos usar Adapter (adaptador)».

Si estuviese en el equipo y no supiese lo que es el patrón Adapter, no entendería su sugerencia, pero si conociese el canon de los patrones de diseño, podría evaluarla enseguida. De nuevo, el beneficio de los patrones de diseño es conocer los nombres y las formas canónicas para poder aplicarlos con rapidez.

El patrón Adapter tiene el aspecto que muestra la figura 16.3.

---

3.   Martin, R.C. (2002). *Agile Software Development: Principles, Patterns, and Practices*. Pearson, 318.

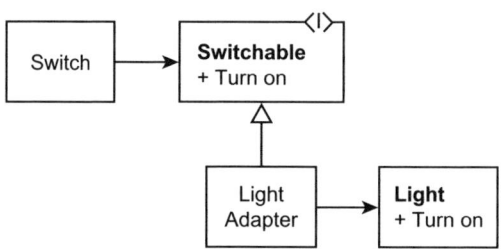

Figura 16.3. La forma de objeto del patrón Adapter.

El LightAdapter implementa la interfaz Switchable y remite la llamada TurnOn a Light. Incluso antes de que se dibuje esto en la pizarra, todos los miembros del equipo pueden verlo en su cabeza porque conocen el canon de los patrones de diseño, así que todos asienten porque están de acuerdo con la idea.

Justo cuando se va a pasar al siguiente problema, alguien del equipo dice: «Esperad, ¿qué forma de Adapter deberíamos usar?».

Resulta que el nombre canónico para los patrones de diseño no describe necesariamente una única solución. Algunos de los patrones tienen múltiples formas. Adapter es uno de ellos. Puede tener el aspecto de la figura 16.3 o puede ser como se muestra en la figura 16.4.

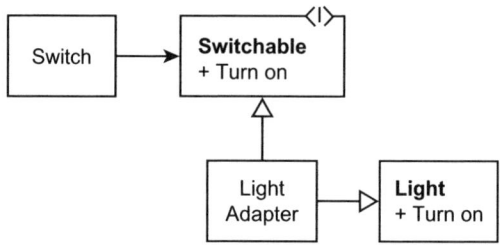

Figura 16.4. La forma de clase del patrón Adapter.

El primero se denomina forma de objeto del Adapter porque LightAdapter es su propio objeto. El segundo es la forma de clase del Adapter porque LightAdapter es una subclase de Light.

Los miembros del equipo debaten un momento sobre las dos formas y toman la decisión de que la forma de clase de Adapter es suficiente por el momento y los librará de la complicación de construir un objeto LightAdapter aparte.

PATRONES EN LA PROGRAMACIÓN FUNCIONAL

Uno de los extraños rumores que hemos oído a lo largo de los años es que los patrones de diseño son trucos para sortear los problemas creados por los lenguajes OO y que en los lenguajes funcionales no son necesarios.

Como verá en las siguientes páginas, en realidad hay aspectos de determinados patrones de diseño que parecen ser métodos alternativos para evitar ciertas deficiencias de los lenguajes OO; pero eso no puede aplicarse a todos los patrones de diseño. Además, incluso esos patrones de diseño concretos tienen una forma más general en la que son aplicables en lenguajes funcionales.

ABSTRACT SERVER

Entonces, ¿qué aspecto tiene Abstract Server en un lenguaje funcional?

Piense otra vez en el problema Switch/Light. Así es como podríamos expresarlo en Clojure:

```clojure
(defn turn-on-light []
  ;;¡enciende la dichosa luz!
  )

(defn engage-switch []
  ;Otras cosas. . .
  (turn-on-light))
```

Vale, no es demasiado complicado. Sin embargo, el problema original se hace evidente enseguida. Nuestra función engage-switch tiene una dependencia directa de turn-onlight, lo que significa que no podemos usarla para encender un ventilador, una televisión o cualquier otra cosa. Entones, ¿qué deberíamos hacer?

Podemos usar el patrón Abstract Server, por supuesto. Lo único que necesitamos hacer es insertar una interfaz abstracta entre la función engage-switch y la función turn-on-light. Podríamos hacerlo de forma simple pasando un argumento de función. Vamos a llamar a esto forma de función de Abstract Server:

```
(defn engage-switch [turn-on-function]
  ;Otras cosas. . .
  (turn-on-function))
```

Eso funciona en el caso más simple, pero vamos a hacer el problema un poquito más interesante. Digamos que nuestra función engage-switch debe encender y apagar la luz en varias ocasiones. Quizá es parte de algún sistema de seguridad del hogar con temporizadores especiales para las luces. Esto cambia el problema original para que tenga este aspecto:

```
(defn turn-on-light []
  ;¡enciende la dichosa luz!
  )

(defn turn-off-light []
  ;¡vaya! ¡apágala!
  )

(defn engage-switch []
  ;Otras cosas...
  (turn-on-light)
  ;Otras cosas más...
  (turn-off-light))
```

Ahora, la función engage-switch está el doble de acoplada a la luz. Podríamos emplear la misma forma de función de Abstract Server, pero es un poco feo pasar dos argumentos, así que vamos a pasar un único argumento de tabla virtual. Lo llamaremos forma de tabla virtual de Abstract Server:

```
(defn make-switchable-light []
  {:on turn-on-light
   :off turn-off-light})
```

```
(defn engage-switch [switchable]
  ;Otras cosas...
  ((:on switchable))
  ;Otras cosas más...
  ((:off switchable)))
```

Sí, queda bastante bien. Y, puesto que Clojure es un lenguaje tipado dinámicamente, no tenemos el problema que causaría una relación de herencia o implementación.

Por supuesto, podríamos haber resuelto esto con la forma de multimétodos del patrón Abstract Server:

```
(defmulti turn-on :type)
(defmulti turn-off :type)

(defmethod turn-on :light [switchable]
  (turn-on-light))

(defmethod turn-off :light [switchable]
  (turn-off-light))

(defn engage-switch [switchable]
  ;Otras cosas...
  (turn-on switchable)
  ;Otras cosas más...
  (turn-off switchable))
```

Lo probé utilizando lo siguiente:

```
(describe "switch/light"
  (with-stubs)
  (it "turns light on and off"
    (with-redefs [turn-on-light (stub :turn-on-light)
                  turn-off-light (stub :turn-off-light)]
      (engage-switch {:type :light})
      (should-have-invoked :turn-on-light)
      (should-have-invoked :turn-off-light))))
```

Los dos *stubs* simulan las funciones objetivo. Invocamos la función engage-switch con el argumento {:type :light}. Después, comprobamos que se ha llamado a las dos funciones objetivo.

Voy a dejar la forma de protocolo/registro de Abstract Server como ejercicio. A estas alturas, debería estar claro que el patrón es aplicable y útil en un lenguaje funcional.

ADAPTER

El patrón Adapter se usa cuando tenemos un cliente que quiere emplear un servidor, pero la interfaz que espera el cliente y la interfaz que expresa el servidor son incompatibles.

Como ejemplo, supongamos que tenemos la función `engage-switch` de la charla anterior, pero queremos pasarle una `:variable-light` de terceros. La función `turn-on-light` de `:variable-light` acepta un argumento para la intensidad de la luz: 0 para apagada y 100 para encendida por completo.

La interfaz de `:variable-light` no se corresponde con la expectativa de la `engage-switch`, así que necesitamos un Adapter.

Quizá la forma más simple del Adapter podría tener este aspecto:

```
(defn turn-on-light [intensity]
  ;Enciende con intensidad.
  )

(defmulti turn-on :type)
```

```
(defmulti turn-off :type)

(defmethod turn-on :variable-light [switchable]
  (turn-on-light 100))

(defmethod turn-off :variable-light [switchable]
  (turn-on-light 0))

(defn engage-switch [switchable]
  ;Otras cosas...
  (turn-on switchable)
  ;Otras cosas más...
  (turn-off switchable))
```

Lo probé con lo siguiente:

```
(describe "Adapter"
  (with-stubs)
  (it "turns light on and off"
    (with-redefs [turn-on-light (stub :turn-on-light)]
      (engage-switch {:type :variable-light})
      (should-have-invoked :turn-on-light {:times 1 :with [100]})
      (should-have-invoked :turn-on-light {:times 1 :with [0]})))))
```

Si tuviese que dibujar esta estructura en el UML, es probable que dibujase algo como la figura 16.5.

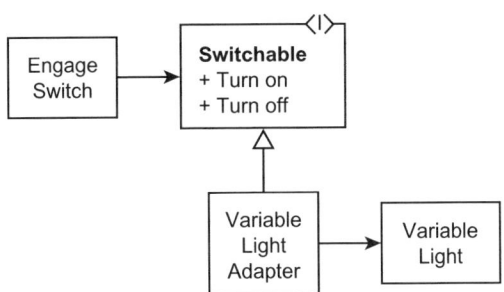

Figura 16.5. La forma de objeto del patrón Adapter.

Las funciones `defmulti` corresponden a la interfaz `Switchable`. El objeto `{:type :variable-light}`, acoplado a las dos funciones `defmethod`, corresponde a `VariableLightAdapter`. Las «clases» `EngageSwitch` y `VariableLight` corresponden a las dos funciones que estamos intentando adaptar.

Quizá esto no le resulte convincente. Al fin y al cabo, es solo un programa pequeño con un par de funciones defmulti. No hay una estructura OO evidente como la que se muestra en UML, así que vamos a imponer esa estructura dividiendo los archivos fuente.

Empezamos por la interfaz switchable. En la sentencia ns, he usado la convención de que turn-on-light era el espacio de nombres general para el proyecto que contiene el espacio de nombres switchable:

```
(ns turn-on-light.switchable)

(defmulti turn-on :type)
(defmulti turn-off :type)
```

Se trata de una interfaz polimórfica. Observe que no tiene dependencias de código fuente. Tenga también en cuenta que la sentencia ns en Clojure tiene el mismo tipo de requisito de archivo fuente que Java tiene para las clases. El archivo fuente y el espacio de nombres deben tener nombres correspondientes.[4] Así pues, cuando movemos los elementos de este código a espacios de nombres separados, también los estamos moviendo a archivos fuente separados.

A continuación, veremos los espacios de nombres engage-switch y variable-light:

```
(ns turn-on-light.engage-switch
  (:require [turn-on-light.switchable :as s]))

(defn engage-switch [switchable]
  ;Otras cosas...
  (s/turn-on switchable)
  ;Otras cosas más...
  (s/turn-off switchable))
```

```
(ns turn-on-light.variable-light)

(defn turn-on-light [intensity]
  ;Turn it on with intensity.
  )
```

---

4. En particular, el espacio de nombres turn-on-light.switchable debe estar en un archivo llamado switchable.clj dentro de un directorio llamado turn_on_light.

Aquí no hay verdaderas sorpresas. El espacio de nombres `engage-switch` depende de la interfaz `switchable`. El espacio de nombres `variable-light` no tiene dependencias de código fuente salientes.

El espacio de nombres `variable-light-adapter` conecta la interfaz `switchable` con `variable-light`. Fíjese en el constructor `make-adapter`. Las pruebas utilizarán eso:

```
(ns turn-on-light.variable-light-adapter
  (:require [turn-on-light.switchable :as s]
            [turn-on-light.variable-light :as v-l]))
(defn make-adapter []
  {:type :variable-light})

(defmethod s/turn-on :variable-light [switchable]
  (v-l/turn-on-light 100))

(defmethod s/turn-off :variable-light [switchable]
  (v-l/turn-on-light 0))
```

Y, por último, la prueba lo une todo en una bola bonita y ordenada al depender de todos los espacios de nombres concretos:

```
(ns turn-on-light.turn-on-spec
  (:require [speclj.core :refer :all]
            [turn-on-light.engage-switch :refer :all]
            [turn-on-light.variable-light :as v-l]
            [turn-on-light.variable-light-adapter
              :as v-l-adapter]))

(describe "Adapter"
  (with-stubs)
  (it "turns light on and off"
    (with-redefs [v-l/turn-on-light (stub :turn-on-light)]
      (engage-switch (v-l-adapter/make-adapter))
      (should-have-invoked :turn-on-light
                           {:times 1 :with [100]})
      (should-have-invoked :turn-on-light
                           {:times 1 :with [0]}))))
```

Analice esas dependencias de código fuente, compárelas con el diagrama UML y verá que se corresponden a la perfección.

Entonces, ¿qué forma del patrón Adapter era esta? Podríamos llamarla forma de multimétodos; pero también es la forma de objeto.

¿Sería posible, en Clojure, crear la forma de clase del patrón Adapter? No, porque Clojure no tiene herencia de implementación y de eso depende la forma de clase del patrón Adapter.

Así pues, aunque el patrón Adapter no es específico de un lenguaje, hay formas que sí lo son. Por ejemplo, no sería posible crear la forma de multimétodos del patrón Adapter en Java.

¿ES ESO UN OBJETO ADAPTER DE VERDAD?

Quizá crea que, puesto que el único elemento de datos en variable-light-adapter es el :type, en realidad no merece denominarse objeto. Vale, entonces, aquí tiene una versión diferente de variable-light-adapter que tal vez le resulte más convincente:

```clojure
(ns turn-on-light.variable-light-adapter
  (:require [turn-on-light.switchable :as s]
            [turn-on-light.variable-light :as v-l]))

(defn make-adapter [min-intensity max-intensity]
  {:type :variable-light
   :min-intensity min-intensity
   :max-intensity max-intensity})

(defmethod s/turn-on :variable-light [variable-light]
  (v-l/turn-on-light (:max-intensity variable-light)))

(defmethod s/turn-off :variable-light [variable-light]
  (v-l/turn-on-light (:min-intensity variable-light)))
```

```clojure
(ns turn-on-light.turn-on-spec
  (:require [speclj.core :refer :all]
            [turn-on-light.engage-switch :refer :all]
            [turn-on-light.variable-light :as v-l]
            [turn-on-light.variable-light-adapter
               :as v-l-adapter]))
(describe "Adapter"
  (with-stubs)
  (it "turns light on and off"
    (with-redefs [v-l/turn-on-light (stub :turn-on-light)]
```

```
(engage-switch (v-l-adapter/make-adapter 5 90))
(should-have-invoked :turn-on-light
                     {:times 1 :with [90]})
(should-have-invoked :turn-on-light
                     {:times 1 :with [5]})))))
```

A estas alturas, debería estar convencido de que esto es el patrón Adapter, recién salido del libro GOF.[5] También debería estar esperando que muchos de esos patrones GOF puedan expresarse en lenguajes funcionales como Clojure. Y, lo que quizá sea más importante, debería estar pensando en las estructuras de espacio de nombres/archivo fuente como parte del diseño y la arquitectura de los programas funcionales.

COMMAND

De todos los patrones de diseño del libro GOF, Command (orden) es el que más me intriga. No porque sea complicado, sino porque es simple. Muy, muy simple.

---

5. GOF es el nombre cariñoso que pusimos al libro *Patrones de diseño* en los años noventa. Significa «Gang of Four» (la pandilla de los cuatro) porque eran cuatro autores: Erich Gamma, John Vlissides, Ralph Johnson y Richard Helm.

Como inciso, esto también es lo que me intriga sobre Clojure. Como he dicho en la introducción de este libro, Clojure es rico a nivel semántico, pero trivial a nivel sintáctico. Bueno, el patrón Command tiene los mismos atributos. Su riqueza está en su escandalosa simplicidad.

En C++, podríamos escribir el patrón Command como sigue:

```
class Command {
  public:
    virtual void execute() = 0;
};
```

Ya está. Solo una clase abstracta (interfaz) con una función (abstracta) pura virtual. Muy simple. Pero hay muchas cosas interesantes que pueden hacerse con este patrón. Para profundizar en su riqueza, consulte el capítulo correspondiente en *Agile Software Development: Principles, Patterns, and Practices.*[6]

En un lenguaje funcional como Clojure, podría pensarse que este patrón desaparece, sin más. Al fin y al cabo, si queremos pasar un comando a alguna otra función, podemos pasar la función command. No necesitamos convertirlo en un objeto, porque, en los lenguajes funcionales, las funciones son objetos:

```
(ns command.core)

(defn execute []
  )

(defn some-app [command]
  ;Otras cosas. . .
  (command)⁷
  ;Otras cosas más. . .
  )
```

___

```
(ns command.core-spec
  (:require [speclj.core :refer :all]
```

___

6. Martin, R.C. *Agile Software Development*, p. 181.
7. El lector atento se dará cuenta de que el comando, tal y como está escrito, no es una función pura (transparente a nivel referencial). Sin embargo, debería estar claro que las funciones puras pueden pasarse del modo que se muestra.

```
          [command.core :refer :all]))
(describe "command"
  (with-stubs)
  (it "executes the command"
    (with-redefs [execute (stub :execute)]
      (some-app execute)
      (should-have-invoked :execute))))
```

Como ve, la prueba pasa la función execute a some-app, y la función some-app invoca ese comando. No es para tanto.

Ahora, ¿qué pasaría si quisiéramos crear el comando con un elemento de datos que se pasase como un argumento a la función execute? En C++, lo haríamos así (perdón por las funciones *inline*):

```
class CommandWithArgument : public Command {
  public:
    CommandWithArgument(int argument)
    :argument(argument)
    {}

    virtual void execute()
    {theFunctionToExecute(argument);}

  private:
    int argument;

    void theFunctionToExecute(int argument)
    {
      //¡hay que hacer algo con ese argumento!
    }
};
```

En Clojure lo haríamos así, demostrando una vez más que las funciones, en los lenguajes funcionales, son en realidad objetos:

```
(describe "command"
  (with-stubs)
  (it "executes the command"
    (with-redefs [execute (stub :execute)]
      (some-app (partial execute :the-argument))
```

```
    (should-have-invoked :execute {:with [:the-argument]})))))
```

```
(defn execute [argument]
  )

(defn some-app [command]
  ;Otras cosas. . .
  (command)
  ;Otras cosas más. . .
  )
```

UNDO

Puede ver una de las variaciones más útiles del patrón Command en el siguiente código C++:

```
class UndoableCommand : public Command {
  public:
    virtual void undo() = 0;
};
```

Esa función undo() abre muchas posibilidades interesantes.

Hace mucho tiempo, trabajé en una aplicación de GUI que era una analogía de AutoCAD. Era una herramienta de dibujo para planos arquitectónicos de plantas, tejados, límites de propiedades, etc. La GUI era una combinación típica de paleta y lienzo. Los usuarios hacían clic en la paleta para seleccionar la función que querían, como Add a Room (añadir una habitación) y, después, hacían clic en el lienzo para determinar la colocación y el tamaño.

Cada clic en la paleta hacía que la derivada apropiada de UndoableCommand se instanciase y se ejecutase. La ejecución gestionaba los gestos de ratón o teclado en el lienzo y, después, hacía las modificaciones adecuadas en el modelo de datos interno. Así, había una derivada UndoableCommand para cada función diferente que la paleta ofreciese.

Cuando un UndoableCommand había terminado de ejecutarse, se pasaba a la pila de «deshacer». Cada vez que el usuario hacía clic en el icono para deshacer en la paleta, se extraía el UndoableCommand en la parte superior de la pila de deshacer y se llamaba a su función undo.

Una vez ejecutado un objeto UndoableCommand, se registra lo que ha hecho de forma que la función undo pueda invertir esos cambios. En C++, ese registro se mantenía en las variables miembro del objeto UndoableCommand concreto en sí:

```
class AddRoomCommand : public UndoableCommand {
  public:
    virtual void execute() {
      // gestionar eventos de lienzo para añadir habitación
      // registrar lo que se ha hecho en theAddedRoom
    }

    virtual void undo() {
      // eliminar theAddedRoom del lienzo
    }

  private:
    Room* theAddedRoom;
};
```

Esto no es funcional, porque el objeto AddRoomCommand es mutable. Pero, en un lenguaje funcional, podemos hacer simplemente que la función execute cree una nueva instancia de UndoableCommand. Algo así:

```
(ns command.undoable-command)

(defmulti execute :type)
(defmulti undo :type)


_____


(ns command.add-room-command
  (:require [command.undoable-command :as uc]))

(defn add-room []
  ;algo que añade habitaciones al lienzo
  ;y devuelve la habitación añadida
```

```
  )

(defn delete-room [room]
  ;algo que elimina la habitación especificada del lienzo
  )

(defn make-add-room-command []
  {:type :add-room-command})

(defmethod uc/execute :add-room-command [command]
  (assoc (make-add-room-command) :the-added-room (add-room)))

(defmethod uc/undo :add-room-command [command]
  (delete-room (:the-added-room command)))
```

_____

```
(ns command.core
  (:require [command.undoable-command :as uc]
            [command.add-room-command :as ar]))

(defn gui-app [actions]
  (loop [actions actions
         undo-list (list)]
    (if (empty? actions)
      :DONE
      (condp = (first actions)
        :add-room-action
        (let [executed-command (uc/execute
                                (ar/make-add-room-command))]
          (recur (rest actions)
                 (conj undo-list executed-command)))

        :undo-action
        (let [command-to-undo (first undo-list)]
          (uc/undo command-to-undo)
          (recur (rest actions)
                 (rest undo-list)))
        :TILT))))
```

_____

```
(ns command.core-spec
  (:require [speclj.core :refer :all]
            [command.core :refer :all]
            [command.add-room-command :as ar]))

(describe "command"
  (with-stubs)
  (it "executes the command"
    (with-redefs [ar/add-room (stub :add-room {:return :a-room})
                  ar/delete-room (stub :delete-room)]
      (gui-app [:add-room-action :undo-action])
      (should-have-invoked :add-room)
      (should-have-invoked :delete-room {:with [:a-room]}))))
```

Creamos la interfaz `undoable-command` empleando funciones `defmulti`. Implementamos esa interfaz en el espacio de nombres `add-room-command` y simulamos la GUI en la función `gui-app` del espacio de nombres `command.core`.

La prueba simula las funciones de bajo nivel del `add-room-command` y se asegura de que se llamen de forma correcta. Llama a `gui-app` con una lista de `palette-actions`.

Los dos métodos de `add-room-command` se despachan de manera polimórfica. Puede que esto no parezca necesario para el caso `execute`, puesto que `gui-app` acaba de crear el objeto `add-room-command`. Pero si quisiésemos añadir más comandos a este sistema, el despacho polimórfico de `execute` se volvería más necesario.

Está claro que el despacho polimórfico de `undo` es necesario, incluso en este ejemplo pequeño, porque para cuando se recibe `:undo-action` desde la paleta, no tenemos ni idea de qué comando está deshaciéndose.

Aquí, de nuevo, vemos que, a medida que añadimos complejidad a la aplicación, la forma canónica del patrón GOF empieza a reafirmarse. Con el comando de método único, podíamos salirnos con la nuestra usando funciones ordinarias (objetos de funciones, en realidad). Pero cuando la aplicación necesitaba un tipo de comando más rico, hemos vuelto al estilo GOF.

COMPOSITE

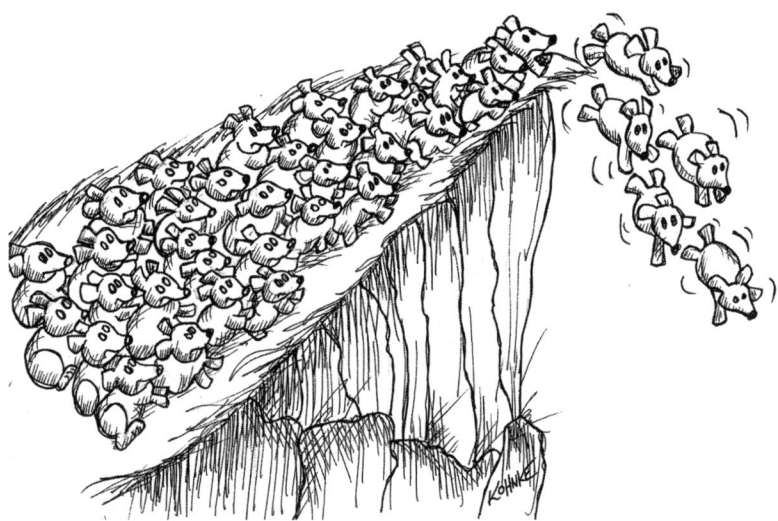

Composite (objeto compuesto) continúa el tema de la riqueza semántica y la trivialidad sintáctica. Es un ejemplo maravilloso del antiguo enfoque manejador/cuerpo acerca del cual leí por primera vez en uno de los libros de Jim Coplien.[8] La estructura del patrón Composite se muestra en el UML en la figura 16.6.

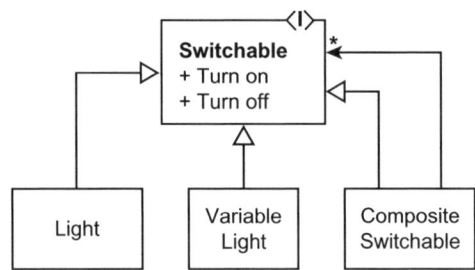

Figura 16.6. El patrón Composite.

Nuestra vieja amiga, la interfaz Switchable está implementada por otros viejos conocidos, Light y VariableLight. CompositeSwitchable también implementa Switchable y contiene una lista de otras instancias de Switchable.

---

8. Coplien, J.O. (1991). *Advanced C++ Programming Styles and Idioms*. Addison-Wesley.

La implementación de TurnOn y TurnOff en CompositeSwitchable simplemente propaga llamadas de las mismas funciones a todas las instancias de la lista. Así, cuando llamemos a TurnOn en una instancia de un CompositeSwitchable, llamará a TurnOn en todas las instancias Switchable que contiene.

En Java, podríamos implementar CompositeSwitchable de la siguiente forma:

```java
public class CompositeSwitchable implements Switchable {
  private List<Switchable> switchables = new ArrayList<>();

  public void addSwitchable(Switchable s) {
    switchables.add(s):
  }

  public void turnOn() {
    for (var s : switchables)
      s.turnOn();
  }

  public void turnOff() {
    for (var s : switchables)
      s.turnOff();
  }
}
```

En un lenguaje funcional, como Clojure, la tentación es evitar el patrón Composite y usar sin más la función map o doseq, como puede ver en la siguiente prueba:

```clojure
(ns composite-example.switchable)

(defmulti turn-on :type)
(defmulti turn-off :type)


_____


(ns composite-example.light
  (:require [composite-example.switchable :as s]))

(defn make-light [] {:type :light})

(defn turn-on-light [])
```

```clojure
(defn turn-off-light [])

(defmethod s/turn-on :light [switchable]
  (turn-on-light))

(defmethod s/turn-off :light [switchable]
  (turn-off-light))
```

———

```clojure
(ns composite-example.variable-light
  (:require [composite-example.switchable :as s]))

(defn make-variable-light [] {:type :variable-light})

(defn set-light-intensity [intensity])

(defmethod s/turn-on :variable-light [switchable]
  (set-light-intensity 100))

(defmethod s/turn-off :variable-light [switchable]
  (set-light-intensity 0))
```

————

```clojure
(ns composite-example.core-spec
  (:require [speclj.core :refer :all]
            [composite-example
             [light :as l]
             [variable-light :as v]
             [switchable :as s]]))

(describe "composite-switchable"
  (with-stubs)
  (it "turns all on"
    (with-redefs
      [l/turn-on-light (stub :turn-on-light)
       v/set-light-intensity (stub :set-light-intensity)]
      (let [switchables [(l/make-light) (v/make-variable-light)]]
        (doseq [s-able switchables] (s/turn-on s-able))
        (should-have-invoked :turn-on-light)
        (should-have-invoked :set-light-intensity
                             {:with [100]})))))
```

Esto logra la meta de encender todas las luces, pero lo hace a costa de externalizar la pluralidad de las luces. El objetivo del patrón Composite es ocultar esa pluralidad. Así pues, vamos a utilizar el patrón Composite auténtico:

```
(ns composite-example.composite-switchable
  (:require [composite-example.switchable :as s]))

(defn make-composite-switchable []
  {:type :composite-switchable
   :switchables []})

(defn add [composite-switchable switchable]
  (update composite-switchable :switchables conj switchable))

(defmethod s/turn-on :composite-switchable [c-switchable]
  (doseq [s-able (:switchables c-switchable)]
    (s/turn-on s-able)))

(defmethod s/turn-off :composite-switchable [c-switchable]
  (doseq [s-able (:switchables c-switchable)]
    (s/turn-off s-able)))
```

———

```
(ns composite-example.core-spec
  (:require [speclj.core :refer :all]
            [composite-example
             [light :as l]
             [variable-light :as v]
             [switchable :as s]
             [composite-switchable :as cs]]))

(describe "composite-switchable"
  (with-stubs)
  (it "turns all on"
    (with-redefs
      [l/turn-on-light (stub :turn-on-light)
       v/set-light-intensity (stub :set-light-intensity)]
      (let [group (-> (cs/make-composite-switchable)
                      (cs/add (l/make-light))
                      (cs/add (v/make-variable-light)))]
        (s/turn-on group)
```

```
(should-have-invoked :turn-on-light)
(should-have-invoked :set-light-intensity
                     {:with [100]})))))
```

Vemos que `composite-switchable` implementa la interfaz `switchable`. La función `add` es funcional en el sentido de que devuelve un nuevo `composite-switchable` con el argumento añadido a la lista `:switchables`. Los métodos `turn-on` y `turn-off` emplean `doseq` para iterar a través de la lista `:switchables` y propagar la llamada a la función apropiada. Por último, la prueba crea el `composite-switchable`, añade `light` y `variable-light` y, después, invoca `turn-on`. Y vemos cómo se encienden ambas luces de forma apropiada.

¿FUNCIONAL?

En este punto, puede que esté pensando que todo esto está muy bien para los objetos que tienen efectos secundarios, como luces y luces variables. De hecho, toda la interfaz `switchable` está orientada alrededor del efecto secundario de encender o apagar algo. Entonces, ¿este patrón solo es para objetos con efectos secundarios? Vamos a considerar una abstracción `shape` que tiene este aspecto:

```
(ns composite-example.shape
  (:require [clojure.spec.alpha :as s]))

(s/def ::type keyword?)
(s/def ::shape-type (s/keys :req [::type]))

(defmulti translate (fn [shape dx dy] (::type shape)))
(defmulti scale (fn [shape factor] (::type shape)))
```

Es una interfaz clara con dos métodos: `translate` y `scale`. También he añadido una especificación de tipos por cuestiones de seguridad. (Este sería un buen momento para repasar la sintaxis de los dos puntos dobles de las palabras clave en espacios de nombres). Cada shape será un mapa con un elemento `::shape/type`.

Las implementaciones `circle` y `square` también son bastante claras, incluyendo sus especificaciones de tipos:

```
(ns composite-example.circle
  (:require [clojure.spec.alpha :as s]
            [composite-example.shape :as shape]))
```

```
(s/def ::center (s/tuple number? number?))
(s/def ::radius number?)
(s/def ::circle (s/keys :req [::shape/type
                              ::radius
                              ::center]))

(defn make-circle [center radius]
  {:post [(s/valid? ::circle %)]}
  {::shape/type ::circle
   ::center center
   ::radius radius})

(defmethod shape/translate ::circle [circle dx dy]
  {:pre [(s/valid? ::circle circle)
         (number? dx) (number? dy)]
   :post [(s/valid? ::circle %)]}
  (let [[x y] (::center circle)]
    (assoc circle ::center [(+ x dx) (+ y dy)])))

(defmethod shape/scale ::circle [circle factor]
  {:pre [(s/valid? ::circle circle)
         (number? factor)]
   :post [(s/valid? ::circle %)]}
  (let [radius (::radius circle)]
    (assoc circle ::radius (* radius factor))))


 _____


(ns composite-example.square
  (:require [clojure.spec.alpha :as s]
            [composite-example.shape :as shape]))

(s/def ::top-left (s/tuple number? number?))
(s/def ::side number?)
(s/def ::square (s/keys :req [::shape/type
                              ::side
                              ::top-left]))

(defn make-square [top-left side]
  {:post [(s/valid? ::square %)]}
  {::shape/type ::square
   ::top-left top-left
   ::side side})
```

```
(defmethod shape/translate ::square [square dx dy]
  {:pre [(s/valid? ::square square)
         (number? dx) (number? dy)]
   :post [(s/assert ::square %)]}
  (let [[x y] (::top-left square)]
    (assoc square ::top-left [(+ x dx) (+ y dy)])))

(defmethod shape/scale ::square [square factor]
  {:pre [(s/valid? ::square square)
         (number? factor)]
   :post [(s/valid? ::square %)]}
  (let [side (::side square)]
    (assoc square ::side (* side factor))))
```

Fíjese en las condiciones :pre y :post de los métodos. Las estoy usando para comprobar los tipos que entran y salen de las funciones. Podría preocuparle, con razón, la penalización del tiempo de ejecución de todas esas comprobaciones. Yo las deshabilitaría[9] a nivel global o las comentaría de forma estratégica una vez que estuviese satisfecho con que mis tipos estuviesen gestionándose de modo apropiado. Fíjese en que las funciones translate y scale devuelven nuevas instancias shape. Todas son totalmente funcionales en su comportamiento.

Ahora, vamos a echar un vistazo a composite-shape:

```
(ns composite-example.composite-shape
  (:require [clojure.spec.alpha :as s]
            [composite-example.shape :as shape]))

(s/def ::shapes (s/coll-of ::shape/shape-type))
(s/def ::composite-shape (s/keys :req [::shape/type
                                        ::shapes]))

(defn make []
  {:post [(s/assert ::composite-shape %)]}
  {::shape/type ::composite-shape
   ::shapes []})

(defn add [cs shape]
  {:pre [(s/valid? ::composite-shape cs)
         (s/valid? ::shape/shape-type shape)]
   :post [(s/valid? ::composite-shape %)]}
```

---

9. Hay un modificador en tiempo de compilación que deshabilita todas las aserciones, incluyendo :pre y :post.

```
  (update cs ::shapes conj shape))

(defmethod shape/translate ::composite-shape [cs dx dy]
  {:pre [(s/valid? ::composite-shape cs)
         (number? dx) (number? dy)]
   :post [(s/valid? ::composite-shape %)]}
  (let [translated-shapes (map #(shape/translate % dx dy)
                               (::shapes cs))]
    (assoc cs ::shapes translated-shapes)))

(defmethod shape/scale ::composite-shape [cs factor]
  {:pre [(s/valid? ::composite-shape cs)
         (number? factor)]
   :post [(s/valid? ::composite-shape %)]}
  (let [scaled-shapes (map #(shape/scale % factor)
                           (::shapes cs))]
    (assoc cs ::shapes scaled-shapes)))
```

Hemos visto este patrón antes, en el ejemplo de light/variable-light. Sin embargo, esta vez composite-shape devuelve una nueva composite-shape con las nuevas instancias shape. Así pues, es funcional.

Para quienes sientan curiosidad, esta es la prueba que utilicé:

```
(ns composite-example.core-spec
  (:require [speclj.core :refer :all]
            [composite-example
             [square :as square]
             [shape :as shape]
             [circle :as circle]
             [composite-shape :as cs]]]))

(describe "square"
  (it "translates"
    (let [s (square/make-square [3 4] 1)
          translated-square (shape/translate s 1 1)]
      (should= [4 5] (::square/top-left translated-square))
      (should= 1 (::square/side translated-square))))

  (it "scales"
    (let [s (square/make-square [1 2] 2)
          scaled-square (shape/scale s 5)]
      (should= [1 2] (::square/top-left scaled-square))
```

```
        (should= 10 (::square/side scaled-square)))))

(describe "circle"
  (it "translates"
    (let [c (circle/make-circle [3 4] 10)
          translated-circle (shape/translate c 2 3)]
      (should= [5 7] (::circle/center translated-circle))
      (should= 10 (::circle/radius translated-circle))))

  (it "scales"
    (let [c (circle/make-circle [1 2] 2)
          scaled-circle (shape/scale c 5)]
      (should= [1 2] (::circle/center scaled-circle))
      (should= 10 (::circle/radius scaled-circle)))))

(describe "composite shape"
  (it "translates"
    (let [cs (-> (cs/make)
                 (cs/add (square/make-square [0 0] 1))
                 (cs/add (circle/make-circle [10 10] 10)))
          translated-cs (shape/translate cs 3 4)]
      (should= #{{::shape/type ::square/square
                  ::square/top-left [3 4]
                  ::square/side 1}
                 {::shape/type ::circle/circle
                  ::circle/center [13 14]
                  ::circle/radius 10}}
               (set (::cs/shapes translated-cs)))))

  (it "scales"
    (let [cs (-> (cs/make)
                 (cs/add (square/make-square [0 0] 1))
                 (cs/add (circle/make-circle [10 10] 10)))
          scaled-cs (shape/scale cs 12)]
      (should= #{{::shape/type ::square/square
                  ::square/top-left [0 0]
                  ::square/side 12}
                 {::shape/type ::circle/circle
                  ::circle/center [10 10]
                  ::circle/radius 120}}
               (set (::cs/shapes scaled-cs))))))
```

Puede que se haya fijado en que, a medida que avanzamos en estos capítulos, empleo características más matizadas de Clojure. Es intencionado. Espero que mientras lee este libro tenga a mano una buena referencia de Clojure, así que estoy dándole varias oportunidades para buscar cosas y familiarizarse más con el lenguaje.

Como hemos visto, Composite es otro patrón GOF que encaja bien en el mundo funcional. Una vez que empezamos a sacar partido del despacho polimórfico, con tablas virtuales, multimétodos o estructuras protocolo/registro, los patrones GOF encajan bien, más o menos como los describió el grupo GOF.

DECORATOR

Otro de los patrones manejador/cuerpo es Decorator (decorador). El patrón Decorator es una forma de añadir funcionalidad a un modelo de tipos sin modificarlo de manera directa.

Por ejemplo, vamos a seguir con nuestro proyecto shape. Tenemos un modelo de tipos shape que soporta subtipos circle y square. Dentro de ese modelo de tipos, siempre y cuando cumpla el LSP, podemos traducir (translate) y escalar (scale) cualquiera de los subtipos de shape sin conocer el subtipo explícito que estamos manipulando.

Ahora, vamos a añadir una nueva funcionalidad opcional: journaled-shape. Se trata de una shape que recuerda las operaciones que se han realizado en ella desde su creación. Queremos ser capaces de mantener registros diarios sobre squares y circles; pero solo determinados squares y circles. No queremos que todo circle y square se registre, porque la penalización de la memoria y el procesamiento es demasiado alta.

Ahora, por supuesto, podríamos implementar esto añadiendo una bandera :journaled? a la abstracción shape y, después, poner una sentencia if en las implementaciones circle y square, pero eso resulta desorganizado. Lo que nos interesa en realidad es una manera de añadir esta funcionalidad sin cambiar la abstracción shape ni ninguno de sus subtipos, incluyendo circle, square y composite-shape (el OCP). Entra en escena el patrón Decorator. El UML es como muestra la figura 16.7.

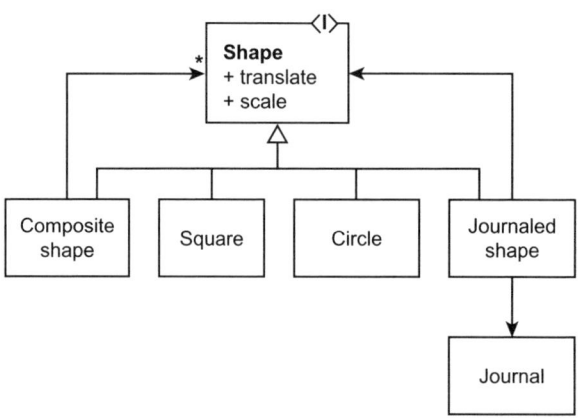

Figura 16.7. El patrón Decorator.

He incluido composite-shape porque en este momento es parte del modelo de tipos shape. La journaled-shape es el Decorator. La journaled-shape deriva de shape y alberga una referencia a shape. Cuando se llama a translate o scale en una journaled-shape crea una entrada en el registro diario y, después, delega la llamada al shape contenido.

Esta es la implementación en Clojure:

```
(ns decorator-example.journaled-shape
  (:require [decorator-example.shape :as shape]
            [clojure.spec.alpha :as s]))
```

```
(s/def ::journal-entry
      (s/or :translate (s/tuple #{:translate}¹⁰ number? number?)
            :scale (s/tuple #{:scale} number?)))
(s/def ::journal (s/coll-of ::journal-entry))
(s/def ::shape ::shape/shape-type)
(s/def ::journaled-shape (s/and
                              (s/keys :req [::shape/type
                                            ::journal
                                            ::shape])
                          #(= ::journaled-shape
                              (::shape/type %))))

(defn make [shape]
  {:post [(s/valid? ::journaled-shape %)]}
  {::shape/type ::journaled-shape
   ::journal []
   ::shape shape})

(defmethod shape/translate ::journaled-shape [js dx dy]
  {:pre [(s/valid? ::journaled-shape js)
         (number? dx) (number? dy)]
   :post [(s/valid? ::journaled-shape %)]}
  (-> js (update ::journal conj [:translate dx dy])
     (assoc ::shape (shape/translate (::shape js) dx dy))))

(defmethod shape/scale ::journaled-shape [js factor]
  {:pre [(s/valid? ::journaled-shape js)
         (number? factor)]
   :post [(s/valid? ::journaled-shape %)]}
  (-> js (update ::journal conj [:scale factor])
     (assoc ::shape (shape/scale (::shape js) factor))))
```

El objeto ::journaled-shape tiene campos ::shape y ::journal. El campo ::journal es una colección de tuplas ::journal-entry que tienen la forma [:translate dx dy] o [:scale factor] donde dx, dy y factor son números. El campo ::shape debe contener un shape válido.

El constructor make crea un journaled-shape válido (según comprueba la condición :post).

---

10. Un conjunto puede usarse como una función que compruebe la membresía.

Las funciones translate y scale añaden la entrada apropiada del registro diario a ::journal y, a continuación, delegan sus funciones respectivas en ::shape, devolviendo un nuevo journaled-shape con el ::journal actualizado y el ::shape modificado.

Aquí está la prueba. Solo he probado journaled-shape con square porque si funciona con square, funcionará con cualquier shape:

```
(describe "journaled shape decorator"
  (it "journals scale and translate operations"
    (let [jsd (-> (js/make (square/make-square [0 0] 1))
                  (shape/translate 2 3)
                  (shape/scale 5))]
      (should= [[:translate 2 3] [:scale 5]]
               (::js/journal jsd))
      (should= {::shape/type ::square/square
                 ::square/top-left [2 3]
                 ::square/side 5}
               (::js/shape jsd)))))
```

Creamos un journaled-shape con un square dentro. Usamos translate y scale en él y, después, nos aseguramos de que ::journal ha registrado las llamadas a translate y scale y de que square ha traducido y escalado valores.

Una vez más, he incluido las especificaciones de tipos solo para proporcionarle un reto y para demostrar que pueden emplearse. Sin embargo, siendo franco, creo que las pruebas hacen un trabajo adecuado para comprobar los tipos; así pues, en la vida real, dudo que usase especificaciones de tipos tan detalladas para esta clase de problema pequeño. Por otra parte, es agradable ver todos los tipos explicados así.

En cualquier caso, observe que el Decorator journaled-shape funcionará para cualquier shape, incluyendo composite-shape. Por tanto, hemos añadido de manera efectiva una funcionalidad nueva al modelo de tipos sin realizar ningún cambio en el elemento existente de ese modelo de tipos. Eso es el OCP en acción.

VISITOR

¡Oh, no! ¡El Visitor no! Sí, vamos a investigar el denostado patrón Visitor (visitante). Visitor no es uno de los patrones manejador/cuerpo. Tiene su propia estructura única que, como veremos, se complica con algunas elecciones de lenguaje.

El propósito del patrón Visitor es similar al del patrón Decorator. Queremos añadir una función nueva a un modelo de tipos existente sin cambiar el modelo de tipos (el OCP). El Decorator es apropiado cuando la nueva función es independiente de los demás subtipos en el modelo de tipos. Vuelva a fijarse en journaled-shape para verificar esta restricción. La introducción en el registro diario era independiente de si la forma contenida era un circle o un square. El Decorator journaled-shape nunca conocía el subtipo del shape contenido.

Usamos el patrón Visitor cuando la función que queremos añadir depende de los subtipos del modelo de tipos.

Así, por ejemplo, ¿qué pasaría si quisiéramos añadir una función a nuestra abstracción de forma para convertir la forma en una cadena con fines de serialización? Podríamos añadir una función to-string a la interfaz shape. Está chupado.

Pero ¡espere! ¿Qué pasaría si uno de nuestros clientes quisiese las formas en XML? Supongo que podríamos añadir una función to-xml además de la función to-string.

Pero ¡espere otra vez! ¿Qué pasaría si otro cliente quisiese las formas en JSON, otro las quisiese en YAML y...?

En algún momento, se da cuenta de que estos formatos de datos no tienen fin y los clientes van a seguir pidiendo cada vez más y más. Y no quiere contaminar la interfaz shape con todos esos métodos horribles.

El patrón Visitor le ofrece una manera de salir de este dilema. El UML es algo parecido a la figura 16.8.

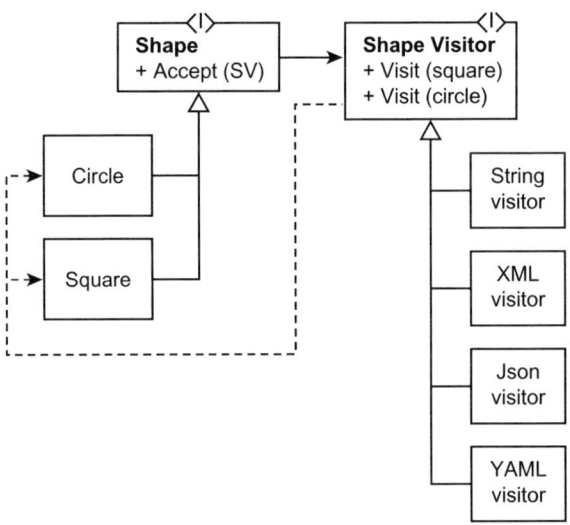

Figura 16.8. El patrón Visitor.

Lo primero que quiero señalar es la rotación de 90° de los subtipos de Shape en métodos en ShapeVisitor. Cada uno de los subtipos, Square y Circle, es el tipo del argumento de una función visit en ShapeVisitor. Llamo a la transformación de subtipo a método rotación de 90° porque resulta agradable para algunas neuronas de mi rombencéfalo.

Vemos nuestra abstracción Shape y todos sus subtipos a la izquierda. A la derecha, vemos la jerarquía ShapeVisitor. El patrón añade la función accept a la interfaz Shape. Esa función toma un único argumento, que es un ShapeVisitor. Esto viola el OCP, pero solo una vez. En Java, la implementación de la función accept es trivial:

```
void accept(ShapeVisitor v) {
  v.visit(this);
}
```

Si nunca ha estudiado el patrón Visitor antes, esto podría ser un poco difícil de seguir, así que tómese su tiempo para ir viéndolo conmigo.

Digamos que queremos una cadena JSON para alguna Shape que tenemos. En Java, C++ u otros lenguajes similares, así es como la obtendríamos:

```
Shape s = // obtener una forma sin conocer el subtipo
ShapeVisitor v = new JsonVisitor();
s.accept(v);
String json = v.getJson();
```

Obtenemos un objeto Shape de algún sitio. Creamos el JsonVisitor. Pasamos el JsonVisitor a Shape utilizando el método accept. El método accept despacha de manera polimórfica al subtipo adecuado de Shape (digamos que es un Square). El método accept de Square llama a visit(this) en el JsonVisitor. El tipo de this es Square, así que se llama a la función visit(Square s) del JsonVisitor. Esa función genera la cadena JSON para Square y la guarda en una variable miembro del JsonVisitor. La función getJson() devuelve los contenidos de esa variable miembro.

Puede que tenga que leerlo varias veces para seguirlo. Esta técnica se denomina doble despacho. El primer despacho despliega al subtipo de Shape, así que ahora conocemos el tipo de ese subtipo. El segundo despacho despliega al subtipo adecuado del visitante pasando el verdadero tipo del subtipo.

Si sigue todo eso, puede ver que cada una de las derivadas de ShapeVisitor es un «método» nuevo del modelo de tipos Shape, pero lo único que hemos tenido que añadir a Shape ha sido el método accept. Así que ~(el OCP).

Ahora debería entender por qué no podíamos emplear un Decorator. Las funciones nuevas dependen mucho de los subtipos. No puede crear una cadena JSON para un Square si no sabe que es un Square.

Bueno, le he contado eso para poder decirle esto. Toda esa complejidad horrible está ahí debido a una restricción del lenguaje. Sí, sí... aquí es donde todos los detractores de los patrones de diseño tienen algo de razón. El patrón Visitor es así de complejo debido a una característica de lenguaje concreta.

¿Qué característica es esa? Las clases cerradas.

¿Cerrar o usar Clojure?

En lenguajes como C++ y Java, creamos clases cerradas. Eso significa que no podemos añadir un nuevo método a una clase poniendo la declaración de ese método nuevo en un archivo fuente nuevo. Si queremos añadir un método nuevo a una clase, en un lenguaje cerrado, debemos abrir el archivo fuente de esa clase y añadir el método dentro de la definición de esa clase.

Clojure no tiene esta restricción. Y, hasta cierto punto, tampoco la tiene C#. De hecho, muchos lenguajes nos permiten añadir métodos a clases sin cambiar el archivo fuente que contiene la declaración de esas clases.

La razón por la que Clojure no tiene esta restricción es que las clases no son una característica del lenguaje. Las creamos por convención, no por sintaxis.

Entonces, espere, ¿significa eso que no necesitamos los patrones Decorator o Visitor en Clojure? No, no significa eso en absoluto. En realidad, como hemos visto, todavía necesitamos Decorator en su forma GOF. Si no, ¿cómo haríamos journaled-shape?

Sin embargo, la forma GOF de Visitor no es necesaria en lenguajes con clases abiertas. O, mejor dicho, algunos de los detalles de la forma GOF no son necesarios.

Deje que le muestre este Visitor particular en Clojure. Primero, las pruebas:

```
(ns visitor-example.core-spec
  (:require [speclj.core :refer :all]
            [visitor-example
             [square :as square]
             [json-shape-visitor :as jv]
             [circle :as circle]]))

(describe "shape-visitor"
  (it "makes json square"
    (should= "{\"top-left\": [0,0], \"side\": 1}"
             (jv/to-json (square/make [0 0] 1))))

  (it "makes json circle"
    (should= "{\"center\": [3,4], \"radius\": 1}"
             (jv/to-json (circle/make [3 4] 1)))))
```

Esto no debería resultar demasiado sorprendente; aunque habría que prestar especial atención a las dependencias del código fuente. Esta prueba necesita prácticamente todo.

Ahora, recordemos qué aspecto tiene el modelo de tipos shape. Para mantener la simplicidad, he eliminado todas las especificaciones de tipos clojure.spec:

```clojure
(ns visitor-example.shape)

(defmulti translate (fn [shape dx dy] (::type shape)))
(defmulti scale (fn [shape factor] (::type shape)))


    _____


(ns visitor-example.square
  (:require
    [visitor-example.shape :as shape]))

(defn make [top-left side]
  {::shape/type ::square
   ::top-left top-left
   ::side side})

(defmethod shape/translate ::square [square dx dy]
  (let [[x y] (::top-left square)]
    (assoc square ::top-left [(+ x dx) (+ y dy)])))

(defmethod shape/scale ::square [square factor]
  (let [side (::side square)]
    (assoc square ::side (* side factor))))


    _____


(ns visitor-example.circle
  (:require
    [visitor-example.shape :as shape]))

(defn make [center radius]
  {::shape/type ::circle
   ::center center
   ::radius radius})

(defmethod shape/translate ::circle [circle dx dy]
```

```
(let [[x y] (::center circle)]
  (assoc circle ::center [(+ x dx) (+ y dy)])))
```

```
(defmethod shape/scale ::circle [circle factor]
  (let [radius (::radius circle)]
    (assoc circle ::radius (* radius factor))))
```

Todo esto debería resultar bastante familiar. Ahora, vamos con `json-shape-visitor`:

```
(ns visitor-example.json-shape-visitor
  (:require [visitor-example
             [shape :as shape]
             [circle :as circle]
             [square :as square]]))
```

```
(defmulti to-json ::shape/type)
```

```
(defmethod to-json ::square/square [square]
  (let [{:keys [::square/top-left¹¹ ::square/side]} square
        [x y] top-left]
    (format "{\"top-left\": [%s,%s], \"side\": %s}" x y side)))
```

```
(defmethod to-json ::circle/circle [circle]
  (let [{:keys [::circle/center ::circle/radius]} circle
        [x y] center]
    (format "{\"center\": [%s,%s], \"radius\": %s}" x y radius)))
```

Fíjese en esto con atención. Ese `defmulti` en `json-shape-visitor` añade el método `to-json` directamente al modelo de tipos `shape`. Es probable que lo entienda lo suficientemente bien en este punto; pero ¿ve por qué es esto un Visitor?

¿Puede ver la rotación de 90° de subtipos a funciones?

Al igual que la versión en Java de Visitor, todos los subtipos para la operación `to-json` se reúnen en el módulo `json-shape-visitor`.

Si sigue todas las dependencias del código fuente y las compara con el diagrama UML, verá que están todas ahí. Las únicas cosas que faltan son la interfaz `ShapeVisitor` y el doble despacho. Estaban ahí solo para solventar la limitación que surge por el hecho de que lenguajes como C++ y Java tienen clases cerradas.

---

11. La desestructuración de palabras clave con espacios de nombres crea una variable local nombrada según la parte local de la clave, en este caso, `top-left`.

Esto nos indica que el GOF se equivocó un poco con este patrón. El doble despacho es complementario al patrón Visitor y solo es necesario en lenguajes con clases cerradas.

EL PROBLEMA DE LOS 90°

Pero, espere. Esa rotación de 90° tiene un problema. Siempre que tenemos un módulo con métodos para cada uno de los subtipos de algún modelo de tipos, ese módulo debe cambiarse cada vez que se cambia el modelo de tipos. Por ejemplo, si fuésemos a añadir un `triangle` a nuestra jerarquía `shape`, nuestro `json-shape-visitor` necesitaría un `::triangle/triangle` defmethod de `to-json`. Esto viola el OCP.

Esto también es un problema porque viola la regla de dependencia de la arquitectura limpia[12] al obligar a los módulos de alto nivel a tener dependencias del código fuente respecto a módulos de nivel más bajo a través de un límite arquitectónico.[13] En el UML de la figura 16.9 se muestra todo ello.

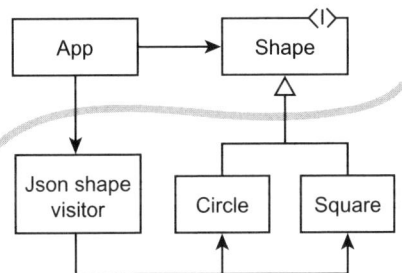

Figura 16.9. Violación de la regla de dependencia.

En general, queremos que las implementaciones de `shape` sean complementos para la `App`. Pero `json-shape-visitor` lo boicotea porque la única manera que nuestra `App` emita JSON es invocar a `json-shape-visitor`, que depende de forma directa de `circle` y `square`.

En Java, C# y C++, podemos resolverlo con una fábrica abstracta, que `App` podría utilizar para instanciar el objeto `visitor` sin depender directamente de él.

---

12. Martin, R.C. (2018). *Arquitectura limpia*. Anaya Multimedia, p. 181.

13. Martin, R.C. *Arquitectura limpia*, p. 148.

En Clojure, tenemos otra opción (que es mucho mejor). Podemos separar la interfaz del json-shape-visitor de su implementación de la siguiente manera:

```
(ns visitor-example.json-shape-visitor
  (:require [visitor-example
             [shape :as shape]]))
(defmulti to-json ::shape/type)
```

───────

```
(ns visitor-example.json-shape-visitor-implementation
  (:require [visitor-example
             [json-shape-visitor :as v]
             [circle :as circle]
             [square :as square]]))

(defmethod v/to-json ::square/square [square]
  (let [{:keys [::square/top-left ::square/side]} square
        [x y] top-left]
    (format "{\"top-left\": [%s,%s], \"side\": %s}" x y side)))

(defmethod v/to-json ::circle/circle [circle]
  (let [{:keys [::circle/center ::circle/radius]} circle
        [x y] center]
    (format "{\"center\": [%s,%s], \"radius\": %s}" x y radius)))
```

El truco es asegurarse de que main requiere el módulo json-shape-visitor-implementation de manera que los defmethods se registren de forma adecuada con el defmulti:

```
(ns visitor-example.main
  (:require [visitor-example
             [json-shape-visitor-implementation]]))
```

Normalmente, main se invoca antes que cualquier parte de la aplicación y, así, la aplicación no tiene una dependencia del código fuente en main.[14] Por desgracia, mis pruebas no tienen acceso a un auténtico main, así que hay que incluir la dependencia:

```
(ns visitor-example.core-spec
  (:require [speclj.core :refer :all]
            [visitor-example
```

---

14. Martin, R.C. *Arquitectura limpia*, p. 204.

```
              [square :as square]
              [json-shape-visitor :as jv]
              [circle :as circle]
              [main]]))

(describe "shape-visitor"
  (it "makes json square"
    (should= "{\"top-left\": [0,0], \"side\": 1}"
             (jv/to-json (square/make [0 0] 1))))

  (it "makes json circle"
    (should= "{\"center\": [3,4], \"radius\": 1}"
             (jv/to-json (circle/make [3 4] 1)))))
```

Aquí lo tiene, un Visitor funcional y competente a nivel arquitectónico, en Clojure. Como muestra el UML de la figura 16.10, todas las dependencias cruzan el límite arquitectónico apuntando al lado de nivel más alto (abstracto) del límite. ¡Aleluya!

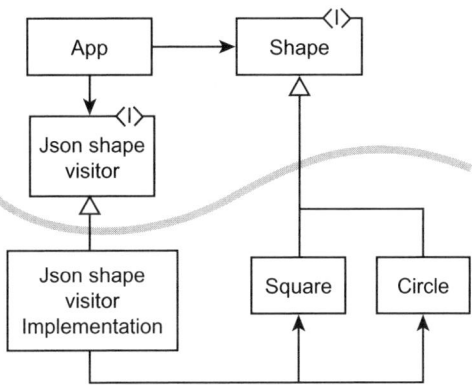

Figura 16.10. Visitor funcional y competente a nivel arquitectónico.

Así pues, el patrón Visitor es un caso en el que la forma GOF estaba contaminada por las restricciones de lenguaje de la época. En 1995, cuando se publicó el libro GOF, las clases cerradas se consideraban un atributo necesario de los lenguajes tipados estáticamente y, por tanto, eran casi ubicuos.

ABSTRACT FACTORY

El DIP nos aconseja evitar dependencias del código fuente de cosas que son tanto volátiles como concretas, así que creamos estructuras abstractas e intentamos dirigir nuestras dependencias hacia ellas. Sin embargo, cuando creamos instancias de objetos, a menudo tenemos que violar ese consejo; eso puede causar dificultades arquitectónicas, como muestra el UML de la figura 16.11.

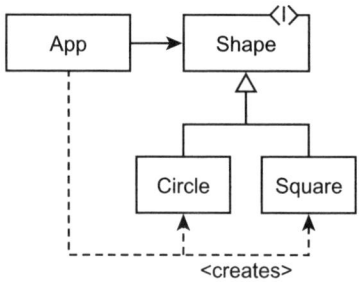

Figura 16.11. Violación del DIP debida a la creación.

La App en la figura 16.11 emplea la interfaz Shape. Todo lo que necesita hacer puede hacerse a través de esa interfaz, con una excepción. App debe crear instancias de las derivadas Circle y Square; eso obliga a App a colgar las dependencias del código fuente de los módulos correspondientes.

En realidad, hemos visto esta situación en nuestros ejemplos anteriores. Piense, por ejemplo, en el código de las pruebas de visitor-example visto antes en este capítulo. Observe que la prueba requiere dependencias de código fuente de square y circle con el único propósito de llamar a esas funciones make:

```
(ns visitor-example.core-spec
  (:require [speclj.core :refer :all]
            [visitor-example
             [square :as square]
             [json-shape-visitor :as jv]
             [circle :as circle]]))

(describe "shape-visitor"
  (it "makes json square"
    (should= "{\"top-left\": [0,0], \"side\": 1}"
             (jv/to-json (square/make [0 0] 1)))))

  (it "makes json circle"
    (should= "{\"center\": [3,4], \"radius\": 1}"
             (jv/to-json (circle/make [3 4] 1)))))))
```

Quizá parezca un pequeño precio que pagar, pero si, como muestra la figura 16.12, añadimos un límite arquitectónico a ese diagrama UML, el verdadero coste se ve con mayor claridad.

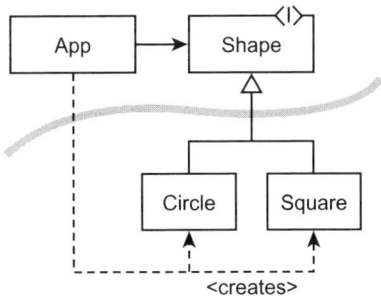

Figura 16.12. Violación de la regla de dependencia a través del límite arquitectónico.

Aquí podemos ver que la regla de dependencia de la arquitectura limpia[15] ha sido violada por esa dependencia <creates>. Esa regla afirma que todas las dependencias del código fuente que cruzan un límite arquitectónico deben

---

15. Martin, R. C. (2018). *Arquitectura limpia.*

apuntar hacia el lado de nivel superior de ese límite. Los módulos Circle y Square son detalles de bajo nivel y son complementos para App. Así, para conservar la arquitectura, necesitamos lidiar de algún modo con esas dependencias <creates>.

El patrón Abstract Factory (fábrica abstracta) ofrece una buena solución. Tiene el aspecto que muestra la figura 16.13.

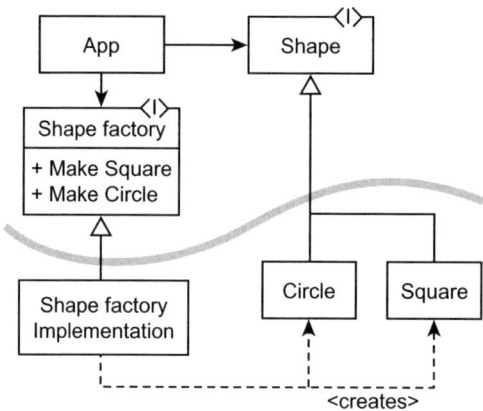

Figura 16.13. El patrón Abstract Factory resuelve la regla de dependencia.

Todas las dependencias del código fuente que cruzan el límite apuntan ahora hacia el lado de nivel superior, así que la violación de la regla de dependencia se ha resuelto. Circle y Square todavía pueden ser complementos independientes para App. App todavía puede crear instancias de Circle y Square pero de manera indirecta a través de la interfaz ShapeFactory, lo cual invierte la dependencia del código fuente (el DIP).

Esto es fácil de implementar en Clojure. Lo único que necesitamos es la interfaz shape-factory y su implementación:

```clojure
(ns abstract-factory-example.shape-factory)

(defmulti make-circle
  (fn [factory center radius] (::type factory)))

(defmulti make-square
  (fn [factory top-left side] (::type factory)))
```

```
(ns abstract-factory-example.shape-factory-implementation
  (:require [abstract-factory-example
             [shape-factory :as factory]
             [square :as square]
             [circle :as circle]]))

(defn make []
  {::factory/type ::implementation})

(defmethod factory/make-square ::implementation
  [factory top-left side]
  (square/make top-left side))

(defmethod factory/make-circle ::implementation
  [factory center radius]
  (circle/make center radius))
```

Y, con eso, podemos escribir una prueba que simula nuestra App:

```
(ns abstract-factory-example.core-spec
  (:require [speclj.core :refer :all]
             [abstract-factory-example
             [shape :as shape]
             [shape-factory :as factory]
             [main :as main]]))

(describe "Shape Factory"
  (before-all (main/init))
  (it "creates a square"
    (let [square (factory/make-square
                   @main/shape-factory
                   [100 100] 10)]
      (should= "Square top-left: [100,100] side: 10"
               (shape/to-string square))))
  (it "creates a circle"
    (let [circle (factory/make-circle
                   @main/shape-factory
                   [100 100] 10)]
      (should= "Circle center: [100,100] radius: 10"
               (shape/to-string circle)))))
```

Lo primero que se observa en esta prueba es que no tiene dependencias del archivo fuente en circle o square. Depende solo de las dos interfaces: shape y shape-factory. Ese era nuestro objetivo arquitectónico.

Pero ¿qué es esa dependencia de main? ¿Ve la línea (before-all (main/init)) al principio de la prueba? Eso ordena al ejecutor de la prueba llamar a (main/init) antes de cualquiera de las pruebas. Así, simula el módulo main e inicializa todo antes de iniciar App.

Aquí está main:

```
(ns abstract-factory-example.main
  (:require [abstract-factory-example
            [shape-factory-implementation :as imp]]))

(def shape-factory (atom nil))

(defn init[]
  (reset! shape-factory (imp/make)))
```

¡Oh, VAYA! ¡Tenemos un atom llamado shape-factory! Y ese atom está inicializándose a la shape-factory-implementation por medio de la función init.

Entonces, si volvemos a fijarnos en la prueba, vemos que los métodos make-circle y make-square estaban pasando el atom desreferenciado.

Configurar una global así es una estrategia bastante común para tratar con fábricas. El programa principal crea las implementaciones de fábricas concretas y, después, las carga en una global a la que puede acceder todo el mundo. En un lenguaje tipado estáticamente, esa global tendría el tipo de la interfaz ShapeFactory. En lenguajes tipados dinámicamente, no se requiere una declaración de tipos así.

90° OTRA VEZ

Fíjese de nuevo en el diagrama UML de la figura 16.13. ¿Ve la rotación de 90° en ShapeFactory? También puede verla en el código shape-factory. ShapeFactory (y shape-factory) tienen métodos que corresponden a los subtipos de Shape.

El problema que causaba esto para Visitor también surge aquí, aunque de una forma un poco diferente. Cada vez que se añade un nuevo subtipo de shape, debe modificarse shape-factory. Eso viola el OCP porque debemos modificar un módulo en el lado del alto nivel del límite arquitectónico. Si hay un momento en que el OCP importe de verdad es sobre todo al atravesar esos límites. Estudie ese diagrama UML hasta que vea a qué me refiero.

Puede resolver este problema sustituyendo la rotación de 90° por un único método que tome un *token* opaco. Algo como esto:

```
(ns abstract-factory-example.shape-factory)

(defmulti make (fn [factory type & args] (::type factory)))
```

———————

```
(ns abstract-factory-example.shape-factory-implementation
  (:require [abstract-factory-example
             [shape-factory :as factory]
             [square :as square]
             [circle :as circle]]))

(defn make []
  {::factory/type ::implementation})

(defmethod factory/make ::implementation
  [factory type & args]
  (condp = type
    :square (apply square/make args)
    :circle (apply circle/make args)))
```

———————

```
(ns abstract-factory-example.core-spec
  (:require [speclj.core :refer :all]
            [abstract-factory-example
             [shape :as shape]
             [shape-factory :as factory]
             [main :as main]]))

(describe "Shape Factory"
  (before-all (main/init))
  (it "creates a square"
    (let [square (factory/make
                   @main/shape-factory
                   :square
                   [100 100] 10)]
      (should= "Square top-left: [100,100] side: 10"
               (shape/to-string square))))

  (it "creates a circle"
```

```
(let [circle (factory/make
                @main/shape-factory
                :circle
                [100 100] 10)]
    (should= "Circle center: [100,100] radius: 10"
              (shape/to-string circle)))))
```

Observe que el argumento pasado a shape-factory/make es opaco, es decir, no está definido por ninguno de los otros módulos, incluyendo (y en especial) los módulos square y circle. Las palabras clave :square y :circle no están en un espacio de nombres, ni están declaradas en ninguna parte. Son solo valores opacos que resulta que tienen nombres. También podría haber usado 1 para square y 2 para circle, o cadenas "square" y "circle".

Esta opacidad es la clave para esta solución. Si alguna vez necesitamos añadir un subtipo triangle, no habrá que cambiar nada que esté por encima de la línea del límite (el OCP).

¿SEGURIDAD DE TIPOS?

En un lenguaje tipado estáticamente, como Java, esta técnica abandona la seguridad de tipos. Los valores opacos no pueden tener seguridad de tipos. Por ejemplo, no hay forma de usar enum en Java para resolver este problema.

En Clojure, no nos preocupa la seguridad de tipos estáticos, pero ¿qué pasa con las especificaciones de tipos dinámicos? Ahí tampoco tenemos suerte. No hay manera de obtener una ventaja al utilizar clojure.spec porque todos los errores, con o sin clojure.spec, serán errores en tiempo de ejecución.

Por ejemplo, nada me impide llamar a shape-factory/make con :sqare (lo he escrito mal a propósito). El condp en shape-factory-implementation lanzará una excepción, sin más. Si tuviese que configurar alguna restricción de tipos en clojure.spec obligando al argumento type de shape-factory/make a ser, bien :square o bien :circle, seguiría lanzando una excepción en tiempo de ejecución.

No se puede escapar de esto en ningún lenguaje. Ya sea en Java, C++, Ruby, Clojure o C#, si quiere mantener el OCP a través de los límites arquitectónicos (y, por lo general, querrá), en algún punto a través de ese límite va a tener que abandonar la seguridad de tipos y depender de las excepciones en tiempo de ejecución. No es más que la física del software.

CONCLUSIÓN

Voy a dejar el resto de los patrones GOF, y cualquier otro patrón con el que pueda estar familiarizado, como ejercicio. A estas alturas, estoy seguro de que entiende que los lenguajes funcionales que tienen características similares a Clojure son tan OO como Java, C#, Ruby y Python, y que los patrones descritos en el libro GOF se aplican, por lo general, siempre y cuando se cumpla la restricción de la inmutabilidad. En cuanto a Singleton (instancia única): simplemente cree una.

POSDATA: ¿VENENO OO?

Me parece inteligente revisar aquí mi esperanza y objetivo de la introducción. A estas alturas, debería estar claro que la programación funcional y la OO son estilos compatibles que se benefician mutuamente.

Los ejemplos de los patrones de diseño que he presentado hasta ahora no son inusuales. Los programadores de Clojure emplean con frecuencia `defmulti` y `defmethod` para expresar polimorfismo. Por lo general, usan mapas para expresar estructuras de datos encapsulados (es decir, objetos). A menudo crean incluso constructores para esos objetos. Puede que no se den cuenta, pero están creando programas OO. Lo que puede parecer inusual para algunos programadores funcionales, e incluso para algunos de Clojure, es la manera en que he organizado los archivos fuente y los espacios de nombres. Esa organización recuerda tanto a Java, C++, C#, Ruby, incluso Python, que grita «OO» a las personas que pensaban que habían dejado atrás la OO hace muchos años.

Ya debería estar claro que Clojure está tan orientado a objetos como Java, C++, C#, Python y Ruby. También es tan funcional como F#, Scala, Elixir y (seguramente) Haskell. Vamos a examinar un poquito la afirmación de la OO.

Clojure no tiene herencia, pero posee al menos tres mecanismos muy efectivos de polimorfismo. Como mínimo, dos de esos mecanismos soportan clases abiertas. Clojure no tiene modificadores `public/private/protected`, pero sí palabras clave en espacios de nombres y especificación de tipos dinámicos, lo cual permite que la encapsulación se exprese de manera fuerte y se aplique de forma dinámica, aunque no necesariamente estática. También tiene funciones privadas (creadas con `defn-`) que solo pueden verse dentro del archivo fuente que las contiene.

Clojure soporta, pero no aplica, una estructura de archivo fuente y espacio de nombres que permite la misma división arquitectónica que nos resulta tan familiar en cualquiera de los (llamados) lenguajes de programación empresariales.

Así pues, Clojure es un lenguaje OO/funcional.[16] También lo son, hasta cierto punto, otros lenguajes como Scala, Elixir y F#, por nombrar solo algunos. Y, puesto que eso es cierto, la mentalidad OO sigue siendo una manera válida de modelar aplicaciones en esos lenguajes. Todavía podemos describir nuestros programas funcionales con interfaces y clases, tipos y subtipos. Podemos dividir los archivos fuente y gestionar sus dependencias para crear arquitecturas sólidas que pueden desplegarse y desarrollarse de manera independiente. En ese sentido, no ha cambiado nada.

Lo que ha cambiado es la restricción adicional que nos pone la programación funcional: la eliminación o, al menos, el fuerte aislamiento de efectos secundarios. Nuestras clases y módulos preferirán objetos inmutables, en vez de mutables. Pero siguen siendo objetos y todavía pueden expresarse y organizarse como clases que implementan interfaces. Y eso significa que la amplia mayoría de los principios y los patrones de diseño que nos han resultado tan útiles en los lenguajes OO aún se aplican y son útiles en lenguajes funcionales como Clojure y otros.

---

16. ¿OOFL? ¿FOOL? Vale, a lo mejor deberíamos evitar los acrónimos.

PARTE VI

CASO PRÁCTICO

17

WA-TOR

En el último capítulo de este libro, vamos a jugar a un jueguecito acerca de un jueguecito. El jueguecito sobre el que trata nuestro jueguecito se llama Wa-Tor, un simple autómata celular descrito por A. K. en el número de diciembre de 1984 de *Scientific American*.[1] El juego consiste en fingir que Wa-Tor es una aplicación a nivel de empresa que requiere un esfuerzo significativo en arquitectura y diseño.

Bueno, sinceramente, podría montar Wa-Tor en unas horas y marcharme tan contento, pero, para este capítulo, quiero que pensemos de verdad en los problemas como si esto fuese un monstruo de 50 megalíneas de código.

Entonces, ¿qué es Wa-Tor?[2] El artículo de Wikipedia (en inglés) recogido en la nota al pie debería darle toda la información necesaria para entenderlo con la profundidad requerida (que no es mucha). Pero, en esencia, es un simulador depredador/presa típico con peces y tiburones. Los peces se mueven de modo aleatorio y se reproducen de forma ocasional. Los tiburones también se mueven de manera aleatoria, pero se comerán un pez si está a su lado. Los tiburones se reproducen de forma ocasional si comen suficientes peces y mueren si no se comen un pez antes de pasar hambre.

El mundo en el que viven los peces y los tiburones no tiene tierra; todo es agua. Además, la parte superior se junta con la inferior y la izquierda con la derecha, así que, a nivel topológico, el mundo es un anillo. Así, Wa-Tor significa WAter TORus (anillo de agua).

Hablaremos más sobre las características del programa más adelante. Por el momento, ¿cuáles son las consideraciones de arquitectura y diseño?

Empecemos por lo básico. El SRP. ¿Quiénes son los actores (a quiénes queremos mantener separados)?

En la mayoría de los sistemas empresariales grandes, hay muchos actores diferentes, pero en esta aplicación pequeña solo hay que preocuparse por dos. Son los diseñadores de la experiencia de usuario (UX), que sin duda cambiarán de idea una docena de veces antes de que les guste de verdad lo que ven en pantalla, y los modeladores, que también juguetearán con el comportamiento interno de los tiburones y peces y es posible que añadan más animales a la mezcla.

---

1. Ay, *SciAm*, la conocía bien...
2. https://en.wikipedia.org/wiki/Wa-Tor.

Empezamos con la figura 17.1, una división muy obvia y tradicional.

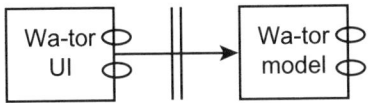

Figura 17.1. La división obvia y tradicional de Wa-Tor.

El componente WatorUI es de nivel[3] inferior al componente WatorModel. Según la regla de dependencia, eso significa que las dependencias del código fuente deben cruzar el límite arquitectónico apuntando hacia `WatorModel`. Debido a eso, `WatorUI` será un complemento para `WatorModel`.

Hasta ahora, solo hay dos componentes[4] y un límite en esta división. En sistemas más grandes, veríamos muchos más límites y muchos más componentes dentro de cada uno.

Vamos a centrarnos en el modelo primero.[5] ¿Qué tipos de clases vamos a necesitar?

Sí, he dicho clases. Puede que estemos usando un lenguaje funcional, pero si algo ha aprendido en este libro hasta ahora es que el diseño funcional y el diseño OO son dos caras de la misma moneda.

A primera vista, creo que el modelo de objeto se parece a la figura 17.2.

El `world` contiene un grupo de `cells`. Cada `cell` puede procesar un `tick`[6] de tiempo. He supuesto que esa `cell` es abstracta, más que una interfaz, porque espero que haya funciones concretas en este nivel.

Cada `cell` puede ser `water` (agua) o un `animal` que se puede `move` (mover) y `reproduce` (reproducir). Los dos subtipos posibles de `animal` son `fish` (peces) y `sharks` (tiburones) que, a su vez, pueden `eat` (comer).

---

3. La definición de «nivel» alto y bajo que empleo aquí es «distancia entre entradas y salidas». Consulte Martin, R. C. (2018), *Arquitectura limpia*. Anaya Multimedia, p. 166.

4. Consulte Martin, *Arquitectura limpia*, p. 97.

5. `http://wiki.c2.com/?ModelFirst`.

6. Dewdney los llamó *chronons*.

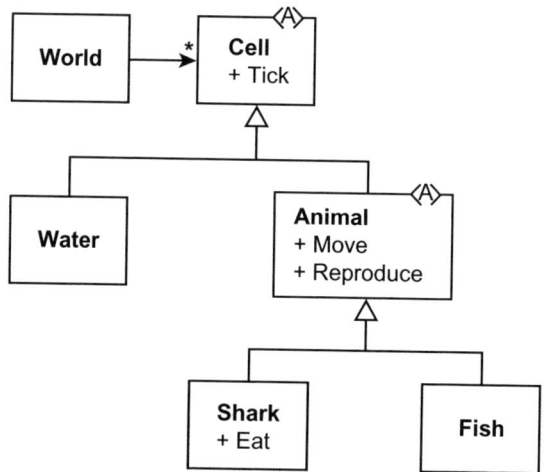

Figura 17.2. Modelo de objeto inicial de Wa-Tor.

Veamos si podemos escribir este código. Todavía no hay pruebas, porque no hemos definido ningún comportamiento:

```
(ns wator.cell)

(defmulti tick ::type)
```

———

```
(ns wator.water
  (:require [wator
            [cell :as cell]]))

(defn make [] {::cell/type ::water})

(defmethod cell/tick ::water [water]
  )
```

———

```
(ns wator.animal)

(defmulti move ::type)
(defmulti reproduce ::type)
```

```
(defn tick [animal]
  )


-----


(ns wator.fish
  (:require [wator
             [cell :as cell]
             [animal :as animal]]))

(defn make [] {::cell/type ::fish})

(defmethod cell/tick ::fish [fish]
  (animal/tick fish)
  )

(defmethod animal/move ::fish [fish]
  )

(defmethod animal/reproduce ::fish [fish]
  )


-----


(ns wator.shark
  (:require [wator
             [cell :as cell]
             [animal :as animal]]))

(defmethod cell/tick ::shark [shark]
  (animal/tick shark)
  )

(defmethod animal/move ::shark [shark]
  )

(defmethod animal/reproduce ::shark [shark]
  )

(defn eat [shark]
  )
```

Esto parece bastante estándar. De momento, el módulo `cell` parece una interfaz. El módulo `water` lo implementa de manera trivial. Los paréntesis colgantes están ahí para recordarme que quiero añadir algo a esa función.

El módulo `animal` no implementa `tick`, pero tiene una función llamada `tick` a la que pueden llamar sus subtipos. Esto lo pongo como una suposición. Tal vez sea algo arrogante, pero tengo la sensación de que será necesario.[7]

El `fish` implementa de modo trivial tanto `cell` como `animal`. En realidad, esto parece más una herencia múltiple que un diagrama UML. Por otra parte, no hay herencia en ninguna parte de este código, así que...

Por último, `shark` también implementa de forma trivial `cell` y `animal` y añade su propia función `eat`.

No he escrito el código de `world` porque no sé lo suficiente para empezar. Sin embargo, hay algunos problemas con los que creo que tendrá que tratar `world`. No queremos que `world` dependa de la GUI y, aun así, la GUI va a poner muchas restricciones en `world`. Por ejemplo, me parece que la GUI nos va a decir el tamaño de `world`. También creo que, puesto que es probable que la GUI repinte la pantalla *N* veces por segundo, la GUI definirá el tiempo.

Pero vamos a dejar todo eso a un lado de momento. Suficiente de este diseño por adelantado. Vamos a ver si podemos escribir algo de código para el comportamiento.

¿Cuál es el comportamiento de `water`? Preguntamos a nuestros modeladores y nos dicen que una celda `water` evolucionará de manera aleatoria a una celda `fish` si se le da el tiempo suficiente.

Esta es mi implementación de esa regla:

```
(ns wator.core-spec
  (:require [speclj.core :refer :all]
           [wator
            [cell :as cell]
            [water :as water]
            [fish :as fish]]))

(describe "Wator"
  (with-stubs)
```

---

7.   Sí, ya lo sé. No vas a necesitarlo (*You Aren't Gonna Need It*, YAGNI). Bueno, ya veremos.

```
(context "Water"
  (it "usually remains water"
       (with-redefs [rand (stub :rand {:return 0.0})]
          (let [water (water/make)
                evolved (cell/tick water)]
            (should= ::water/water (::cell/type evolved)))))))


  (it "occasionally evolves into a fish"
    (with-redefs [rand (stub :rand {:return 1.0})]
      (let [water (water/make)
            evolved (cell/tick water)]
        (should= ::fish/fish (::cell/type evolved)))))))))
```

———

```
(ns wator.water
  (:require [wator
             [cell :as cell]
             [fish :as fish]
             [config :as config]]))

(defn make [] {::cell/type ::water})

(defmethod cell/tick ::water [water]
  (if (> (rand) config/water-evolution-rate)
    (fish/make)
    water))
```

————

```
(ns wator.config)

(def water-evolution-rate 0.99999)
```

De entrada, ya vemos la naturaleza «funcional» de este programa.[8] El valor de retorno de tick es una nueva cell. No sé si water-evolution-rate es correcto. Los modeladores no nos han dicho cuál debería ser el ritmo, así que lo he supuesto. Creo que esperarán hasta ver cómo se comporta el modelo y, después, nos dirán que lo cambiemos.

---

8. Casi. La invocación (rand) es impura.

De momento, no he especificado ningún tipo dinámico. Parece un poco pronto para eso, pero estoy seguro de que llegará.

Bueno, de momento, vamos a ver si podemos hacer que se mueva un fish.

Espere. ¿Cómo se mueve un fish? ¿Dónde está el fish? ¿Conoce el fish su ubicación o eso es algo que conoce world?

Las cells se organizan en una cuadrícula cartesiana rectangular bidimensional que se envuelve de izquierda a derecha y de arriba abajo. Por tanto, la ubicación de una cell es la tupla [x y]. El world podría albergar las cells en una matriz bidimensional o en un mapa con la tupla de posición como clave.

Me gusta utilizar mapas para cosas como esta, así que vamos a hacer un world lleno de celdas water:

```
(context "world"
  (it "creates a world full of water cells"
    (let [world (world/make 2 2)
          cells (:cells world)
          positions (set (keys cells))]
      (should= #{[0 0] [0 1]
                 [1 0] [1 1]} positions)
      (should (every? #(= ::water/water (::cell/type %))
                      (vals cells))))))
```

```
(ns wator.world
  (:require [wator
             [water :as water]]))

(defn make [w h]
  (let [locs (for [x (range w) y (range h)] [x y])
        loc-water (interleave locs (repeat (water/make)))
        cells (apply hash-map loc-water)]
    {:cells cells}))
```

¿Se ha fijado en el uso de la lista perezosa de celdas water pasada a interleave? Ahora, deberíamos ser capaces de poner un fish en el mundo y moverlo. Este es mi primer intento de prueba:

```
(context "animal"
  (it "moves"
    (let [fish (fish/make)
          world (-> (world/make 3 3)
                    (world/set-cell [1 1] fish))
          [loc cell] (animal/move fish [1 1] world)]
      (should= cell fish)
      (should (#{[0 0] [0 1] [0 2]
                 [1 0] [1 2]
                 [2 0] [2 1] [2 2]}
               loc)))))
```

Es bastante directo. Creamos un world de 3 por 3 con un fish en el centro. Después, movemos el fish. Por último, nos aseguramos de que sigue siendo un fish y de que su destino es una de las celdas vecinas.

He tomado un montón de decisiones de diseño mientras creaba esta prueba. Estos tipos de decisiones son la razón por la que la última D en TDD a menudo significa diseño. Enseguida explico esas decisiones, pero, primero, veamos el código que pasa esta prueba:

```
(ns wator.world
  (:require [wator
             [water :as water]]))

(defn make [w h] . . .)

(defn set-cell [world loc cell]
  (assoc-in world [:cells loc] cell))



(ns wator.animal
  (:require [wator
             [cell :as cell]]))

(defmulti move (fn [animal & args] (::cell/type animal)))
(defmulti reproduce (fn [animal & args] (::cell/type animal)))

(defn tick [animal]
  )

(defn do-move [animal loc world]
```

```
[[0 0] animal])
```

```
(ns wator.fish
  (:require [wator
             [cell :as cell]
             [animal :as animal]]))

(defn make [] {::cell/type ::fish})

(defmethod cell/tick ::fish [fish]
  (animal/tick fish)
  )

(defmethod animal/move ::fish [fish loc world]
  (animal/do-move fish loc world))

(defmethod animal/reproduce ::fish [fish]
  )
```

Cuando aparece . . . en el cuerpo de un método, significa que no ha habido cambios en ese método desde la última vez que lo he presentado.

Aquí no hay nada asombroso. He cambiado las definiciones defmulti en animal para aceptar múltiples argumentos y he creado un método do-move predeterminado en animal al que pueden llamar los subtipos si quieren.[9] La implementación de do-move es degenerada y solo está ahí para comprobar la prueba.

Ahora, sigamos con las decisiones de diseño que he tomado mientras escribía esta prueba. Mi primer problema ha sido que un animal no puede moverse (move) si no puede ver el world. Así pues, o cada animal debería albergar una referencia al world, o el world debería ser un atom global, o el world debería pasarse como un argumento a la función move. He elegido la última opción porque siento cierto desdén[10] por abandonar el paradigma funcional y volver a atoms y STM.

Mi siguiente problema ha sido que el animal no conoce su ubicación. Por tanto, necesito pasar la ubicación del animal a la función move junto con world.

---

9. Esto es como implementar un método en una clase base y permitir o no que las subclases lo invaliden.

10. Quizás ese desdén es inapropiado, pero este ES un libro sobre diseño funcional, así que...

Por último, y lo más importante, le he dado vueltas a lo que debería devolver la función move. Al principio, pensaba que sería el world actualizado, pero eso crea el siguiente problema de inconsistencia.

Imagine el proceso de actualización de world. Empieza en la ubicación [0 0] y va recorriendo el world actualizando cada cell de una en una. Ahora, imagine que hay un fish en [0 0] y que la actualización lo mueve a [0 1]. Pero [0 1] es la cell que world actualiza a continuación. Por tanto, el mismo fish se mueve otra vez. Un mismo fish no debería moverse dos veces en un único turno.

Así pues, la función move no puede actualizar world. En vez de eso, world va a tener que crear un mundo nuevo a partir del mundo antiguo, celda por celda. Imagino que podríamos hacer algo como esto:[11]

```
(let [new-world-cells (apply hash-map
                        (map update-cell old-world-cells))]. . .)
```

Ahora, vamos a implementar de verdad la función do-move degenerada. ¿Cuál es el proceso para mover un animal? Creo que es bastante simple. Solo nos fijamos en los vecinos de la ubicación del animal, determinamos cuáles son destinos válidos (es decir, son water) y, después, de manera aleatoria, elegimos de esa lista. Por tanto, do-move debería tener este aspecto:

```
(defn do-move [animal loc world]
  (let [neighbors (world/neighbors world loc)

        destinations (filter
                       #(water/is?
                          (world/get-cell world %))
                       neighbors)
        new-location (rand-nth destinations)]
    [new-location animal]))
```

Muy bonito. Pedimos a world los neighbors (vecinos) de la ubicación, filtramos aquellos que no son water y, después, elegimos uno de manera aleatorio. Genial.

He pensado que lo mejor es asegurarse de que todos los cálculos del anillo quedan bien aislados dentro de world. No quería que se filtraran a todos los animals:

---

11. Recuerde que :cells alberga un mapa, así que la función update-cell tomará pares [key val] y devolverá pares [key val].

```
(defn wrap [world [x y]]
  (let [[w h] (::bounds world)]
    [(mod x w) (mod y h)])
  )

(defn neighbors [world loc]
  (let [[x y] loc
        neighbors (for [dx (range -1 2) dy (range -1 2)]
                    (wrap world [(+ x dx) (+ y dy)]))]
    (remove #(= loc %) neighbors)))
```

¿Está listo para la parte que no es tan bonita? El código anterior se ha negado a compilarse, porque (¿está preparado para esto?) water depende de fish (para la evolución), fish depende de animal (para do-move) y animal depende de water. Eso es un ciclo de dependencia, y Clojure odia los ciclos de dependencia. Fíjese en la figura 17.3.

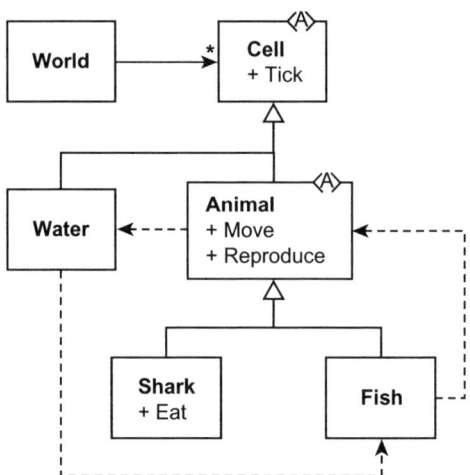

Figura 17.3. Un ciclo de dependencia.

Vale, respire hondo. Recuerde que solo se trata de un juego. En una aplicación simple como Wa-Tor, no estaría dividiendo estos archivos de forma tan despiadada. De hecho, lo más probable es que escribiese el programa completo en un solo archivo y dejase que el diablo se saliese con la suya. Pero estamos fingiendo que esta es una aplicación para una empresa con múltiples megalíneas, así que vamos a ser muy cuidadosos con todas estas dependencias del código fuente, ¿de acuerdo?

Así pues, la forma que tenemos de resolver esto es volver a algo como el antiguo mecanismo de C de declaraciones e implementaciones. Mire la figura 17.4.

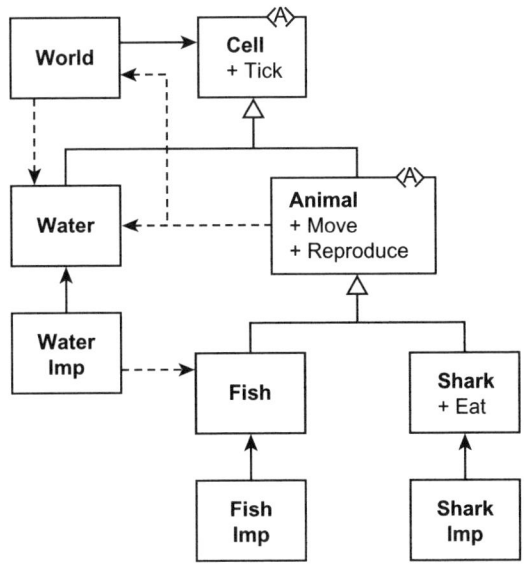

Figura 17.4. Romper el ciclo de dependencia.

Al dividir water de tal manera que su dependencia fish esté en water-imp, y al asegurarme de que water-imp depende de water en vez de a la inversa (el DIP), se rompe el ciclo. También he dividido fish y shark[12] por una cuestión de consistencia. Es probable que tenga que dividir también animal enseguida.[13]

Ahora, el código tiene este aspecto:

```
(ns wator.world
  (:require [wator
            [water :as water]]))

(defn make [w h]
  (let [locs (for [x (range w) y (range h)] [x y])
        loc-water (interleave locs (repeat (water/make)))
        cells (apply hash-map loc-water)]
```

---

12. En realidad, solo fish. He dividido shark en el diagrama, pero no en el código. YAGNI, YAGNI, YAGNI.

13. Uncle Bob del futuro: ... no.

```
    {::cells cells
     ::bounds [w h]}))

(defn set-cell [world loc cell]
  (assoc-in world [::cells loc] cell))

(defn get-cell [world loc]
  (get-in world [::cells loc]))

; . . .
```

_____

```
(ns wator.cell)

(defmulti tick ::type)
```

_____

```
(ns wator.water
  (:require [wator
             [cell :as cell]]))

(defn make [] {::cell/type ::water})

(defn is? [cell]
  (= ::water (::cell/type cell)))
```

_____

```
(ns wator.water-imp
  (:require [wator
             [cell :as cell]
             [water :as water]
             [fish :as fish]
             [config :as config]]))

(defmethod cell/tick ::water/water [water]
  (if (> (rand) config/water-evolution-rate)
    (fish/make)
    water))
```

_____

```
(ns wator.animal
  (:require [wator
             [world :as world]
             [cell :as cell]
             [water :as water]]))

(defmulti move (fn [animal & args] (::cell/type animal)))
(defmulti reproduce (fn [animal & args] (::cell/type animal)))

(defn tick [animal]
  )

(defn do-move [animal loc world]
  (let [neighbors (world/neighbors world loc)
        destinations (filter #(water/is?
                                (world/get-cell world %))
                             neighbors)
        new-location (rand-nth destinations)]
    [new-location animal]))


____


(ns wator.fish
  (:require [wator
             [cell :as cell]]))
(defn make [] {::cell/type ::fish})


_____


(ns wator.fish-imp
  (:require [wator
             [cell :as cell]
             [animal :as animal]
             [fish :as fish]]))

(defmethod cell/tick ::fish/fish [fish]
  (animal/tick fish)
  )

(defmethod animal/move ::fish/fish [fish loc world]
  (animal/do-move fish loc world))

(defmethod animal/reproduce ::fish/fish [fish]
  )
```

El shark todavía no es relevante, así que no lo he mostrado. El criterio para dividir water y fish es bastante fácil de ver. Cualquier función que haga referencia a un archivo fuera de la jerarquía de tipos directa se pone en el archivo imp. Preste especial atención a los espacios de nombres y las palabras clave en espacios de nombres. Por ejemplo, fíjese en que los defmethods en fish-imp todavía se despacharán en ::fish/fish.

Y, solo por si pensaba que se me había olvidado, aquí están las pruebas actuales:

```
(ns wator.core-spec
  (:require [speclj.core :refer :all]
            [wator
             [cell :as cell]
             [water :as water]
             [water-imp]
             [animal :as animal]
             [fish :as fish]
             [fish-imp]
             [world :as world]]]))
(describe "Wator"
  (with-stubs)
  (context "Water"
    (it "usually remains water"
      (with-redefs [rand (stub :rand {:return 0.0})]
        (let [water (water/make)
              evolved (cell/tick water)]
          (should= ::water/water (::cell/type evolved)))))

    (it "occasionally evolves into a fish"
      (with-redefs [rand (stub :rand {:return 1.0})]
        (let [water (water/make)
              evolved (cell/tick water)]
          (should= ::fish/fish (::cell/type evolved))))))

  (context "world"
    (it "creates a world full of water cells"
      (let [world (world/make 2 2)
            cells (::world/cells world)
            positions (set (keys cells))]
        (should= #{[0 0] [0 1]
                   [1 0] [1 1]} positions)
```

```
            (should (every? #(= ::water/water (::cell/type %))
                            (vals cells)))))

    (it "makes neighbors"
      (let [world (world/make 5 5)]
        (should= [[0 0] [0 1] [0 2]
                  [1 0] [1 2]
                  [2 0] [2 1] [2 2]]
                 (world/neighbors world [1 1]))
        (should= [[4 4] [4 0] [4 1]
                  [0 4] [0 1]
                  [1 4] [1 0] [1 1]]
                 (world/neighbors world [0 0]))
        (should= [[3 3] [3 4] [3 0]
                  [4 3] [4 0]
                  [0 3] [0 4] [0 0]]
                 (world/neighbors world [4 4]))))))

(context "animal"
  (it "moves"
    (let [fish (fish/make)
          world (-> (world/make 3 3)
                    (world/set-cell [1 1] fish))
          [loc cell] (animal/move fish [1 1] world)]
      (should= cell fish)
      (should (#{[0 0] [0 1] [0 2]
                 [1 0] [1 2]
                 [2 0] [2 1] [2 2]}
               loc))))))
```

Fíjese en :require arriba, en la sentencia ns. Observe que requerimos los imps pero no los usamos de manera explícita. Requerirlos registra los defmethods que contienen.

Vale, ahora que podemos mover fish, estoy bastante seguro de que sharks también se moverá. A continuación, deberíamos probar algo de reproducción. Pero, antes de hacer eso, me preocupo (de manera ficticia) por el sistema de tipos para el world. Primero, vamos a configurar eso:

```
(ns wator.world
  (:require [clojure.spec.alpha :as s]
            [wator
             [cell :as cell]
```

```
        [water :as water]]]))

(s/def ::location (s/tuple int? int?))
(s/def ::cell #(contains? % ::cell/type))
(s/def ::cells (s/map-of ::location ::cell))
(s/def ::bounds ::location)
(s/def ::world (s/keys :req [::cells ::bounds]))

(defn make [w h]
  {:post [(s/valid? ::world %)]}
  ...)
```

Bueno, eso está mejor. Ahora, ¿qué necesitamos para la reproducción? Los modeladores han dicho que un fish se reproducirá si está junto a una celda water y está por encima de una edad determinada. La edad de las dos crías fish se reestablece como cero. De lo contrario, la ::age (edad) de un fish se incrementa con el tiempo.

Aquí están las pruebas:

```
(it "reproduces"
  (let [fish (-> (fish/make)
                 (animal/set-age config/fish-reproduction-age))
        world (-> (world/make 3 3)
                  (world/set-cell [1 1] fish))
        [loc1 cell1 loc2 cell2] (animal/reproduce
                                  fish [1 1] world)]
    (should= loc1 [1 1])
    (should (fish/is? cell1))
    (should= 0 (animal/age cell1))
    (should (#{[0 0] [0 1] [0 2]
               [1 0] [1 2]
               [2 0] [2 1] [2 2]}
              loc2))
    (should (fish/is? cell2))
    (should= 0 (animal/age cell2))))

(it "doesn't reproduce if there is no room"
  (let [fish (-> (fish/make)
                 (animal/set-age config/fish-reproduction-age))
        world (-> (world/make 1 1)
                  (world/set-cell [0 0] fish))
        failed (animal/reproduce fish [0 0] world)]
    (should-be-nil failed)))
```

```
(it "doesn't reproduce if too young"
    (let [fish (-> (fish/make)
                   (animal/set-age
                    (dec config/fish-reproduction-age)))
          world (-> (world/make 3 3)
                    (world/set-cell [1 1] fish))
          failed (animal/reproduce fish [1 1] world)]
      (should-be-nil failed)))
```

Fíjese en que, si fish se reproduce, el valor de retorno contiene ambas crías. Pero, si algo sale mal, devuelven nil. Esto se debe a que creo que la política de alto nivel de fish incluye algo como esto:

```
(if-let [result (animal/reproduce ...)]
  result
  (animal/move ...))
```

En cualquier caso, este es el código abreviado que pasa esa prueba:

```
(ns wator.animal
  (:require [clojure.spec.alpha :as s]
            [wator
             [world :as world]
             [cell :as cell]
             [water :as water]
             [config :as config]]))

(s/def ::age int?)
(s/def ::animal (s/keys :req [::age]))

(defmulti move (fn [animal & args] (::cell/type animal)))
(defmulti reproduce (fn [animal & args] (::cell/type animal)))
(defmulti make-child ::cell/type)

(defn make []
  {::age 0})

(defn age [animal]
  (::age animal))

(defn set-age [animal age]
  (assoc animal ::age age))

;. . .
```

```clojure
(defn do-reproduce [animal loc world]
  (if (>= (age animal) config/fish-reproduction-age)
    (let [neighbors (world/neighbors world loc)
          birth-places (filter #(water/is? (world/get-cell world %))
                                neighbors)]
      (if (empty? birth-places)
        nil
        [loc (set-age animal 0)
         (rand-nth birth-places) (make-child animal)]))
    nil))
```

```clojure
(ns wator.fish
  (:require [clojure.spec.alpha :as s]
            [wator
             [cell :as cell]
             [animal :as animal]]))

(s/def ::fish (s/and #(= ::fish (::cell/type %))
                     ::animal/animal))
(defn is? [cell]
  (= ::fish (::cell/type cell)))

(defn make []
  {:post [(s/valid? ::fish %)]}
  (merge {::cell/type ::fish}
         (animal/make)))

(defmethod animal/make-child ::fish [fish]
  (make))
```

```clojure
(ns wator.fish-imp
  (:require [wator
             [cell :as cell]
             [animal :as animal]
             [fish :as fish]]))

;. . .

(defmethod animal/reproduce ::fish/fish [fish loc world]
  (animal/do-reproduce fish loc world))
```

De nuevo, observe que estoy delegando la función fish/reproduce a animal/
do-reproduce. Esto me permite especificar el comportamiento común de reproduce
en animal al tiempo que permite a fish invalidarlo o aumentarlo. No sé si será
necesario,[14] pero no cuesta mucho añadirlo y elimina la duplicación en shark y
fish.

SATISFACER NECESIDADES

Tengo la sensación incómoda de que debería haber implementado primero
world/tick. He tomado muchas decisiones sobre los valores de retorno de move y
reproduce basadas en lo que creo que va a necesitar world/tick. Por tanto, vamos
a cambiar de tema y centrarnos en eso antes de seguir añadiendo más porquería,
posiblemente errónea, a animals.

Esta es la primera prueba:

```
(it "moves a fish around each tick"
  (let [fish (fish/make)
        small-world (-> (world/make 1 2)
                        (world/set-cell [0 0] fish)
                        (world/tick))
        vacated-cell (world/get-cell small-world [0 0])
        occupied-cell (world/get-cell small-world [0 1])]
    (should (water/is? vacated-cell))
    (should (fish/is? occupied-cell))
    (should= 1 (animal/age occupied-cell))))
```

Es bastante simple. Creamos un small-world con dos celdas, una de las cuales
es un fish. Llamamos a tick en ese world y, después, nos aseguramos de que el
fish se mueve a la celda vacante y deja water atrás.

A continuación, he escrito una implementación *dummy* para tick, solo para
ver si la prueba se pasa:

```
(defn tick [world]
  (-> (make 2 1)
      (set-cell [0 0] (water/make))
      (set-cell [0 1] (animal/set-age (fish/make) 1))))
```

---

14. Sí, lo sé, YAGNI y todo eso. Pero las reglas están hechas para romperse.

Oh, sorpresa, esto no se compila porque ahora world depende de fish, que depende de animal, que a su vez depende de world. Ay. Las dependencias cíclicas son la cruz de las estructuras de código fuente que no se han pensado bien.

Pero sabemos cómo resolver esto. Solo tenemos que invertir una dependencia (la DIP) separando world-imp de world. El UML se muestra en la figura 17.5.

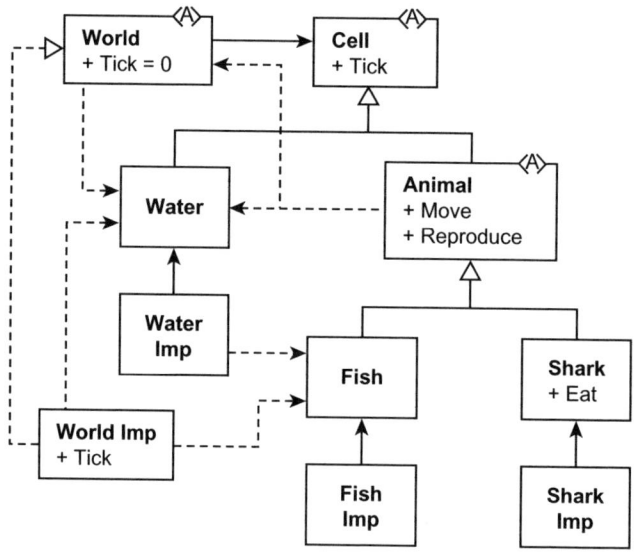

Figura 17.5. Romper otro ciclo de dependencia.

El =0 junto a tick en la clase World es mi manera de indicar que es un método abstracto. Aquí está el código:

```
(ns wator.world
  (:require [clojure.spec.alpha :as s]
            [wator
             [cell :as cell]
             [water :as water]]))

(s/def ::location (s/tuple int? int?))
(s/def ::cell #(contains? % ::cell/type))
(s/def ::cells (s/map-of ::location ::cell))
(s/def ::bounds ::location)
(s/def ::world (s/and (s/keys :req [::cells ::bounds])
                      #(= (::type %) ::world)))
```

```clojure
(defmulti tick ::type)

(defn make [w h]
  {:post [(s/valid? ::world %)]}
  (let [locs (for [x (range w) y (range h)] [x y])
        loc-water (interleave locs (repeat (water/make)))
        cells (apply hash-map loc-water)]
    {::type ::world
     ::cells cells
     ::bounds [w h]}))

; . . .
```

```clojure
(ns wator.world-imp
  (:require [wator
              [world :as world :refer :all]
              [animal :as animal]
              [fish :as fish]
              [water :as water]]))
(defmethod world/tick ::world/world [world]
  (-> (make 2 1)
      (set-cell [0 0] (water/make))
      (set-cell [0 1] (animal/set-age (fish/make) 1))))
```

Esto ha pasado la prueba una vez añadido [world-imp] a la lista :require en la prueba. Tome nota de que tick es ahora un multimétodo con solo una implementación. Esa es la inversión de la dependencia que necesitábamos.

Pero, ahora, me molesta esa dependencia de water en world. Hay un término técnico para expresar cómo me siento al respecto. Ese término es «asqueroso». Esa dependencia está mal, de alguna manera.

Necesito una ducha. Resuelvo muchos problemas mientras me ducho.

LAS DUCHAS RESUELVEN PROBLEMAS

Vale, ya he salido de la ducha, y esta es la conversación que he tenido conmigo mismo bajo el agua.

«Crear water en world es asqueroso. O sea, solo he dividido world en dos porque crear un fish llevaba a un ciclo. Entonces, crear water también podría llevar a un ciclo. Pero, espera, todo esto tiene que ver con la creación. ¡A lo mejor lo que necesito es una fábrica! Sí, una Abstract Factory llamada cell-factory, que tomará *tokens* opacos, como :fish y :water, y... (¡OH!)... y :default-cell. Sí, y... Espera, ¿para qué necesito una fábrica entera nueva? ¿Por qué no puede world ser la fábrica? ¡Sí! Ese es el patrón Factory Method (método fábrica). ¡Justo lo que necesito!».

El UML para esto (en la figura 17.6) es revelador.

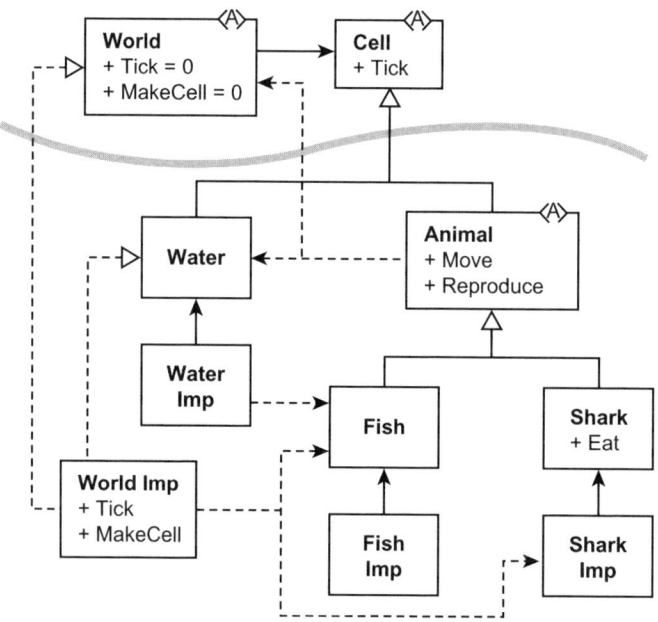

Figura 17.6. Wa-Tor con el patrón Factory Method.

Acaba de aparecer un límite arquitectónico. Todas las dependencias que lo cruzan van hacia el lado de alto nivel, siguiendo la regla de la dependencia. Puede que no utilice este límite en la arquitectura real, pero está ahí si lo necesito.

Ahora, el código tiene este aspecto:

```
(ns wator.world
  (:require [clojure.spec.alpha :as s]
            [wator
             [cell :as cell]
             [water :as water]]))

(s/def ::location (s/tuple int? int?))
```

```
(s/def ::cell #(contains? % ::cell/type))
(s/def ::cells (s/map-of ::location ::cell))
(s/def ::bounds ::location)
(s/def ::world (s/and (s/keys :req [::cells ::bounds])
                      #(= (::type %) ::world)))

(defmulti tick ::type)
(defmulti make-cell (fn [factory-type cell-type] factory-type))
(defn make [w h]
  {:post [(s/valid? ::world %)]}
  (let [locs (for [x (range w) y (range h)] [x y])
        default-cell (make-cell ::world :default-cell)
        loc-water (interleave locs (repeat default-cell))
        cells (apply hash-map loc-water)]
    {::type ::world
     ::cells cells
     ::bounds [w h]}))
;. . .



(ns wator.world-imp
  (:require [wator
             [world :as world :refer :all]
             [animal :as animal]
             [fish :as fish]
                    [shark :as shark]
             [water :as water]]))

(defmethod world/tick ::world/world [world]
  (-> (make 2 1)
      (set-cell [0 0] (water/make))
      (set-cell [0 1] (animal/set-age (fish/make) 1))))

(defmethod world/make-cell ::world/world [world cell-type]
  (condp = cell-type
    :default-cell (water/make)
    :water (water/make)
    :fish (fish/make)
    :shark (shark/make)))
```

El factory-type en make-cell se pasa simplemente como ::world. Eso permite a defmethod ::world/world resolverlo.

Tengo muchas esperanzas puestas en este cambio. Y, por favor, observe que todo este cambio ha estado guiado por una prueba que he hecho pasar usando una implementación dummy en tick, lo que nos recuerda una vez más que el TDD es una técnica de diseño.

Vale, ahora vamos a hacer que esa implementación *dummy* falle. Esta es la prueba que falla:

```
(it "moves a fish around each tick"
  (doseq [scenario
         [{:dimension [2 1] :starting [0 0] :ending [1 0]}
          {:dimension [2 1] :starting [1 0] :ending [0 0]}
          {:dimension [1 2] :starting [0 0] :ending [0 1]}
          {:dimension [1 2] :starting [0 1] :ending [0 0]}]]
    (let [fish (fish/make)
          {:keys [dimension starting ending]} scenario
          [h w] dimension
          small-world (-> (world/make h w)
                          (world/set-cell starting fish)
                          (world/tick))
          vacated-cell (world/get-cell small-world starting)
          occupied-cell (world/get-cell small-world ending)]
      (should (water/is? vacated-cell))
      (should (fish/is? occupied-cell))
      (should= 1 (animal/age occupied-cell)))))
```

He creado los cuatro escenarios 1 por 2 posibles y me he asegurado de que world se actualizaba de manera adecuada después de un tick.

Hacer que esto pase me ha obligado a cambiar otra vez el diseño. Las funciones animal/move, animal/reproduce y cell/tick deben devolver una lista [from to] en la que cada uno es un mapa de un solo elemento que contiene {loc cell}. Fíjese en world-imp y verá por qué:

```
(ns wator.world-imp
  . . .)

(defmethod world/tick ::world/world [world]
  (let [cells (::world/cells world)]
    (loop [locs (keys cells)
           new-cells {}
           moved-into #{}]
```

```
(cond

  (empty? locs)
  (assoc world ::world/cells new-cells)

  (contains? moved-into (first locs))
  (recur (rest locs) new-cells moved-into)

  :else
  (let [loc (first locs)
        cell (get cells loc)
        [from to] (cell/tick cell loc world)
        new-cells (-> new-cells (merge from) (merge to))
        to-loc (first (keys to))]
    (recur (rest locs)
        new-cells
        (conj moved-into to-loc)))))))))
```

; . . .

Resulta que cada operación hace cambios en una o dos celdas. Cuando un animal se mueve, se reproduce o come, solo hay dos celdas implicadas. Si un animal no consigue moverse o se muere de hambre, solo hay una celda implicada. En el primer caso, la operación devolverá [from to], y en el segundo, [nil to]. En cualquier caso, from y to se fusionan (merge)[15] en new-cells.

Fíjese en el argumento moved-into del bucle. Al principio, no lo tenía ahí y las pruebas fallaban porque world/tick movía fish a la celda water restante. Pero, después, world/tick llamaba a cell/tick en la celda water, que se sustituía a sí misma por water. Cuando las new-cells se fusionaban, water sobrescribía el fish.

Así pues, moved-into es un conjunto de todas las ubicaciones de celdas to. No debería llamarse a la función cell/tick en ellos, porque ya han sido ocupadas por un tick anterior, así que al animal de ahí ya se le ha aplicado tick.

Ha habido que hacer algunos cambios por toda la estructura para conseguir que esto funcione, así que la «sensación incómoda» que mencionaba entonces era correcta. Es bueno que le haya prestado atención lo bastante pronto para que el cambio fuese realizable:

---

15. merge tiene un buen comportamiento si fusionamos en un nil.

```
(ns wator.cell)

(defmulti tick (fn [cell & args] (::type cell)))
```

———

```
(ns wator.water-imp
  (:require [wator
             [cell :as cell]
             [water :as water]
             [fish :as fish]
             [config :as config]]]))

(defmethod cell/tick ::water/water [water loc world]
  (if (> (rand) config/water-evolution-rate)
    [nil {loc (fish/make)}]
    [nil {loc water}]))
```

———

```
(ns wator.animal . . .)

;. . .

(defn increment-age [animal]
  (update animal ::age inc))

(defn tick [animal loc world]
  (-> animal
      increment-age
      (move loc world)))

(defn do-move [animal loc world]
  (let [neighbors (world/neighbors world loc)
        destinations (filter #(water/is?
                               (world/get-cell world %))
                             neighbors)
        new-location (if (empty? destinations)
                       loc
                       (rand-nth destinations))]
    (if (= new-location loc)
      [nil {loc animal}]
      [{loc (water/make)} {new-location animal}])))
```

```
;. . .

____

(ns wator.fish-imp . . .)

(defmethod cell/tick ::fish/fish [fish loc world]
  (animal/tick fish loc world)
  )

; . . .
```

Y, por supuesto, ha sido necesario cambiar algunas de las pruebas:

```
(ns wator.core-spec . . .)

(describe "Wator"
  (with-stubs)
  (context "Water"
    (it "usually remains water"
      (with-redefs [rand (stub :rand {:return 0.0})]
        (let [water (water/make)
              world (world/make 1 1)
              [from to] (cell/tick water [0 0] world)]
          (should-be-nil from)
          (should (water/is? (get to [0 0])))
          )))
    (it "occasionally evolves into a fish"
      (with-redefs [rand (stub :rand {:return 1.0})]
        (let [water (water/make)
              world (world/make 1 1)
              [from to] (cell/tick water [0 0] world)]
          (should-be-nil from)
          (should (fish/is? (get to [0 0])))))))))

;. . .

  (context "animal"
    (it "moves"
      (let [fish (fish/make)
            world (-> (world/make 3 3)
                      (world/set-cell [1 1] fish))
            [from to] (animal/move fish [1 1] world)
            loc (first (keys to))]
```

```
        (should (water/is? (get from [1 1])))
        (should (fish/is? (get to loc)))
        (should (#{[0 0] [0 1] [0 2]
                   [1 0] [1 2]
                   [2 0] [2 1] [2 2]}
                 loc))))

  (it "doesn't move if there are no spaces"
    (let [fish (fish/make)
          world (-> (world/make 1 1)
                    (world/set-cell [0 0] fish))
          [from to] (animal/move fish [0 0] world)]
      (should (fish/is? (get to [0 0])))
      (should (nil? from)))
```

Hay otro escenario que creo que fallará: si dos fish compiten por el mismo espacio:

```
(it "move two fish who compete for the same spot"
  (let [fish (fish/make)
        competitive-world (-> (world/make 3 1)
                              (world/set-cell [0 0] fish)
                              (world/set-cell [2 0] fish)
                              (world/tick))
        start-00 (world/get-cell competitive-world [0 0])
        start-20 (world/get-cell competitive-world [2 0])
        end-10 (world/get-cell competitive-world [1 0])]
    (should (fish/is? end-10))
    (should (or (fish/is? start-00)
                (fish/is? start-20)))
    (should (or (water/is? start-00)
                (water/is? start-20)))))
```

Un simple world de 3 por 1 con fish en cada extremo. Solo uno de ellos puede moverse al espacio central. El otro deberá permanecer donde estaba. Esta prueba falla porque la función animal/move no sabe que ya se ha movido un fish al espacio objetivo.

Resolver esto significa, de algún modo, enviar la lista moved-into a animal/move. Odio la idea de añadir otro argumento a animal/move, así que a lo mejor puedo guardar esta información en el world que pasamos a animal/move:

```
(ns wator.world-imp . . .)

(defmethod world/tick ::world/world [world]
  (let [cells (::world/cells world)]
    (loop [locs (keys cells)
           new-cells {}
           moved-into #{}]
      (cond
        (empty? locs)
        (assoc world ::world/cells new-cells)

        (contains? moved-into (first locs))
        (recur (rest locs) new-cells moved-into)

        :else
        (let [loc (first locs)
              cell (get cells loc)
              [from to] (cell/tick
                          cell loc
                          (assoc world :moved-into moved-into))
              new-cells (-> new-cells (merge from) (merge to))
              to-loc (first (keys to))
              to-cell (get to to-loc)
              moved-into (if (water/is? to-cell)
                           moved-into
                           (conj moved-into to-loc))]
          (recur (rest locs) new-cells moved-into))))))
```

———

```
(ns wator.animal . . .)

; . . .

(defn do-move [animal loc world]
  (let [neighbors (world/neighbors world loc)
        moved-into (get world :moved-into #{})
        available-neighbors (remove moved-into neighbors)
        destinations (filter #(water/is?
                                (world/get-cell world %))
                             available-neighbors)
        new-location (if (empty? destinations)
                       loc
                       (rand-nth destinations))]
```

```
(if (= new-location loc)
  [nil {loc animal}]
  [{loc (water/make)} {new-location animal}])))
```

Fíjese en que no he utilizado una palabra clave con espacio de nombres para :moved-into. Eso se debe que a que considero que son datos trampa que no forman parte realmente de world y solo están «haciendo autostop». Queda un poco sucio, pero funciona.[16]

Observe que solo pongo ubicaciones en moved-into si la celda en la que se está moviendo no es water.

ES HORA DE REPRODUCIRSE A LO GRANDE[17]

Vale, veamos si podemos llenar el mundo de peces:

```
(it "fills the world with reproducing fish"
  (loop [world (-> (world/make 10 10)
                   (world/set-cell [5 5] (fish/make)))
         n 100]
    (if (zero? n)
      (let [cells (-> world ::world/cells vals)
            fishies (filter fish/is? cells)
            fish-count (count fishies)]
        (should (< 50 fish-count)))
      (recur (world/tick world) (dec n)))))
```

Genial. Cree un world de 10 por 10. Cárguelo con un fish. Envíele cien ticks y asegúrese de que hay más de 50 fish. ¡Bueno, los fish van moviéndose y reproduciéndose como locos por ahí!

Por supuesto, esta prueba falla; pero solo porque no hemos llamado a reproduce en animal/tick. Vamos a arreglar eso:

```
(defn tick [animal loc world]
  (let [aged-animal (increment-age animal)
        reproduction (reproduce aged-animal loc world)]
    (if reproduction
      reproduction
      (move aged-animal loc world))))
```

---

16. Bienvenido a las compensaciones en ingeniería del mundo real.
17. La fealdad engendra fealdad.

Sí. Envejezca al animal y, después, mire si se reproduce. Si no, muévalo. Simple. Fácil.

Por supuesto, he tenido que arreglar el hecho de que `reproduce` no usaba nuestra nueva convención [`from to`]:

```
(defn do-reproduce [animal loc world]
  (if (>= (age animal) config/fish-reproduction-age)
    (let [neighbors (world/neighbors world loc)
          birth-places (filter #(water/is?
                                  (world/get-cell world %))
                                neighbors)]
      (if (empty? birth-places)
        nil
        [{loc (set-age animal 0)}
         {(rand-nth birth-places) (make-child animal)}]))
    nil))
```

Y eso rompió una prueba anterior:

```
(it "reproduces"
  (let [fish (-> (fish/make)
                 (animal/set-age config/fish-reproduction-age))
        world (-> (world/make 3 3)
                  (world/set-cell [1 1] fish))
        [from to] (animal/reproduce fish [1 1] world)
        from-loc (-> from keys first)
        from-cell (-> from vals first)
        to-loc (-> to keys first)
        to-cell (-> to vals first)]
    (should= from-loc [1 1])
    (should (fish/is? from-cell))
    (should= 0 (animal/age from-cell))
    (should (#{[0 0] [0 1] [0 2]
               [1 0] [1 2]
               [2 0] [2 1] [2 2]}
             to-loc))
    (should (fish/is? to-cell))
    (should= 0 (animal/age to-cell))))
```

Pero, con eso, los `fish` se reproducen como... peces. Eso ha sido bastante fácil. Creo que nuestro diseño está empezando a cohesionarse.

¿Qué pasa con los tiburones?

He desatendido la clase shark hasta ahora porque su comportamiento es casi idéntico al de fish y está regido en su mayor parte por la abstracción animal. Pero, ahora, veamos si podemos hacer que los objetos shark se muevan y se reproduzcan.

Eso ha requerido que dé más cuerpo al módulo shark y también que haga un cambio pequeño en el diseño. He empleado el patrón Template Method (método plantilla) para obtener la edad de reproducción de un animal. Las pruebas dan a entender ese cambio:

```
(context "animal"
  (it "moves"
    (doseq [scenario
             [{:constructor fish/make :tester fish/is?}
              {:constructor shark/make :tester shark/is?}]]
      (let [animal ((:constructor scenario))
            world (-> (world/make 3 3)
                      (world/set-cell [1 1] animal))
            [from to] (animal/move animal [1 1] world)
            loc (first (keys to))]
        (should (water/is? (get from [1 1])))
        (should ((:tester scenario) (get to loc)))
        (should (#{[0 0] [0 1] [0 2]
                   [1 0] [1 2]
                   [2 0] [2 1] [2 2]}
                 loc)))))

  (it "doesn't move if there are no spaces"
    (doseq [scenario
             [{:constructor fish/make :tester fish/is?}
              {:constructor shark/make :tester shark/is?}]]
      (let [animal ((:constructor scenario))
            world (-> (world/make 1 1)
                      (world/set-cell [0 0] animal))
            [from to] (animal/move animal [0 0] world)]
        (should ((:tester scenario) (get to [0 0])))
        (should (nil? from)))))
  (it "reproduces"
    (doseq [scenario
             [{:constructor fish/make :tester fish/is?}
```

```
                {:constructor shark/make :tester shark/is?}]]
     (let [animal ((:constructor scenario))
           reproduction-age (animal/get-reproduction-age animal)
           animal (animal/set-age animal reproduction-age)
           world (-> (world/make 3 3)
                     (world/set-cell [1 1] animal))
           [from to] (animal/reproduce animal [1 1] world)
           from-loc (-> from keys first)
           from-cell (-> from vals first)
           to-loc (-> to keys first)
           to-cell (-> to vals first)]
       (should= from-loc [1 1])
       (should ((:tester scenario) from-cell))
       (should= 0 (animal/age from-cell))
       (should (#{[0 0] [0 1] [0 2]
                  [1 0] [1 2]
                  [2 0] [2 1] [2 2]}
                to-loc))
       (should ((:tester scenario) to-cell))
       (should= 0 (animal/age to-cell)))))

  (it "doesn't reproduce if there is no room"
    (doseq [scenario
            [{:constructor fish/make :tester fish/is?}
             {:constructor shark/make :tester shark/is?}]]
      (let [animal ((:constructor scenario))
            reproduction-age (animal/get-reproduction-age animal)
            animal (animal/set-age animal reproduction-age)
            world (-> (world/make 1 1)
                      (world/set-cell [0 0] animal))
            failed (animal/reproduce animal [0 0] world)]
        (should-be-nil failed))))

  (it "doesn't reproduce if too young"
    (doseq [scenario
            [{:constructor fish/make :tester fish/is?}
             {:constructor shark/make :tester shark/is?}]]
      (let [animal ((:constructor scenario))
            reproduction-age (animal/get-reproduction-age animal)
            animal (animal/set-age animal (dec reproduction-age))
            world (-> (world/make 3 3)
                      (world/set-cell [1 1] animal))
            failed (animal/reproduce animal [1 1] world)]
```

```
          (should-be-nil failed)))))
```

```
(ns wator.animal ...)

(defmulti move (fn [animal & args] (::cell/type animal)))
(defmulti reproduce (fn [animal & args] (::cell/type animal)))
(defmulti make-child ::cell/type)
(defmulti get-reproduction-age ::cell/type)

; . . .
```

```
(ns wator.fish . . .)

(defmethod animal/get-reproduction-age ::fish [fish]
  config/fish-reproduction-age)

; . . .
```

```
(ns wator.shark
  (:require [clojure.spec.alpha :as s]
            [wator
             [config :as config]
             [cell :as cell]
             [animal :as animal]]))
(s/def ::shark (s/and #(= ::shark (::cell/type %))
                      ::animal/animal))
(defn is? [cell]
  (= ::shark (::cell/type cell)))

(defn make []
  {:post [(s/valid? ::shark %)]}
  (merge {::cell/type ::shark}
         (animal/make)))

(defmethod animal/make-child ::shark [fish]
  (make))
```

```
(defmethod animal/get-reproduction-age ::shark [shark]
  config/shark-reproduction-age)
```

`; . . .`

Hasta ahora, con la excepción de la edad de reproducción, el comportamiento de shark y fish es «heredado» de (en realidad, se delega a) animal. Pero la clase shark tiene restricciones extra que necesitamos implementar ahora.

Los modeladores nos han dicho que un shark solo se reproduce si su :health (salud) está por encima de un umbral determinado. La :health de un shark se incrementa al comer un fish, y se reduce con el tiempo. Si la :health de un shark llega a cero, el shark se muere de hambre y deja water tras sí. Cuando un shark se reproduce, su :health se divide entre las dos crías.

Vale, vamos a probar si :health disminuye con la edad:

```
(context "shark"
  (it "starts with some health"
    (let [shark (shark/make)]
      (should= config/shark-starting-health
               (shark/health shark))))

  (it "loses health with time"
    (let [small-world (-> (world/make 1 1)
                          (world/set-cell [0 0] (shark/make)))
          aged-world (world/tick small-world)
          aged-shark (world/get-cell aged-world [0 0])]
      (should= (dec config/shark-starting-health)
               (shark/health aged-shark)))))
```

———

```
(ns wator.shark . . .)

(s/def ::health int?)
(s/def ::shark (s/and #(= ::shark (::cell/type %))
                      ::animal/animal
                      (s/keys :req [::health])))

(defn make []
  {:post [(s/valid? ::shark %)]}
  (merge {::cell/type ::shark
```

```
      ::health config/shark-starting-health}
      (animal/make)))

(defn health [shark]
  (::health shark))

(defn decrement-health [shark]
  (update shark ::health dec))

(defmethod cell/tick ::shark [shark loc world]
  (-> shark
      (decrement-health)
      (animal/tick loc world))
  )

; . . .
```

Bastante fácil. Solo hemos añadido el campo ::health a la especificación ::shark y shark/make, y, después, hemos reducido la ::health en la función tick justo antes de delegar el resto del comportamiento a la superclase animal.

Ahora vamos a probar si un shark muere cuando su ::health llega a cero:

```
(it "dies when health goes to zero"
    (let [sick-shark (-> (shark/make)
                         (shark/set-health 1))
          small-world (-> (world/make 1 1)
                          (world/set-cell [0 0] sick-shark))
          aged-world (world/tick small-world)
          dead-shark (world/get-cell aged-world [0 0])]
      (should (water/is? dead-shark))))
```

```
(ns wator.shark . . .)

(defmethod cell/tick ::shark [shark loc world]
  (if (= 1 (health shark))
    [nil {loc (water/make)}]
    (-> shark
        (decrement-health)
        (animal/tick loc world))))

; . . .
```

Bastante fácil. Bueno, ahora probemos si esos tiburones comen cuando se les da la oportunidad:

```
(it "eats when a fish is adjacent"
  (let [world (-> (world/make 2 1)
                  (world/set-cell [0 0] (fish/make))
                  (world/set-cell [1 0] (shark/make)))
        shark-ate-world (world/tick world)
        full-shark (world/get-cell shark-ate-world [0 0])
        where-shark-was (world/get-cell shark-ate-world [1 0])
        expected-health (+ config/shark-starting-health
                           config/shark-eating-health
                           -1)]
    (should (shark/is? full-shark))
    (should (water/is? where-shark-was))
    (should= expected-health (shark/health full-shark))))
```

Creamos un world de 2 por 1 con un shark junto a un fish. Después de un tick, el shark debería estar donde estaba el fish, debería haber water donde estaba el shark y la ::health del shark debería haberse incrementado.

Conseguir que esto pase me ha obligado a abandonar la delegación en animal/ tick porque un shark debería intentar reproducirse primero, después intentar comer y, por último, intentar moverse:

```
(ns wator.shark . . .)

(defn eat [shark loc world]
  (let [neighbors (world/neighbors world loc)
        fishy-neighbors (filter #(fish/is?
                                  (world/get-cell world %))
                                neighbors)]
    (if (empty? fishy-neighbors)
      nil
      [{loc (water/make)}
       {(rand-nth fishy-neighbors) (feed shark)}]))
  )

(defmethod cell/tick ::shark [shark loc world]
  (if (= 1 (health shark))
    [nil {loc (water/make)}]
    (let [aged-shark (-> shark
```

```
                    (animal/increment-age)
                    (decrement-health))]
      (if-let [reproduction (animal/reproduce
                               aged-shark loc world)]
        reproduction
        (if-let [eaten (eat aged-shark loc world)]
          eaten
          (animal/move aged-shark loc world))))))
```

Todo esto ha entrado sin mucho problema. Hemos pasado por el cuello de botella del diseño y ahora estamos recogiendo los beneficios.

Los modeladores nos han dicho que un tiburón solo se reproducirá si su salud está por encima de un umbral. Probemos eso. De hecho, vamos a hacer ese cambio primero[18] para ver qué pruebas rompe:

```
(ns wator.shark . . .)
```

```
(defmethod animal/reproduce ::shark [shark loc world]
  (if (>= (health shark) config/shark-reproduction-health)
    (animal/do-reproduce shark loc world)
    nil))
```

Como cabía esperar, la prueba para la reproducción de los animales falla en el escenario de los tiburones. Podemos ocuparnos de esto si añadimos un truquito en esa prueba:

```
(it "reproduces"
  (doseq [scenario [{:constructor fish/make :tester fish/is?}
                    {:constructor
                      #(-> (shark/make)
                           (shark/set-health
                             (inc config/shark-reproduction-
                               health)))
                     :tester shark/is?}]]
```

```
; . . .
```

Sí, es un poco feo, pero cumple su función. Supongo que debería añadir una prueba para comprobar el otro lado de ese umbral:

---

18. ¡VIOLACIÓN DEL TDD! ¡ALERTA! ¡ALERTA!

```
(it "doesn't reproduce if not healthy enough"
  (let [shark (-> (shark/make)
                  (shark/set-health
                    (dec config/shark-reproduction-health))
                  (animal/set-age config/shark-reproduction-age))
        world (-> (world/make 3 3)
                  (world/set-cell [1 1] shark))
        failed (animal/reproduce shark [1 1] world)]
    (should-be-nil failed)))
```

Vale. Una última cosa. La salud del tiburón padre se divide entre las dos crías de tiburón:

```
(it "shares health with both daughters after reproduction"
  (let [initial-health (inc config/shark-reproduction-health)
        pregnant-shark (-> (shark/make)
                           (animal/set-age
                             (inc config/shark-reproduction-age))
                           (shark/set-health initial-health))
        world (-> (world/make 2 1)
                  (world/set-cell [0 0] pregnant-shark))
        new-world (world/tick world)
        daughter1 (world/get-cell new-world [0 0])
        daughter2 (world/get-cell new-world [1 0])
        expected-health (quot (dec initial-health) 2)]
    (should (shark/is? daughter1))
    (should (shark/is? daughter2))
    (should= expected-health (shark/health daughter1))
    (should= expected-health (shark/health daughter2))))
```

Sí. Falla porque la salud esperada no es correcta. Eso debería ser fácil de arreglar:

```
(ns wator.shark . . .)

(defmethod animal/reproduce ::shark [shark loc world]
  (if (< (health shark) config/shark-reproduction-health)
    nil
    (if-let [reproduction (animal/do-reproduce shark loc world)]
      (let [[from to] reproduction
            from-loc (-> from keys first)
            to-loc (-> to keys first)
            daughter-health (quot (health shark) 2)
            from-shark (-> from vals first
```

```
                        (set-health daughter-health))
          to-shark (-> to vals first
                       (set-health daughter-health))]
      [{from-loc from-shark} {to-loc to-shark}])
    nil)))
```

Y, con eso, creo que el modelo está completo. Veamos si podemos ponerle una GUI encima:

```
(ns wator-gui.main
  (:require [quil.core :as q]
            [quil.middleware :as m]
            [wator
             [world :as world]
             [water :as water]
             [fish :as fish]
             [shark :as shark]
             [world-imp]
             [water-imp]
             [fish-imp]]]))

(defn setup []
  (q/frame-rate 60)
  (q/color-mode :rgb)
  (-> (world/make 80 80)
      (world/set-cell [40 40] (fish/make)))
  )

(defn update-state [world]
  (world/tick world))
(defn draw-state [world]
  (q/background 240)
  (let [cells (::world/cells world)]
    (doseq [loc (keys cells)]
      (let [[x y] loc
            cell (get cells loc)
            x (* 12 x)
            y (* 12 y)
            color (cond
                    (water/is? cell) [255 255 255]
                    (fish/is? cell) [0 0 255]
                    (shark/is? cell) [255 0 0])]
        (q/no-stroke)
```

```
        (apply q/fill color)
        (q/rect x y 11 11)))))

(declare wator)

(defn ^:export -main [& args]
  (q/defsketch wator
              :title "Wator"
              :size [960 960]
              :setup setup
              :update update-state
              :draw draw-state
              :features [:keep-on-top]
              :middleware [m/fun-mode])

  args)
```

Bueno, no ha sido demasiado difícil. La figura 17.7 es una captura de pantalla del juego en funcionamiento.

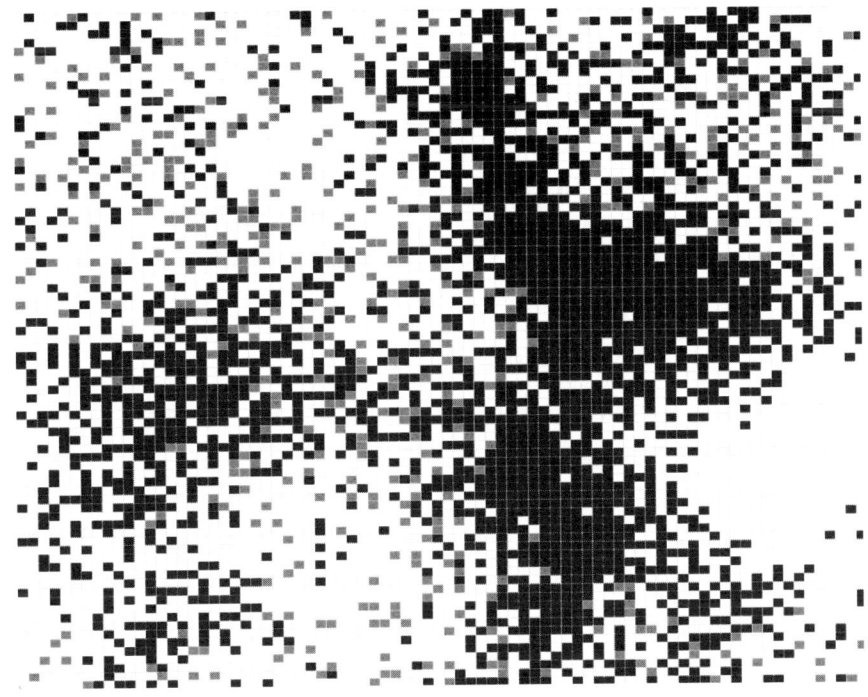

Figura 17.7. Captura de pantalla de Wa-Tor en funcionamiento.

No es superrápido, pero eso no es una sorpresa. Hay varias cosas que podríamos haber hecho para acelerarlo, pero no importa. Fíjese en ese código de GUI. Depende del modelo, pero el modelo no sabe nade de la GUI. Eso cumple nuestro objetivo arquitectónico original.

Conclusión

Wa-Tor es un programa «funcional»[19] y orientado a objetos; se completa con varios patrones de diseño OO sacados del libro GOF. De hecho, fue la partición OO la que ayudó a que el diseño cuajase tan bien.

La partición OO separa y aísla muy bien los distintos tipos de datos y ofrecen ubicaciones agradables para las funciones relacionadas. Cualquier programador OO estaría cómodo con esto.

Sin embargo, en su núcleo, es un modelo de flujo de datos. El world fluye a través de los comportamientos en los diferentes objetos, sin ninguna mutación. El modelo de fontanería de la programación funcional se mantiene.

¿Se trata de un enfoque híbrido? ¿Hemos creado una alianza impía... un programa que es un monstruo de Frankenstein?

No lo creo. De hecho, pienso que esta combinación de enfoques es completamente natural y muy beneficiosa. Los datos se encapsulan y son inmutables. El comportamiento se asocia con los datos con los que opera. Y, aun así, los elementos de datos fluyen a través de los comportamientos, en vez de que los comportamientos iteren por los datos.

Al final, creo que así es como debería ser el software.

Por cierto, puede encontrar todo el código fuente en https://github.com/unclebob/wator.

---

19. ¿Por qué las comillas? Porque los números aleatorios no son transparentes a nivel referencial, así que este programa no es puramente funcional.

EPÍLOGO

En marzo de 2022, fui a la fiesta de cumpleaños de un amigo y oí por casualidad a un par de hombres charlando sobre código. Me presenté, ya que buscaba amigos interesados en programación. Una vez que nos quitamos de encima la charla de cortesía, uno de ellos me lanzó una pregunta bomba.

Me dijo: «Bueno, ¿cuál es tu *stack* preferido?».

Todos los pedacitos de mi cerebro buscaron con desesperación una respuesta mientras, al mismo tiempo, intentaba entender lo que me estaba preguntando, hasta que por fin respondí sin mucha convicción: «¿Clojure?».

Dio un paso atrás y, con sorpresa evidente, exclamó: «¡¿En serio?! ¡El *stack* completo?».

[Me empieza a caer confeti en el cerebro, ¡lo he clavado!].

En shock, continuó: ... «*Front end* y *back end*, todo en Clojure? Nunca lo había oído. ¿Cómo funciona? Clojure es un lenguaje Lisp, ¿no? Es funcional».

Sí, lo es, pero ¡oh, no! Otra pregunta... «¿Cómo funciona?».

Bueno, si está leyendo esto, doy por hecho que ha leído las páginas anteriores y, por tanto, ha recibido una respuesta mucho mejor y más elaborada que la que podría dar aquí, así que vamos a abordar un tema tabú: ¿Por qué preguntarme por mi *stack* era una pregunta bomba?

Casi once años antes de esa fiesta de cumpleaños, comencé mi carrera como ingeniera química en Metropolis, Illinois, donde me formé para gestionar procesos y equipamientos en la fabricación de hexafluoruro de uranio. En los siguientes diez años, mi carrera progresó hacia la dirección de producción en varias plantas químicas.

A lo largo de esa década, aprendí mucho sobre procedimientos, estados, personas, cultura corporativa y procesos defectuosos que no podía arreglar por mi falta de habilidades. Entonces, en marzo de 2020, mientras buscaba el equilibrio entre las exigencias basadas en esos procesos defectuosos y cambios abrumadores en mi vida, el mundo que conocíamos se detuvo. Durante ocho semanas, me encontré en la presencia casi constante de alguien que yo sabía que no solo tenía las habilidades que a mí me faltaban, sino que había desarrollado las reglas para dominarlas.

Así que le pregunté a mi padre, o como puede que lo conozca usted, «Uncle Bob», qué haría falta para aprender sobre software con la profundidad necesaria para corregir esos problemas que estaba tan desesperada por arreglar.

Esa tarde, me enseñó uno de los proyectos en los que trabajaba en aquel momento, un gráfico diario automatizado de infecciones y muertes por COVID-19, por condado. Como no reconocí la sintaxis, aprovechó la oportunidad para hablarme de Clojure.

Enseguida hice preguntas, porque solo conocía los conceptos básicos de los lenguajes Java y Python. Me explicó las diferencias básicas entre los lenguajes por procedimientos OO y los lenguajes funcionales y por qué le gustaba Clojure.

En un ejemplo, me enseñó por qué los funcionales son «más seguros» y menos complicados que aquellos que dependen mucho de estados mutables al representar para mí una condición de carrera que era casi idéntica a la de la llamada de teléfono entre Bob y Alice que aparece en el capítulo 15.

Después, nos sumergimos en el código y me ofreció una oportunidad que no me tomo a la ligera: trabajar con él en su gráfico del COVID. Solo escribí unas funciones aritméticas básicas (después de que él escribiese las pruebas para ellas, por supuesto).

También me explicó Quil, que incluso era en su mayor parte funcional y que, en vez de cambiar un estado, simplemente generaba un estado nuevo en cada iteración. En aquel momento, no lo comprendí del todo, pero pensé mucho en esta conversación a lo largo del siguiente año; incluso tengo delante ahora mismo una impresión del código fuente que elaboramos esa noche como inspiración para escribir esto.

Poco más de un año después, me «gradué» en mi formación en software y me convertí en desarrolladora a tiempo completo para Clean Coders Studio.

Bueno, volvamos al tema tabú: en marzo de 2022, todavía era bastante nueva en lo relativo al software (debido al COVID-19, no se habían celebrado todavía muchos eventos grandes) y, puesto que Baton Rouge, en Luisiana, tiene alguna oportunidad para el crecimiento en el sector del software, había estado bastante aislada como desarrolladora y poco expuesta a la jerga habitual de la industria.

Esa fiesta de cumpleaños me proporcionó mi primera interacción personal con un colega desarrollador fuera de Clean Coders y, cuando me preguntaron por mi *stack* favorito, solo tenía los conocimientos justos para traducir y descifrar el rompecabezas de la pregunta. Y era una pregunta bomba porque no estaba segura de tener todas las piezas.

Una vez aclarado eso, le dejo con dos detalles finales.

1. El momento de la vida real en el que Clojure me dejó asombrada, fue cuando estábamos trabajando en un proyecto construido a partir de un proyecto en Java que usaba Angular para el *front end*. Por supuesto, cuando implementábamos cualquier cosa en Angular, teníamos que probar y crear métodos casi idénticos en Angular y Java (y, a veces, en Clojure, ya que estábamos migrando un sistema heredado).

    ¡El doble de trabajo por todas partes! Después, nos pidieron una aplicación móvil que emplease la misma funcionalidad que nuestras características de Clojure. Extrajimos gran parte de la funcionalidad en la biblioteca cljc y, a partir de ahí, pudimos crear la aplicación móvil con muy poca duplicación o reescritura del código.

    Usamos funciones comunes para la aplicación móvil cljs, como hicimos para el *back end*, mediante el uso de espacios de nombres comunes de Clojure.

¿En cuántos lenguajes puede decir que ha hecho eso (tener el *back end* y, de forma potencial, múltiples *front ends* funcionando en el mismo código, probado de forma simultánea)?

2. Esto me confundió, como he visto que ha confundido a otros y, si está acostumbrado a la OO, es probable que también le confunda. En Clojure, `for` no es un bucle. Es una macro de comprensión de listas y no fuerza efectos secundarios, sino que utiliza `doseq`, que devuelve `nil` pero logrará lo que intentaba conseguir de manera incorrecta con `for`.

¡Buena suerte!

—Gina Martiny, Clean Coders

ÍNDICE ALFABÉTICO

Los números de página con «n» indican notas al pie.